Volker Kitz

Ich bin, was ich darf

Wie die Gerechtigkeit
ins Recht kommt und was
Sie damit zu tun haben

Besuchen Sie uns im Internet:
www.knaur.de

Originalausgabe Februar 2016
Knaur Taschenbuch
© 2016 Dr. Volker Kitz
© 2016 Knaur Verlag
Ein Imprint der Verlagsgruppe
Droemer Knaur GmbH & Co. KG, München
Alle Rechte vorbehalten. Das Werk darf – auch teilweise –
nur mit Genehmigung des Verlags wiedergegeben werden.
Lektorat: Nadine Lipp
Covergestaltung und -abbildung: wunderlandt.com
Satz: Adobe InDesign im Verlag
Druck und Bindung: CPI books GmbH, Leck
ISBN 978-3-426-78782-3

2 4 5 3 1

Meiner Mutter,
die an einem Fall in diesem Buch beteiligt war.
Sie hat gezeigt, dass wir die Welt verändern können.
Leider ist sie zu früh gestorben.

Inhaltsverzeichnis

Der Philosoph, die Juristin und der Wein
Eine Einleitung, bei der die Zeit läuft — 11

»Ihr könnt mir gar nichts« — 15

Recht auf Rausch
Darf mich der Staat bevormunden? — 17

Ziviler Ungehorsam
Was ist Gewalt? — 29

Schießbefehl an der Grenze
Wann muss ich Widerstand leisten? — 40

»Ich bin, wer ich bin« — 53

Der weibliche Vater
Brauchen wir ein Geschlecht? — 55

Totale Überwachung
Was darf der Staat wissen? — 66

Recht auf Vergessenwerden
Kann jemand meinen Ruf zerstören? — 78

Karriere und Frauenquote
Wie gleich sind wir? — 89

»Der Holocaust auf Ihrem Teller«
Steht der Mensch über Tieren und Natur?   102

»Ich lebe in Freiheit«   115

Beschneidung und Gesundbeten
Was darf die Religion?   117

»Soldaten sind Mörder«
Wie weit reicht die Meinungsfreiheit?   128

Graffiti und van Gogh
Was ist Kunst und was darf sie?   141

Freude an der Arbeit
Muss ich gegen mein Gewissen handeln?   152

»Ich liebe meine Familie«   163

Entsorgter Erzeuger
Wie entsteht Verwandtschaft?   165

Ehe für alle
Welche Lebensformen soll der Staat schützen?   176

Seks in der Schule
Wer bestimmt, welche Wahrheit mein Kind lernt?   187

Inhaltsverzeichnis 9

»Ich tue nichts Böses« 199

Folter als Rettung
Verliert ein Unmensch seine Menschenwürde? 201

Lebenslänglich
Was ist gerechte Strafe? 212

»Ich habe keine Angst« 225

Der Wert des Lebens
Wie muss uns der Staat vor Terroristen schützen? 227

Hoffnung auf Sterbehilfe
In wessen Hand liegt der Tod? 238

Anhang 251

Zum Nachprüfen und Mehrwissen 253

Der Philosoph, die Juristin und der Wein

Eine Einleitung, bei der die Zeit läuft

»Sie dürfen das Blatt jetzt wenden.« Ein Luftzug weht durch den Raum, zweihundert Menschen drehen gleichzeitig die Zettel vor ihnen um. Jurastudium, in den ersten Semestern, eine Prüfung. Die Zeit läuft. Auf dem Blatt steht der Fall: Eine Frau bringt nachts ein Kind zur Welt, es gibt Komplikationen. Sie verliert viel Blut und müsste ins Krankenhaus. Aber ihr Mann ist streng gläubig und bringt sie nicht hin. Er will sie gesundbeten, wie es in der Bibel steht: »Das Gebet des Glaubens wird den Kranken retten.« Die Frau stirbt. Muss der Mann ins Gefängnis?

Ich überlegte. Natürlich war die Antwort nicht klar; klare Fälle taugen nicht für Prüfungen im Jurastudium. Die Fälle müssen schwer sein. »Die einzig richtige Antwort gibt es in solchen Situationen nicht«, wurde uns eingetrichtert. Selbst Gerichte beurteilen denselben Fall oft unterschiedlich. Es kommt darauf an, die Argumente für beide Seiten zu erkennen.

Was sprach gegen den Mann? Menschen tragen Verantwortung füreinander, Ehepartner erst recht. Der Mann hätte seine Frau leicht retten können, mit einem Anruf beim Notarzt. Unterlassene Hilfeleistung ist eine Straftat. Was sprach für ihn? Die Glaubensfreiheit, Artikel 4 im Grundgesetz: Jeder darf nach seinem Glauben handeln. Wenn der Mann überzeugt war, dass er seiner Frau mit dem Gebet am besten hilft, hat er aus seiner Sicht alles für sie getan.

Strafe oder Freispruch – für beides gab es Argumente. Ich schrieb alle auf. Die einzig richtige Antwort gab es nicht, das wusste ich ja. Ich tackerte meine Seiten zusammen und gab sie ab.

»Wie entscheidet sich der Verfasser dieser Arbeit? Schuldig oder nicht?« Das stand am Rand, als ich meine Seiten korrigiert zurückbekam. Ich war empört. »Die einzig richtige Antwort gibt es nicht, das predigen Sie doch selbst«, sagte ich zum Professor. »Dann ist es albern, so zu tun, als hätte man sie. Ich habe alles aufgeschrieben, was bei dem Fall zu bedenken ist. Wie man sich entscheidet, bleibt jedem selbst überlassen.«

Der Professor sah mich lange an. Dann sagte er: »Der Fall ist echt. Die Frau ist tot, der Mann stand vor Gericht. Wissen Sie, was eine Juristin von einem Philosophen unterscheidet? Der Philosoph kann bei einem Glas Wein über diesen Fall nachdenken, bis er die Wahrheit gefunden hat – oder sein Weinvorrat leer ist. Am Ende darf er die Frage auch offenlassen, denn die einzig richtige Antwort gibt es nicht, das stimmt. Der Richter, vor dem dieser Mann stand, darf auch Wein trinken. Aber er kann keine philosophische Antwort geben. Er muss über ein menschliches Schicksal entscheiden, hier und jetzt. Verstehen Sie?«

Ich verstand. Das Recht macht aus jeder sprichwörtlichen »philosophischen« Frage eine drängende praktische. Es hebt die Philosophie auf die nächste dramaturgische Stufe: Anders als die Philosophie kann das Recht keinen Fall offenlassen. Das gilt nicht nur für Fragen, bei denen man unterschiedlicher Meinung sein kann. Es gilt auch für Themen, zu denen die Wissenschaft nicht genug weiß: Wie schädlich ist Cannabis? Was fühlen Tiere? Entwickeln sich Kinder besser, wenn sie bei Vater und Mutter aufwachsen als bei zwei Müttern oder zwei Vätern? Hat jeder Mensch ein Geschlecht – und ist das männlich oder weiblich? Vielleicht weiß die Forschung zu manchen Fragen eines Tages mehr, in zehn Jahren oder in hundert. Aber was, wenn *jetzt* jemand vor Gericht steht, der mit Cannabis erwischt wurde? Ein Mensch, der weder männlich noch weiblich sein will? Wir leben in einem Rechtsstaat und verlassen uns darauf, dass Recht und Gesetz unser Leben ordnen. Der Rechtsstaat muss auch Antworten geben, die er nicht hat.

Die Prüfung an der Uni war nur eine Übung. Es war nicht schlimm, dass ich den Fall nicht zu Ende gelöst hatte. Ich hatte gelernt, nie mehr eine Entscheidung offenzulassen. Wie unser Rechtsstaat.

Wie er das macht, untersuchen wir in diesem Buch. Es nimmt Sie mit auf eine Reise in die Geschichte unseres Landes, zu den Ereignissen, welche die Menschen in Wallung und den Staat an die Grenzen seiner Kraft brachten: Friedensbewegung, Mauerschüsse, Volkszählung, Beschneidung, »Soldaten sind Mörder«, der deutsche Terrorherbst der RAF und viele andere. Wir zeichnen die wichtigen Debatten nach und spüren ihre aktuelle Bedeutung auf: Darf der Staat Zigaretten verbieten? Gibt es ein Recht auf Vergessenwerden? Ist die Ehe für alle da? Sind Frauenquoten richtig? Was sollen Kinder in der Schule über Sexualität lernen? Wie soll der Staat mit Menschen umgehen, die sterben wollen?

Das Buch schlägt einen Bogen über verschiedene Disziplinen und landet dort, wo alles begann: beim individuellen menschlichen Schicksal. Denn alle Geschichten sind wahr und haben ein Ende.

Was ist gerecht? Die Antwort auf diese Frage hat sich oft geändert, seit die Bundesrepublik Deutschland gegründet wurde. Hinter jeder Veränderung steht jemand, der überzeugt war: So ist es nicht richtig. Der für seine Überzeugung kämpfte, jahre- oder jahrzehntelang. Ohne die Menschen, deren Geschichten wir in diesem Buch kennenlernen, sähen die Regeln unserer Gesellschaft heute anders aus. Es waren Menschen wie Sie und ich. Deshalb heißt es im Untertitel dieses Buches: »… und was Sie damit zu tun haben«. Und deshalb geht es in diesem Buch nicht nur darum, wie die Regeln unserer Gesellschaft entstehen – sondern auch darum, welche Macht wir haben, sie zu ändern.

Viel Spaß beim Erspüren dieser Macht!

Ihr Volker Kitz

PS: Ob der Gesundbeter ins Gefängnis musste, lesen Sie im Kapitel »Beschneidung und Gesundbeten: Was darf die Religion?«.

»Ihr könnt mir gar nichts«

Recht auf Rausch
Darf mich der Staat bevormunden?

Ihre Hand streicht über seinen Rücken, tiefer und tiefer. Ihre Wangen berühren sich. Staub steht in der Luft. Sie haben nicht viel Zeit, und sie sind nicht allein: Linda spürt den fremden Blick, der sie beobachtet.

Im Jogginganzug sieht ihr Mann nicht wie ein normaler Häftling aus. Er sitzt in Untersuchungshaft; etwas mit Drogen werfen sie ihm vor. Lindas Hand fährt über das Gesäß ihres Mannes. Ein Briefchen gleitet aus ihren Fingern. Die Körper halten inne: Hat der Wärter das gesehen? Der Umschlag wandert in die Hosentasche des Mannes. Die beiden unterhalten sich, er nestelt ein wenig an sich herum.

Nach dem Besuch kontrolliert ihn der Wärter und findet das Briefchen in der rechten Socke des Mannes. Heraus rieselt Haschisch, 1,12 Gramm.

Linda kommt selbst vor Gericht: zwei Monate Gefängnis, im Namen des Volkes, schuldig der unerlaubten Abgabe von Betäubungsmitteln. Linda wehrt sich, bringt die Strafkammer auf ihre Seite. Dort ist ein Mann namens Wolfgang Nešković zum Vorsitzenden Richter ernannt worden. Er findet: Der Rausch ist ein Grundbedürfnis des Menschen, wie Essen, Trinken, Sex. Jeder hat ein Recht auf Rausch!

Der Richter kann Linda aber nicht freisprechen, denn im Gesetz steht es anders. Umgang mit Cannabis ist verboten: Anbauen, herstellen, handeln, einführen, ausführen, abgeben, erwerben, besitzen – bis zu fünf Jahre Gefängnis kann das kosten. Dieses Gesetz müsste er erst kippen. Dazu schickt er den Fall nach ganz oben: nach Karlsruhe zum Bundesverfassungsgericht. Es wacht darüber, ob andere Gerichte, die Regierung und die Abgeordneten das Grundgesetz achten.

An das Bundesverfassungsgericht können sich Menschen mit einer Verfassungsbeschwerde wenden, die erfolglos durch alle Instanzen gegangen sind und glauben, dass die anderen Gerichte ihre Grundrechte verletzt haben. Aber auch Richter selbst können in Karlsruhe nachfragen, wenn sie ein Gesetz nicht anwenden wollen, weil sie meinen, dass es gegen das Grundgesetz verstößt. Nur das Bundesverfassungsgericht kann ein Gesetz für ungültig erklären.

Über Nacht treten Linda und ihr Richter eine Welle des Widerstands los, damals, Anfang der 1990er Jahre. In ganz Deutschland weigern sich Gerichte, Menschen zu bestrafen, die mit Marihuana oder Haschisch erwischt wurden: In Holzminden hat ein Mann ein »Rauchpeace« für 50 Mark gekauft. In Stuttgart beschlagnahmt die Polizei drei Gramm bei einer Frau auf der Straße. In Frankfurt bellen Drogenhunde am Flughafen. Überall meinen die Strafrichter: Der Staat mischt sich zu sehr ein in das Leben seiner Bürger. Lasst uns diese Menschen freisprechen, rufen sie nach Karlsruhe. Beendet die staatliche Bevormundung!

Hinter den Türen in Karlsruhe, im abgeschotteten Beratungszimmer, krachen die Meinungen aufeinander. Was hier passiert, ist ein Lehrstück, das bis heute gilt. Ein Lehrstück zu der Frage: Was darf mir der Staat vorschreiben? Darf mein Staat mich daran hindern, in der Öffentlichkeit zu rauchen? Zigaretten verbieten? Alkohol?

Kann er mir diktieren, wie viel Zucker oder Fett ich essen soll? Kurz: Wie frei bin ich in einem freien Land?

Dass unser Land frei ist, garantiert Artikel 2 Absatz 1 unseres Grundgesetzes: »Jeder hat das Recht auf die freie Entfaltung seiner Persönlichkeit.« Doch was gehört zur freien Entfaltung meiner Persönlichkeit? Sind es nur die bedeutenden Dinge, die meine Persönlichkeit ausmachen? Wie ich aussehe, wie ich heiße, welches Geschlecht ich habe, welche sexuelle Orientierung? Oder meint das Grundgesetz auch so etwas Unspektakuläres wie mein Recht, unter der Dusche zu singen? Darüber hat man gestritten. Es kann nicht sein, meinten einige, dass so etwas Großes wie eine Verfassung so etwas Kleines wie ein Lied unter der Dusche schützt.

Einmal taucht in Karlsruhe ein Mann auf, der gern reitet. Seine Lieblingsstrecke führt durch einen Wald bei Aachen; dort ist das Reiten nur auf bestimmten Wegen erlaubt. Der Mann will auf den verbotenen Wegen reiten. Durch alle Instanzen klagt er, fast zehn Jahre lang, erfolglos. Nun steht er vorm Bundesverfassungsgericht, und die Richterinnen und Richter fragen: Darf uns dieser Mann mit seinem Problem behelligen? Kann so Banales wie das Reiten im Wald etwas mit dem Grundgesetz zu tun haben?

Doch die höchsten Richter haben keine Angst vor den niedrigsten Alltäglichkeiten. Die Formulierung im Grundgesetz sei feierlich geraten, geben sie zu: »das Recht auf die freie Entfaltung der Persönlichkeit«. Das liege daran, dass man in Feierstimmung *war* damals, 1948/49 – man schuf das Grundgesetz, so etwas schüttet Endorphine aus bei Leuten, die sich für pathetische Staatsakte begeistern. In einem Entwurf hatte es geheißen: »Jeder kann tun und lassen, was er will.« Und genau das meinten die Väter und Mütter des Grundgesetzes, sie drückten es nur geschwollener aus, urteilen die Verfassungsrichter. Offiziell bescheinigen sie dem Mann: Artikel 2 meint auch sein Reiten im Wald. Der Mann und sein Reitwunsch sind mit der Entscheidung berühmt geworden. Das war 1989.

Heute hat sich die Ansicht durchgesetzt, dass Artikel 2 unsere *allgemeine Handlungsfreiheit* schützt – alles, was wir tun, auch das Reiten im Wald, das Singen unter der Dusche.

Kann diese Freiheit auch Handlungen umfassen, mit denen ich mir schade? Niemand hat ein Interesse daran, Schaden zu erleiden, daher ließe sich argumentieren: Keine Rechtsordnung braucht ein solches Interesse zu schützen.

Das Problem dabei ist nur: Was jemand als schädlich oder nützlich ansieht, kann unterschiedlich sein. Nehmen wir an, jemand findet sein Leben unerträglich und tötet sich – hat er sich dann geschadet? Er selbst würde das nicht so sehen. Erst recht gilt das für unbedeutendere Dinge, mit denen ich mich gefährde, wie Bungee-Jumping, Tabak, Alkohol und – Haschisch. Zur allgemeinen Handlungsfreiheit gehört daher auch, dass jeder selbst entscheiden darf, was gut oder schlecht für ihn ist. Auch das Unvernünftige und Wahnsinnige fällt unter Artikel 2 des Grundgesetzes.

Aber gehen wir für einen Moment weg aus Lübeck, auf Safari in die afrikanische Savanne: Die Sonne geht auf, die Luft flirrt über dem Gestrüpp. Eine Herde Zebras trinkt am Wasserloch, da bricht Unruhe aus. Eine Löwin rast auf die Gruppe zu. Sie hat ein Fohlen als Beute ausgesucht. Seine Hufe sind zu klein und zu schwach, um sich zu wehren. Die Löwin springt ihm von hinten auf den Rücken, beißt ihm ins Genick. Mit anderen Löwen weidet sie das Zebrababy aus. Daneben warten die Hyänen.

Wie können wir die Regel des Zusammenlebens formulieren, die wir hier beobachten? Jeder kann tun und lassen, was er will. Der Stärkere gewinnt. Das ist das Gesetz des Dschungels.

Eine Verfassung, die es dabei bewenden ließe, dass jeder tun und lassen kann, was er will, schriebe nicht mehr fest als das Gesetz des Dschungels. Das wäre keine Freiheit, auf die wir stolz sein könnten. Es war der Urzustand der Menschheit, bevor sie gesellschaftliche Regeln ersann, bevor Staaten und Rechtsordnungen erwachten. Von diesem rechtlosen Urzustand unterscheidet den Rechtsstaat gerade, dass es eine Staatsmacht *gibt,* die unsere Handlungsfreiheit einschränkt.

Doch stellen wir uns eine Staatsmacht vor, die das ausgiebig tut: einen launischen Diktator. Haschisch raucht er selbst gern, deshalb erlaubt er es allen. Aber heute verbietet er das Reiten im Wald, morgen das Singen unter der Dusche. Damit wäre unsere Freiheit verloren.

Wollen wir uns also einrichten in der angenehmen Position zwischen Dschungel und Willkürherrschaft, hängt verdammt viel davon ab, dass wir diese Frage richtig beantworten: Unter welchen *Voraussetzungen* darf der Staat unsere Handlungsfreiheit einschränken?

Nehmen wir an, unser Reitfreund möchte auf der Autobahn reiten. Die Autofahrer wollen dort *ihre* Freiheit ausleben, ohne Tempolimit. Anwohner macht der Lärm krank; die Luft wird schmutzig. Über die Fahrbahn schleppt sich ein Feldhamster. Der Staat hat unendlich viele Möglichkeiten, darauf zu reagieren. Er kann Autos verbieten oder Pferde. Für beide getrennte Spuren schaffen. Er kann leisere Motoren vorschreiben, ein Tempolimit einführen oder Lärmschutzwände aufstellen. Er kann die Autobahn morgens für Pferde öffnen, mittags für Autos. Und dem Feldhamster eine Brücke bauen. Natürlich kann er auch: nichts tun.

Wofür er sich entscheidet, hängt davon ab, welches Ziel er verfolgt. Unterschiedliche Ziele sind denkbar: Reiter vor Unfällen bewahren. Pferde schützen. Autofahrern den Weg frei machen. Die Autoindustrie ankurbeln – oder abschaffen. Die Umwelt sauber halten. Die Anwohner schlafen lassen. Den Feldhamster retten.

Alles gleichzeitig ist nicht möglich. Welches dieser Ziele der Staat verfolgen soll, gibt das Grundgesetz nicht vor. Wir wollen einen Wettbewerb der Ideen, wir wollen verschiedene Parteien mit verschiedenen Programmen. Die einen setzen sich für die Umwelt ein, die anderen für Bildung, wieder andere für die Wirtschaft. Jeder Politiker, jede Regierung kann eigene Ziele haben. Kein Gericht darf das überprüfen. Das Grundgesetz steckt nur die äußersten Grenzen; die »verfassungsmäßige Ordnung« kann unsere Handlungsfreiheit einschränken, wie es in Artikel 2 Absatz 1 weiter heißt. Ein politisches Ziel darf sich nicht gegen Verfassungswerte richten. Einen Angriffskrieg zu führen wäre zum Beispiel ebenso wenig ein legitimes Ziel wie das Eigentum oder freie Wahlen abzuschaffen.

Die Gesundheit der Bevölkerung zu schützen *ist* ein legitimes Ziel. Dieses Ziel verfolgt der Staat, wenn er den Umgang mit Cannabis bestraft. Doch wie weit darf er unsere Freiheit einschränken, um ein legitimes Ziel zu erreichen? Darauf gibt es eine klare Antwort: so weit, wie es nötig ist – und keinen Schritt weiter. Ob er diese

Grenze einhält, können wir anhand von drei Voraussetzungen klären.

Die erste Voraussetzung lautet: Die Freiheitsbeschränkung muss überhaupt geeignet sein, das Ziel zu erreichen. Das Problem, das der Staat lösen will, muss existieren. Denn für ein Problem, das es nicht gibt, ist jede Lösung ungeeignet.

Damit zurück zu Linda aus Lübeck. Richter Nešković, der sich auf ihre Seite stellt, hat anonyme Drohungen erhalten. Er braucht Polizeischutz. »Irrer Richter!«, rufen Politiker aus Bayern. »Drogenpolitischer Amoklauf!« Doch viele wollen hören, was der Richter zu sagen hat. Er reist durchs Land, spricht bei Kongressen und in Gemeindesälen.

Auf der Straße herrscht Aufruhr: In Darmstadt kommen 500 Menschen zu einem »Smoke-in« zusammen und rauchen ihre Tüten. In vielen Städten schallt es »Haschisch!«, unterlegt von Trillerpfeifen. »Cannabis legalisieren!« steht auf den Transparenten, die Demonstranten haben Riesenjoints aus Rauhfasertapete geschultert.

Hinter den verschlossenen Türen in Karlsruhe diskutieren die Richterinnen und Richter über die Frage: Wie stark gefährdet Cannabis die Gesundheit?

Sie konsultieren Experten aus Medizin und Psychologie, doch die widersprechen sich: Die meisten sind sich einig, dass Cannabis nicht körperlich, aber psychisch abhängig machen kann. Dauerkonsumenten sollen lethargisch und depressiv geworden sein, unter Wahnvorstellungen und Angstgefühlen leiden. Andere meinen: Wer nur gelegentlich Cannabis nimmt, trägt keine Schäden davon. Ob Cannabis den Weg zu anderen Drogen ebnet, ist umstritten. Die Erkenntnislage ist unsicher.

Kann das reichen, um die Freiheit der Menschen einzuschränken? Diese Frage stellt sich auch bei anderen Dingen: Mobilfunkstrahlung, Verkehrslärm, gentechnisch veränderte Lebensmittel, Passivrauchen – auch hier kann die Wissenschaft oft noch nicht genau sagen, welche Gefahren auf Dauer bestehen. Muss der Staat sichere Erkenntnisse abwarten? Nehmen wir an, in hundert Jahren stellt sich heraus, manches war sehr gefährlich – dann wäre es schlecht, wenn der Staat seine Bürger nicht früher geschützt hätte. Es gehört zur politischen Verantwortung, auch auf unsicherer Faktenlage ein Risiko einzuschätzen und Vorsorge zu treffen. Deshalb hat der Gesetzgeber einen Spielraum: Solange ein Risiko nicht klar ausgeschlossen ist, darf er tätig werden. Er darf also davon ausgehen, dass Cannabis ein Gesundheitsrisiko mit sich bringt. Dann ist ein Verbot mit Strafe geeignet, diesem Risiko vorzubeugen.

Das genügt aber nicht. Nehmen wir zum Beispiel das Ziel, Menschen vor Unfällen zu schützen, die kurzsichtige Autofahrer verursachen. Allen kurzsichtigen Menschen das Autofahren zu verbieten wäre ein geeignetes Mittel, dieses Ziel zu erreichen. Es würde aber über das Ziel hinausschießen.

Die zweite Voraussetzung lautet daher: Die Freiheitsbeschränkung muss auch erforderlich sein. Das ist sie, wenn es kein milderes Mittel gibt, das gleich gut wirkt. Im Beispiel mit den kurzsichtigen Autofahrern lautet dieses mildere Mittel: Sie dürfen fahren, müssen dabei aber Brille oder Kontaktlinsen tragen.

Milder, als Cannabis zu verbieten, wäre es, Cannabis freizugeben. Aber wäre das gleich wirksam? Manche sagen: Ja. Der Reiz des Verbotenen fiele weg, illegale Märkte brächen zusammen. Doch keiner weiß, ob dann weniger Menschen Cannabis konsumieren würden – vielleicht würde es erst salonfähig werden.

Auch in diesem Punkt ist die Faktenlage unsicher. Deshalb gilt auch hier: Die politisch Verantwortlichen haben einen Spielraum für ihre eigene Einschätzung. Sie muss nur nach aktuellen Erkenntnissen vertretbar sein, darf also nicht so offensichtlich falsch sein wie das generelle Fahrverbot für kurzsichtige Autofahrer. Dass ein Cannabisverbot besser wirkt als eine Freigabe, mag umstritten sein – widerlegt ist diese Annahme aber auch nicht. Deshalb darf der Staat sie treffen.

Nun sind viele Maßnahmen geeignet und erforderlich, um ein Ziel zu erreichen – und schießen trotzdem über dieses Ziel hinaus. So könnte man Autounfälle verhindern, indem man Autos verbietet. Diese Maßnahme wäre erforderlich im Sinne unserer Definition: Es gibt kein milderes Mittel, das Autounfälle derart wirksam – um 100 Prozent – reduziert. Ein generelles Autoverbot würde aber gravierend in das Leben von Millionen Menschen eingreifen, während die Zahl der Unfälle, gemessen an den täglichen Autonutzungen, niedrig ist. Der Eingriff würde sein Ziel hervorragend erreichen, aber er stünde in keinem Verhältnis zu den Gefahren, die er bekämpft.

Deshalb lautet die dritte Voraussetzung: Die Freiheitsbeschränkung muss in einem angemessenen Verhältnis zu den Vorteilen stehen, die sie bringt. Selbst wenn sie geeignet und erforderlich ist, müssen wir noch beides miteinander abwägen, den Nutzen auf der einen Seite, die Einschränkung auf der anderen.

Diese Abwägung sieht im Cannabisfall so aus: Wer Cannabis anbaut oder weitergibt, gefährdet die Gesundheit seiner Mitmenschen. Auf der einen Seite werfen wir also die Gesundheit in die Waagschale. Sie ist ein hohes Gut, die Waagschale neigt sich nach unten. In die andere Schale legen wir die Einschränkung: Unser Alltag lässt sich ganz gut einrichten, ohne Cannabis anzubauen oder zu verteilen. Es gibt so viele andere Pflanzen und Berufe, dass jeder seine Persönlichkeit auch so entfalten kann. Die Freiheitsbeschränkung ist nicht so gravierend, dass sie die Waage herumreißt. Sie lässt sich mit der Gesundheit der Mitmenschen rechtfertigen.

Auch wenn ich Cannabis für mich selbst besorge und besitze, kann das andere Menschen gefährden: Ist meine Tasche voll davon, besteht die Gefahr, dass ich Freunden etwas anbiete. Je kleiner aber mein Vorrat ist, desto unwahrscheinlicher wird es, dass ich ihn mit anderen teile. Irgendwann schützt das Gesetz nur noch mich selbst – vor mir selbst. Dann kippt die Waage: Nur um mich vor mir selbst zu schützen, wiegen bis zu fünf Jahre Gefängnis zu schwer. Dieser Eingriff in meine Freiheit steht in keinem Verhältnis zu dem Ziel, das er verfolgt.

Das Bundesverfassungsgericht entscheidet daher 1994: Der Staat darf den Umgang mit Cannabis bestrafen. Ein Recht auf Rausch gibt es nicht. Wenn jemand aber nur gelegentlich ein bisschen für sich selbst erwirbt oder besitzt, darf er nicht bestraft werden.

Linda aus Lübeck hat etwas bewegt – auch wenn es ihr nicht hilft, denn sie hat das Briefchen weitergegeben. Doch für Tausende von Gelegenheitskonsumenten verändert das Urteil die Welt. Unser Reiter aus Aachen muss damit leben, dass er nicht überall reiten darf: Bestimmte Wege für Pferde zu sperren, um Fußgängern einen sicheren Spazierweg zu bieten – das schränkt seine Freiheit nicht unangemessen ein. Da kann ihm auch das Bundesverfassungsgericht nicht helfen.

Die allgemeine Handlungsfreiheit umfasst also sehr viel, bis zum Lied unter der Dusche. Sie ist aber auch leicht einzuschränken. Das Grundgesetz verlangt nicht, dass der Staat die vernünftigste, gerechteste, »richtige« Lösung findet. Er darf uns nur nicht übermäßig viel Freiheit nehmen: Jede Maßnahme muss *geeignet, erforderlich und angemessen* sein, um ein legitimes Ziel zu erreichen. Das ist der *Grundsatz der Verhältnismäßigkeit*, der alle staatliche Gewalt begrenzt.

Dürfte der Staat danach den Verkauf von Alkohol und Zigaretten verbieten? Kritiker des Cannabisverbots weisen darauf hin, dass auch Alkohol und Nikotin gesundheitliche Schäden anrichten. Doch gesundheitsgefährlich ist viel – vom Autofahren bis zur Tube Klebstoff, an der man sich durch »Schnüffeln« berauschen kann. Auch Lebensmittel mit zu viel Zucker oder Fett machen krank. Und ein Totalverbot ist immer geeignet und erforderlich im Sinne unserer Definition, um diese Gefahren auszuschalten.

Die Gesundheitsgefahr ist daher nicht das einzige Kriterium für ein Verbot: Wir brauchen auch die Waage. Immer müssen wir abwägen, ob ein Verbot verhältnismäßig wäre. Das hängt davon ab, wie sehr es die Freiheit der Menschen einschränkt. Das wiederum bestimmt sich auch danach, welche Funktion die gefährliche Sache oder Tätigkeit in der Gesellschaft erfüllt. Auto und Klebstoff sind unverzichtbare Hilfsmittel im Alltag. Nikotin und Alkohol durchziehen die Gesellschaft derart, dass sie eine soziale Funktion haben. Fett und Zucker sind in unseren Geschmacksgewohnheiten verankert. Diese Dinge hatten das »Glück«, dass sie sich durchgesetzt haben, bevor man sich näher mit ihren Gefahren beschäftigte.

Denn je stärker etwas in der Gesellschaft verwurzelt

ist, desto größer ist die Freiheitseinschränkung, wenn der Staat es verbietet. Desto tiefer neigt sich die Waagschale mit dem Verbot. Ein totales Zigarettenverbot würde die Freiheit in unserer Gesellschaft stärker einschränken als ein Verbot von Cannabis. Obwohl Zigaretten sehr gesundheitsschädlich sind, fällt die Prüfung der Verhältnismäßigkeit daher anders aus als beim Cannabis. Der Staat darf aber darauf hinwirken, dass Menschen nicht gefährdet werden, die (noch) nicht rauchen: indem er zum Beispiel Werbung und Verkauf von Zigaretten begrenzt oder das Rauchen in Gaststätten verbietet.

Geht die Zahl der Raucher irgendwann so zurück, dass Rauchen zur Ausnahmeerscheinung wird, dann ist es nicht mehr unverhältnismäßig, den Verkauf von Zigaretten zu verbieten. Sollte umgekehrt die Wissenschaft eines Tages belegen, dass die Gefahren von Cannabis völlig überschätzt wurden, muss der Staat das Verbot ganz aufheben.

Was heute verhältnismäßig ist, kann also in 20 Jahren unverhältnismäßig sein – und umgekehrt. Was der Staat uns verbieten darf, hängt auch vom Zeitgeist und vom Stand der Wissenschaft ab. Deshalb ist es wichtig, dass es Menschen wie Linda gibt und ihren Richter, die ab und zu fragen: »Ist das noch aktuell?«

Wie weit dürfen die Menschen mit dieser Frage gehen? Das testen die Frauen und Männer, die wir im nächsten Kapitel kennenlernen.

Ziviler Ungehorsam
Was ist Gewalt?

Von vorn steuert ein wuchtiges Fahrzeug auf sie zu. Hinter ihnen lagert *W70*. Dazwischen, auf der Straße, sitzen fünf Menschen, Männer und Frauen mit langen Haaren, Karohemden und Pullovern. Meter um Meter nähert sich das Fahrzeug, obwohl der Fahrer sie längst gesehen hat.

Die fünf bleiben sitzen.

Das Fahrzeug gehört der Bundeswehr. Es soll die Tagespost des 9. Mai 1983 bringen, vorbei an den dreifachen Zäunen, den Panzersperren und den zwei Wachtürmen, hinein in das Sondermunitionslager *Golf*.

Dort, etwa 16 Kilometer von Reutlingen in Baden-Württemberg entfernt, bewachen US-amerikanische Soldaten die zwei Bunker mit dem Atomsprengkopf *W70*. Er gehört zur Kurzstreckenrakete *Lance*, die abschreckend nach Osten weisen soll. Der Nato-Doppelbeschluss von 1979 sieht vor: Man redet darüber, die Rüstung zu kontrollieren – und stellt gleichzeitig mehr Atomwaffen in Europa auf, sicherheitshalber.

Hunderttausende haben in der deutschen Friedensbewegung gegen die Aufrüstung protestiert: demonstriert, gefastet, gewacht, gebetet, unterschrieben. Es hat nichts geholfen. Einige haben daher die Strategie geändert. Sie setzen sich in die Einfahrt zu militärischen Einrichtungen und bleiben dort sitzen. Sie greifen niemanden an, tun niemandem weh. Sie leisten der Polizei keinen Widerstand: Keine Gewalt, das ist ihr oberstes Prinzip. Ihre

Vorbilder sind Mahatma Gandhi und Martin Luther King. Ihre Proteste nennen sie gewaltfreie Akte. Doch reihenweise sind sie bisher verhaftet, angeklagt und verurteilt worden: wegen Nötigung mit Gewalt.

Zuständig für den Bereich des Sondermunitionslagers *Golf* ist das Amtsgericht Münsingen. Dort laufen die Prozesse – gegen andere, die vorher auf der Straße saßen wie jetzt die fünf Männer und Frauen. Etwa 300 Verfahren ziehen sich vor dem kleinen Gericht in die Länge, legen es fast lahm. Ein Student hat deshalb einen Aufruf im *Schwäbischen Tagblatt* veröffentlicht:

»Ankündigung von zivilem Ungehorsam: Wer blockiert mit? Um zu zeigen, dass wir uns durch die Münsinger Prozesse nicht einschüchtern lassen, werden wir am 9. Mai erneut bzw. zum ersten Mal das Atomwaffenlager bei Großengstingen gewaltfrei blockieren.«

Fast 40 Menschen werden dem Aufruf im Lauf des Tages folgen. Abwechselnd setzen sie sich auf die Straße und stellen sich an den Rand. Sie protestieren nicht mehr nur gegen Atomwaffen – sondern auch dagegen, dass der Staat sie für ihren Protest zu Straftätern macht.

Das Fahrzeug ist noch 20 Meter entfernt. Der Fahrer hält Kurs.

Die Strafen für die bisherigen Blockierer stehen auf festem Grund: dem *Laepple-Urteil*. Klaus Laepple studiert in den 1960er Jahren Wirtschaftswissenschaften in Köln. Doch seine wahre Leidenschaft besteht darin, sich nichts gefallen zu lassen. Diese Leidenschaft soll ihn berühmt machen. Gerade ist er zum Vorsitzenden des Allgemeinen Studentenausschusses gewählt worden, da wollen die Kölner Verkehrsbetriebe die Fahrpreise erhöhen. Um mehr als die Hälfte soll die Wochenkarte für Studierende teurer werden. Ein bisschen happig, findet Klaus Laepple. Doch der Rat der Stadt Köln hat alles beschlossen; Laepples Gesprächsversuche haben nichts gebracht.

Da besorgt sich Klaus Laepple mehr Aufmerksamkeit. Mit anderen organisiert er eine Aktion auf den Gleisen. Am 24. Oktober 1966 setzen sich Tausende auf die Schienen an zwei Kreuzungspunkten, am Kölner Rudolfplatz und in der Zülpicher Straße. Es ist 13.30 Uhr, Mittagspausenverkehr, die Bahnen der Stadt stecken fest. »Dann doch lieber zu Fuß« steht auf den Transparenten der Demonstranten.

Die Polizei holt Verstärkung, immer mehr, sie schiebt und trägt Menschen weg, doch es sind zu viele. Am Ende reiten Polizisten in die Menge, Wasserwerfer machen den Weg frei. Eine gewaltlose Aktion endet im Tumult, der bis nach Mitternacht dauert. Klaus Laepple landet vor Gericht. Bis zum Bundesgerichtshof geht sein Fall; der muss entscheiden: Hat Laepple eine strafbare Nötigung begangen?

»Wer einen Menschen rechtswidrig mit Gewalt oder durch Drohung mit einem empfindlichen Übel zu einer Handlung, Duldung oder Unterlassung nötigt, wird mit Freiheitsstrafe bis zu drei Jahren oder mit Geldstrafe bestraft.« Das steht in Paragraph 240 des Strafgesetzbuches, damals wie heute.

Die strafbare Nötigung setzt also einmal voraus: Jemand zwingt einen anderen Menschen zu etwas, das der nicht tun will. Niemand bestreitet, dass Klaus Laepple das getan hat. Tausende Menschen saßen fest, obwohl sie weiterfahren wollten. Die Demonstranten hatten sie, in der Sprache des Gesetzes, »zu einer Duldung und Unterlassung« genötigt.

Das allein, auch darüber streitet niemand, reicht nicht, um sich strafbar zu machen. Sonst säßen wir alle im Gefängnis. Denn besteht nicht das Leben zu großen Teilen daraus, dass Menschen anderen Menschen ihren Willen aufzwingen? Eine Chefin ihrem Mitarbeiter (oder umgekehrt), ein Schwiegervater seiner Schwiegertochter (oder umgekehrt), ein Unternehmen seinen Kunden (oder umgekehrt). Und ja, auch: ein Fußgänger einer Straßenbahnfahrerin. Oder umgekehrt.

Manchmal geschieht das direkt, in Form einer Anweisung. Meist beeinflussen sich Menschen subtiler. Sie lassen ihre Macht zwischen den Zeilen aufblitzen und ihre Drohungen unausgesprochen. Menschliches Miteinander bedeutet, dass Menschen sich beeinflussen.

Die Frage kann also nur lauten: Bis zu welchem Grad wollen wir dulden, dass ein Mensch einem anderen seinen Willen aufzwingt? Der Nötigungsparagraph soll eine Grenze ziehen: zwischen den Machtspielen im täglichen Miteinander – und der Macht, die den fremden Willen in einer Weise beugt, die für die Gesellschaft nicht mehr tragbar ist. Eine Grenze zwischen dem, was »sozialadäquat« ist – und dem, was wir nicht mehr akzeptieren wollen, was sozialschädlich, was strafbares Unrecht ist.

Diese Grenze zieht Paragraph 240 auch über die Mittel, mit denen wir andere beeinflussen. List zum Beispiel ist erlaubt. Verboten sind Gewalt und die Drohung »mit einem empfindlichen Übel«. Das »empfindliche Übel« ist eine aufgeblähte Umschreibung von: ein Nachteil.

Gedroht hat Klaus Laepple nicht. Eine Nötigung kann er also nur begangen haben, wenn er Gewalt angewendet hat. Aber wendet jemand Gewalt an, der bloß irgendwo sitzt?

Was ist Gewalt? Das ist die Kernfrage im Laepple-Fall.

Beginnen wir mit einem Beispiel, bei dem sich alle einig sind: Jemand wirft einen Passanten zu Boden und hält ihn fest. Leiten wir daraus eine Definition ab, kommen wir auf zwei Voraussetzungen. Erstens: Der Täter entfaltet körperliche Kraft. Zweitens: Diese Kraft wirkt auf den Körper des Opfers. Körperliche Kraft geht vom Täter aus und kommt beim Opfer an – das waren ursprünglich die beiden Voraussetzungen für Gewalt bei der Nötigung. Sie decken sich mit der alltagssprachlichen »Gewalt«.

Doch bald tauchten Fragen auf: Wie viel körperliche Kraft muss jemand entfalten, um Gewalt auszuüben? Kann es genügen, wenn er dem anderen einen Finger in den Weg streckt? Die spontane Antwort lautet »nein«.

Aber was, wenn jemand mit der gleichen Bewegung den Auslöser für eine Atombombe drückt? Soll das keine Gewalt sein, weil dafür wenig körperliche Kraft nötig ist? Hier sind sich wieder alle einig: Selbstverständlich ist es Gewalt, wenn jemand eine Atombombe zündet. Oder, um häufiger vorkommende Beispiele zu wählen, es ist ebenfalls Gewalt, wenn jemand eine Pistole auslöst, Gift ins Essen träufelt oder eine Tür abschließt, um jemanden einzusperren.

Nach und nach setzte sich die Erkenntnis durch: Es kommt nicht darauf an, dass der Täter sehr viel Kraft entfaltet. Eine kleine Bewegung kann reichen. Entscheidend ist, dass eine körperliche Wirkung beim Opfer ankommt. Denn das haben Atombombe, Pistolenkugel, Gift und Einsperren gemeinsam: Sie wirken sich beim Opfer körperlich aus. Darin unterscheiden sie sich nicht vom Festhalten.

Erfüllt die Sitzblockade diese Anforderungen? Wer

sich hinsetzt, wendet zumindest ein bisschen körperliche Kraft auf – jedenfalls nicht weniger als jemand, der den Auslöser für eine Bombe drückt. Daran scheitert die Gewaltanwendung nicht.

Aber was ist mit der körperlichen Wirkung beim Opfer? Ein Mensch auf dem Gleis ist kein körperliches Hindernis für eine Straßenbahn. Sie kann weiterfahren, den Körper wegschieben oder überrollen. Das Kräfteverhältnis ist vergleichbar mit dem Finger, den ich dem Passanten in den Weg halte. Der Straßenbahnfahrer bleibt nicht stehen, weil er das menschliche Hindernis nicht überfahren *kann*. Sondern weil er es nicht *will*.

Das bedeutet: Die Zwangswirkung ist nicht körperlich, sondern ausschließlich psychisch! Damit passt die Sitzblockade nicht in die bisherige, schon erweiterte Definition von Gewalt. Denn die setzt immer noch voraus, dass auf das Opfer ein körperlicher Zwang wirkt.

Klaus Laepple hätte also freigesprochen werden müssen. Doch der Bundesgerichtshof macht etwas Spektakuläres: Mit einer Handvoll Sätzen erweitert er den Gewaltbegriff ein weiteres Mal. Es ist nicht nötig, urteilt er, dass sich die Gewalt beim Opfer körperlich auswirkt. Auch ein psychischer Zwang genügt, wenn er unwiderstehlich stark ist. Weil kaum jemand einen Menschen überfahren würde, wirkt bei der Sitzblockade der psychische Zwang wie ein körperliches Hindernis.

Schritt für Schritt waren die körperlichen Voraussetzungen für Gewalt aufgelöst worden: Erst musste der Täter keine nennenswerte Kraft mehr aufwenden. Nun musste auch beim Opfer keine nennenswerte Kraft mehr ankommen. Der Gewaltbegriff war »vergeistigt« worden.

Das ist der Stand, als die fünf Menschen vor der Einfahrt des Sondermunitionslagers *Golf* sitzen. Noch fünf Meter trennen sie von dem Postfahrzeug. Endlich befiehlt der Hauptfeldwebel: Anhalten! Er fordert die fünf auf, den Weg frei zu machen. Sie bleiben sitzen. Polizisten kommen und tragen sie weg. Niemand leistet Widerstand; die Straße ist frei.

Bei jedem neuen Fahrzeug wiederholt sich das Schauspiel. Fünfzehn Demonstranten werden im Lauf des Tages festgenommen, vier verurteilt das Amtsgericht Münsingen wegen gewaltsamer Nötigung. Sie sollen Geldstrafen zwischen 225 und 375 Mark zahlen. Das sehen sie nicht ein. Es geht ihnen nicht ums Geld – sie wollen den friedlichen Protest verteidigen. Deshalb tragen sie die Frage vors Bundesverfassungsgericht: Kann eine »gewaltlose« Sitzblockade als gewaltsame Nötigung bestraft werden?

Das Gesetz soll die Grenze ziehen zwischen dem, was wir tun dürfen, und dem, was verboten ist. Diese Grenze muss glasklar sein. Ein Straftatbestand muss so formuliert sein, dass jeder einschätzen kann, ob sein Handeln dagegen verstößt – und zwar vorher, nicht hinterher. Jeder soll wissen, wie weit seine Freiheit reicht, wie er leben kann, ohne bestraft zu werden. Dieses *Bestimmtheitsgebot* unterscheidet unseren Staat von einem Willkürstaat, in dem Menschen hinterher erfahren, dass sie für etwas bestraft werden, einem Staat, in dem Angst herrscht, weil niemand weiß, was gerade erlaubt ist und was verboten.

Sehr bestimmt wäre eine Regel wie diese: »Es ist verboten, sich am 9. Mai 1983 in die Einfahrt des Sondermunitionslagers *Golf* zu setzen und ein Postfahrzeug der

Bundeswehr an der Weiterfahrt zu hindern.« Aber es kann nicht für jeden denkbaren Sachverhalt ein Gesetz geben. Ein Gesetz muss viele Situationen regeln. Es kann daher nie konkret sein, sondern immer nur abstrakt. Und soll gleichzeitig so bestimmt sein, dass jeder erkennt, was verboten ist. Das ist die Herausforderung.

Anders formuliert lautet die Frage also: Lässt der »vergeistigte« Gewaltbegriff von dem, was ein normaler Mensch unter »Gewalt« versteht, noch so viel übrig, dass jemand verlässlich einschätzen kann, wann er sich strafbar macht? Daran bestehen Zweifel, wenn eine ganze Bewegung ihre Taten als »gewaltlosen Protest« betrachtet und wegen Gewalt verurteilt wird.

Als in Karlsruhe eine Entscheidung fällt, befinden wir uns bereits im Jahr 1995. Und es ist bereits der zweite Anlauf der Friedensbewegung. Schon einmal hat sie das Bundesverfassungsgericht angerufen, ein paar Jahre zuvor. Acht Richterinnen und Richter sitzen dort in einem Senat. Nur wenn sich mindestens fünf einig sind, können sie ein Urteil eines anderen Gerichts für verfassungswidrig erklären. Im Jahr 1986 waren es vier. Es reichte nicht.

Zwischen 1986 und 1995 ist einiges passiert. Gerichte haben »gewaltlose« Demonstranten mal bestraft, mal nicht – je nachdem, ob sie gegen die atomare Aufrüstung protestierten oder dagegen, dass irgendwo ein Werk stillgelegt oder eine Gebühr erhöht wird. Protestieren ist zu einem Risiko geworden. Selbst jemand, der nur Erlaubtes tun will, kann nicht mehr einschätzen, was erlaubt ist.

Deshalb haben die Richterinnen und Richter diesmal stärkere Bedenken: Das Wort »Gewalt« soll die erlaubten Beeinflussungen von den unerlaubten trennen. Nur wer einen anderen mit Gewalt oder Drohung zu etwas zwingt, soll bestraft werden – andere Einwirkungen auf den Willen sind in Ordnung. Lösen wir die Grenzen der Gewalt auf und »vergeistigen« sie, nehmen wir dem Wort seine Funktion. Denn wenn es keine Bedeutung mehr hat, kann es nichts mehr einschränken. Läge Gewalt immer schon vor, wenn sich jemand *irgendwie* zu etwas genötigt fühlt, wäre jede Nötigung gewaltsam. Denn dass sich jemand *irgendwie* zu etwas genötigt sieht, macht ja gerade schon die Nötigung aus. Das ist so, als wollten wir den Begriff »Milch« einschränken, indem wir sagen: Gemeint ist nur weiße Milch, auf keinen Fall andere. Ziehen wir jetzt keine Grenze, wird die »Nötigung mit Gewalt« zur »weißen Milch«.

Fünf von acht sagen daher diesmal: Es ist genug! Nur körperlich anwesend zu sein, im Sitzen, Stehen oder Liegen, kann keine Gewalt sein, wenn das für jemanden bloß ein psychisches Hindernis darstellt. Zwölf Jahre nach ihrer Sitzblockade haben die friedlichen Protestler ihr Ziel erreicht: Ihr Protest ist rehabilitiert. Es war keine Gewalt, damals ein Fahrzeug durch eine Sitzblockade aufzuhalten.

Damit ist die Geschichte aber noch nicht zu Ende. Dem Bundesgerichtshof passt es nicht, dass er Sitzblockaden nicht mehr bestrafen soll. Er überlegt sich eine Lösung – und zeigt, wie spitzfindig das Argument der »Vergeistigung« ist: Nehmen wir an, ich setze mich auf die Straße, ein Auto hält, weil sein Fahrer mich nicht überfahren will. Dahinter hält ein zweites Auto – weil es an dem ersten nicht vorbeikommt. Ein psychisches Hindernis besteht nur für den Fahrer des ersten Wagens. Dem Fahrer des zweiten steht eine echte körperliche Barriere im Weg: das Auto vor ihm. Es kann keinen Unterschied machen, ob ich selbst ein Auto in den Weg stelle und die Straße blockiere oder ob ich ein fremdes Auto »benutze«, um den Weg zu versperren. Sobald ein zweites Fahrzeug kommt, wirkt meine Sperre nicht mehr geistig, sondern körperlich. Mit diesem »Zweite Reihe«-Argument haben Gerichte spätere Sitzblockaden wieder als Nötigung bestraft, sobald es um mehr als ein Fahrzeug ging.

Das Bundesverfassungsgericht war ausgetrickst! Es hat aber Sympathie mit Sitzblockaden und überlegte sich daher einen neuen Ansatz, um Milde mit ihnen walten zu lassen: die Versammlungsfreiheit. Wenn sich mehrere Blockierer versammeln, können sie mit einer geringeren und manchmal sogar ohne Strafe davonkommen. Das setzt voraus, dass es ihnen in erster Linie darum geht, eine Meinung kundzutun, und nicht, den Weg zu versperren – dass die Blockade nur ein Nebeneffekt ist. Das können sie zeigen, indem sie die Behinderung ankündigen, kurz halten, nur einen von mehreren Wegen versperren und keine dringenden Transporte aufhalten.

Damit haben die Gerichte genau das bewirkt, was sie vermeiden wollten: dass niemand vorher sagen kann, ob er für seinen Protest bestraft werden wird. Die Blockierer vom Sondermunitionslager *Golf* haben nur deshalb keine Gewalt angewendet, weil zufällig hinter dem ersten Fahrzeug kein zweites anhalten musste.

Der Fall zeigt die Grenzen, die Worte und Menschen dem Recht setzen. Was ein Wort bedeutet, bestimmen Menschen, und Richterinnen und Richter sind auch nur Menschen. Auch hohe Gerichte können miteinander im Clinch liegen, und eines will es dem anderen »zeigen«.

Worte und Menschen nehmen dem Recht die Sicherheit, die es geben soll. Aber ohne Worte und Menschen kommt die Rechtsordnung nicht aus.

Was passiert, wenn Menschen ihre Macht missbrauchen? Gelten ihre Worte auch dann? Das untersuchen wir im nächsten Kapitel.

Schießbefehl an der Grenze
Wann muss ich Widerstand leisten?

3.10 Uhr nachts. Eine Hand greift aus der Dunkelheit des Ostberliner Stadtteils Pankow auf die Hinterlandmauer. Ein männlicher Körper zieht sich daran hoch, krallt sich an der Betonplatte fest. 29 Meter ist er von der Freiheit entfernt: dem Westberliner Stadtteil Wedding.

Vor dieser Freiheit steht das »vordere Sperrelement« mit dem Betonzylinder, die Berliner Mauer. Dazwischen: der Signalzaun aus Stacheldraht. Sobald der Mann den Stacheldraht berührt, wird er Alarm auslösen. Lampen werden aufleuchten und eine Grenzverletzung anzeigen. Dann muss der Mann rennen.

Doch Wolfgang hat ihn längst entdeckt, aus 130 Metern Entfernung. Der Postenturm ragt aus der Stacheldrahtlinie über die Mauer empor. Sein Wachraum ist nach allen Seiten verglast; von dort kann man in die Freiheit schauen und nach Pankow. Gerade ist Wolfgang mit seinem Kollegen Holger hinter diesen Scheiben angekommen. Seit zehn Uhr am Abend bewachen sie den Grenzstreifen, noch drei Stunden geht ihre Schicht.

Die Zweite Grenzkompanie des Grenzregiments 33 soll auch in der Nacht zum 1. Dezember 1984 die Grenze durch Berlin sichern, von deren nördlichem Ende bis zum Brandenburger Tor. Wolfgang ist dort Unteroffizier, Holger Soldat. Wolfgang ist in diesem Jahr 20 geworden, Holger 23.

Wolfgang ruft etwas wie »Ede kommt!«. Das bedeutet: ein Grenzverletzer!

Der Mann klettert über die Hinterlandmauer, läuft auf den Signalzaun zu. Er hat eine Leiter in der Hand. 26 Meter zur Freiheit.

»Absitzen!«, befiehlt Wolfgang. Über die Postensprecheinrichtung meldet er den Vorfall.

Was für den rennenden Mann die Freiheit ist, ist für Wolfgang und Holger feindliches Territorium. So haben sie es gelernt. Nicht nur als Kinder, sondern auch in den Schulungen, die sie zweimal im Monat besuchen müssen: Die Grenze zwischen der Deutschen Demokratischen Republik und der Bundesrepublik Deutschland ist militärischer Sicherheitsbereich, die Nahtstelle von Imperialismus und Sozialismus, von Nato und Warschauer Pakt. »Provokationen« kann es von beiden Seiten geben, aus dem feindlichen Territorium ebenso wie aus der DDR. Wer vom Osten in den Westen flüchtet, ist ein Feind des Sozialismus, ein Spion, Saboteur, Straftäter.

Auch heute sind Wolfgang und Holger vor ihrem Dienstantritt »vergattert« worden. Nach dem Kommando »Stillgestanden, Vergatterung!« ist ihnen ihre Aufgabe konkret in Erinnerung gerufen worden: »Grenzdurchbrüche sind auf keinen Fall zuzulassen. Grenzverletzer sind zu stellen oder zu vernichten.«

Der Befehl »Absitzen!« bedeutet: den Turm hintersteigen. Holger gehorcht.

Der junge Mann ist über den Signalzaun geklettert: Alarmton, Leuchten. Er rennt über die Fahrspur, den Kolonnenweg, auf die Lichttrasse. Dort machen Peitschenmastlampen die Nacht zum Tag.

»Halt, stehen bleiben!«, ruft Wolfgang.

Der Mann rennt mit der Leiter in der Hand. Wolfgang feuert über seinen Kopf.

Der Mann rennt weiter.

Holger ist unten angekommen, da stellt der Mann seine Leiter an die Mauer. Holger kann ihn nicht mehr einholen.

An einer Übungsgrenze haben Wolfgang und Holger die Abläufe bei einer Grenzverletzung gelernt. Entdecken sie einen Flüchtenden, sollen sie folgendes Handlungsschema anwenden:

1. Anrufen des Flüchtenden: »Halt, Grenzposten. Stehen bleiben, oder ich schieße!«
2. Versuch des Postens, den Flüchtenden zu Fuß zu erreichen.
3. Einen Warnschuss abgeben, gegebenenfalls einen gezielten Schuss auf Sachen oder Tiere.
4. Gezieltes Einzelfeuer – falls erforderlich mehrmals – auf die Beine.
5. Weiterschießen, bis die Flucht verhindert ist.

Verspricht eine Handlungsstufe keinen Erfolg, sollen sie zur nächsten übergehen. Stufe 5 kam an der Übungsgrenze aber nie vor. Immer wurde der Grenzverletzer rechtzeitig gestellt.

Jetzt, an der echten Grenze, setzt der Mann seinen Fuß auf die unterste Leitersprosse. Holger lehnt sich an die Mauer und schießt. Wolfgang feuert vom Turm aus. Beide haben ein automatisches Infanteriegewehr, beide haben es auf Dauerfeuer eingestellt.

Der Mann klettert, eine Sekunde, zwei Sprossen. Zwei,

drei, vier, fünf Sekunden – schon ist der Mann oben. Um 3.15 Uhr legt er seine Hand auf die Mauerkrone. Da sackt er in sich zusammen, rutscht die Leiter rückwärts hinunter, verfängt sich mit einem Fuß zwischen den Sprossen, strauchelt. Er stürzt mit der Leiter um und bleibt liegen.

Wolfgang und Holger laufen zu ihm. Jetzt sehen sie: Der Mann hat etwa ihr Alter. Es ist der 20 Jahre alte Michael. Er war, wie sich später herausstellt, mit den Verhältnissen in der DDR unzufrieden. Einen Ausreiseantrag hat er aber noch nicht gestellt. Er wollte seiner Familie keine Schwierigkeiten machen, besonders seinem Bruder nicht, der Chemie studierte. Er sollte seinen Wehrdienst an der Grenze ableisten, das wollte er auf jeden Fall verhindern. An diesem Abend war er in einem Jugendclub gewesen, wo er mehr als sonst trank. In einem nahe gelegenen Werkzeugraum hatte er mit einem Bekannten zwei Leitern geholt und an die Hinterlandmauer gestellt. Der Bekannte hatte aufgegeben – Michael drängte es vorwärts, über die Mauer, in den Westen.

Ein Schuss hat Michaels linkes Knie getroffen, einer seinen Rücken, neben der Schulter.

Nach und nach kommen Angehörige der Regimentsführung, der Volkspolizei, des Ministeriums für Staatssicherheit. An den Händen schleifen sie den Körper an eine Stelle, die man vom Westen aus nicht sieht. Dort legen sie ihn auf den Boden. Mehrmals hört man ein flehendes »Hilfe!«. Nach 45 Minuten kommt ein Krankenwagen ohne Arzt. Er bringt Michael zum Krankenhaus der Volkspolizei, das ist weit weg. Als er dort ankommt, blutet Michael seit zwei Stunden. Um 6.20 Uhr stirbt er.

Wolfgang und Holger bekommen eine Rüge. Sie haben

unnötig viel Munition verschossen, über 50 Patronen in fünf Sekunden. Ihr Staat lobt aber, dass sie eine Flucht verhindert haben. Jeder erhält eine Geldprämie, 200 Mark, und eine Medaille: für vorbildlichen Grenzdienst.

Das Grenzgesetz der DDR erlaubt Schüsse nur als äußerstes Mittel. Das Leben von Menschen ist »nach Möglichkeit zu schonen«. Nach seinem Paragraph 27 ist die Anwendung der Schusswaffe aber »gerechtfertigt, um die unmittelbar bevorstehende Ausführung oder die Fortsetzung einer Straftat zu verhindern, die sich den Umständen nach als ein Verbrechen darstellt«.

Paragraph 213 des Strafgesetzbuches der DDR trägt die Überschrift »Ungesetzlicher Grenzübertritt«. Wer unerlaubt die DDR verlässt, begeht auf jeden Fall ein Vergehen, in schweren Fällen ein Verbrechen: wenn er »gefährliche Mittel oder Methoden« nutzt, zum Beispiel, die Tat zusammen mit anderen oder »mit besonderer Intensität« begeht.

1992. Die DDR existiert nicht mehr. Wolfgang und Holger stehen vor Gericht in der Bundesrepublik Deutschland, angeklagt wegen Totschlags. Einen Menschen zu töten ist in der Bundesrepublik Deutschland strafbar, 1992 genauso wie 1984 und heute. Totschlag war auch in der DDR strafbar.

Die entscheidende Frage ist: Konnte das Grenzgesetz der DDR erlauben, was Wolfgang und Holger in der Nacht zum 1. Dezember 1984 taten? Paragraph 27 dieses Gesetzes ist ein *Rechtfertigungsgrund*, wie zum Beispiel die Notwehr. Wer die Voraussetzungen eines Rechtfertigungsgrundes erfüllt, kann nicht bestraft werden. Er verhält sich gesetzestreu. Und in Paragraph 27 stand damals:

Als letztes Mittel darf die Schusswaffe jemanden daran hindern, ein Verbrechen zu begehen.

Die meisten Fälle des »Grenzdurchbruchs« wurden innerhalb der DDR als »schwer« eingestuft, als Verbrechen. Dafür konnte schon reichen, dass jemand eine Leiter benutzte oder nicht allein war. Es war nicht unwahrscheinlich, dass Michaels Flucht mit Leiter und fremder Hilfe in der DDR als ein schwerer Fall angesehen würde. Holger und Wolfgang handelten nach den für sie geltenden Gesetzen – und nach dem Verständnis, das diese Gesetze in ihrem Staat hatten.

Aber war das Gesetz auch Recht? Dürfen wir es überhaupt anwenden, jetzt, vor Gericht im Jahr 1992? Mit dieser Frage berührt der Fall eine alte Diskussion der Rechtsphilosophie: Was ist Recht und wie entsteht es? Welchen Einfluss hat der Mensch auf das, was gerecht und richtig ist?

Von Anfang an stehen sich zwei Positionen gegenüber. Die Befürworter des *Naturrechts* sagen: Das Recht ist wie die Sterne am Firmament. Sie existieren unabhängig vom Menschen. Der Mensch kann sie anschauen, beschreiben und ihnen Namen geben. Aber er kann sie nicht erschaffen und nicht erlöschen lassen; er kann keinen Stern von seinem Platz verrücken. So besteht auch das Recht unabhängig davon, ob die Menschen es in Gesetze gießen. Es existiert in der Natur des Menschen, in übergeordneten Ideen der Gerechtigkeit, in der Schöpfungsordnung. Wir müssen die Natur nur anschauen und erkennen, was richtig ist. Das können wir beschreiben, aber nicht ändern. Das Naturrecht gilt für alle, ob sie es anerkennen oder nicht. Recht und Gerechtigkeit sind hier dasselbe; »ungerechtes Recht« kann es nicht geben.

Diesem Ansatz entstammt die Idee der Menschenrechte: Jedem Menschen stehen von Natur aus »unveräußerliche« Rechte zu, in jeder Situation und überall. Diese Rechte kann ihm niemand nehmen; kein Staat, keine Regierung, kein Gesetz kann stärker sein als die Rechte der Natur.

Das klingt überzeugend als Begründung der Menschenrechte. Aber die Lehre vom Naturrecht hat Schwachstellen: Ergäbe sich so klar aus der Natur des Menschen, was gerecht ist, bräuchten wir über Gesetz und Gerechtigkeit nicht zu diskutieren, noch nicht einmal in einer Demokratie. Alle Regeln wären selbstverständlich. Deshalb dient das Naturrecht nicht nur als Begründung für Menschenrechte – auch Despoten nehmen es für sich in Anspruch. In Wahrheit aber ist das, was der Einzelne als »gerecht« erkennt, höchst subjektiv.

Als Gegenposition entwickelte sich daher der *Rechtspositivismus*. Seine Anhänger sagen: Das Recht ist nicht wie die Sterne, sondern wie ein Blaubeermuffin. Er entsteht von Menschenhand, nach einem dafür vorgesehenen Rezept. Kommt er aus dem Ofen, müssen alle mit ihm leben, ob sie Blaubeeren mögen oder nicht. So ist Gesetz alles, was ein Staat beschließt, in einem dafür vorgesehenen Verfahren. Daran haben sich alle zu halten, ob sie das gerecht finden oder nicht. Diese Auffassung trennt das Recht von Gerechtigkeit und Moral. Es kann danach auch »ungerechtes Recht« geben. Das ist genauso gültig wie das »gerechte Recht«.

Der Vorteil des Rechtspositivismus liegt auf der Hand: die Rechtssicherheit. Wer ein Gesetz ungerecht findet, kann darauf hinwirken, es in dem vorgesehenen Verfahren zu ändern – sich aber nicht einfach darüber hinwegsetzen.

Nach der rechtspositivistischen Auffassung haben Holger und Wolfgang sich nichts zuschulden kommen lassen: Das Grenzgesetz war ein formell gültiges Gesetz der DDR. Ob man es als gerecht betrachtet, spielt keine Rolle. Haben sie sich an dieses Gesetz gehalten, können sie sich nicht strafbar gemacht haben. Denn strafbar machen kann ich mich nur nach Gesetzen, die zu der Zeit und an dem Ort meiner Handlung gelten. Dieser Grundsatz heißt *Keine Strafe ohne Gesetz* und gehört zu den eisernen rechtsstaatlichen Prinzipien, an die wiederum der Bundesgerichtshof gebunden ist.

Folgt man dem naturrechtlichen Ansatz, sieht die Lösung anders aus: Ein Mensch, der nichts weiter will, als friedlich sein Land zu verlassen, der nicht bewaffnet ist, niemanden verletzt und auch sonst niemandem schadet, bezahlt dafür im Kugelhagel mit seinem Leben – entspricht das der Gerechtigkeit, die in der Natur des Menschen liegt? Sicher nicht. Ein von Menschen gemachtes Gesetz kann daran nichts ändern. Nach der Lehre vom Naturrecht war der Rechtfertigungsgrund im Grenzgesetz der DDR kein gültiges Recht. Wolfgang und Holger haben nach dieser Ansicht eine strafbare Tötung begangen.

Was sollen die Richter nun anwenden, im Jahr 1992, in der Bundesrepublik Deutschland?

Der Rechtspositivismus hatte sich zunächst gegen das Naturrecht durchgesetzt, denn dessen Schwächen hatten es unpraktikabel erscheinen lassen. Nach dem Zweiten Weltkrieg entdeckte man das Naturrecht wieder: Das Dritte Reich hatte unvorstellbare Grausamkeiten hervorgebracht – unter dem Deckmantel des Gesetzes. Wenn Menschen so viel zerstörerische Kraft entfalten können, durfte man vielleicht doch nicht alles als »Recht«

durchgehen lassen, was Menschen beschließen? Doch wie lässt sich der Konflikt zwischen Naturrecht und Rechtspositivismus, zwischen Sternen und Blaubeermuffins auflösen? Wie lassen sich Ideal und Realität in Einklang bringen?

Eine Antwort darauf suchte Gustav Radbruch. Geboren 1878, wurde er Professor für Strafrecht und Rechtsphilosophie, von 1921 bis 1923 auch Reichsjustizminister in der Weimarer Republik. 1933 hatten ihm die Nationalsozialisten die Lehre verboten und ihn entlassen. Nach dem Krieg baute er als Dekan die juristische Fakultät in Heidelberg wieder auf. Und dachte nebenbei über die Fragen nach, die das Dritte Reich aufgeworfen hatte.

Grundsätzlich, meinte er, ist das positive, das menschengemachte Recht ein tauglicher Maßstab. Nur so gibt es eine gemeinsame Ordnung. Auch »ungerechte Gesetze« sind daher zu befolgen. Radbruch glaubte aber: Ein Staat, der sich noch nicht einmal *bemüht,* Gerechtigkeit zu schaffen, kann kein gültiges Recht setzen. Nach Radbruch ist das vor allem der Fall, wenn ein Staat die Gleichheit der Menschen leugnet, »die den Kern der Gerechtigkeit ausmacht«. Das Naturrecht wollte Radbruch also aufleben lassen, wenn der Mensch beim Gesetzemachen ganz besonders versagt. In seinem berühmten Aufsatz *Gesetzliches Unrecht und übergesetzliches Recht* formulierte er 1946 die *Radbruchsche These:* Danach soll sich ein Richter über das menschengemachte Gesetz hinwegsetzen, wenn sein Widerspruch zur Gerechtigkeit ein »unerträgliches Maß« erreicht.

Das Naturrecht soll sich also nur in krassen Ausnahmefällen durchsetzen, bei Prinzipien der Gerechtigkeit, an denen kein vernünftiger Mensch zweifelt. Diese Formel erhält einerseits die Verlässlichkeit des positiven Rechts, denn nicht jeder kann jedes kleine Gesetz übertreten, bloß weil er es für »ungerecht« hält. Andererseits können die Menschen, die Gesetze machen, die Gerechtigkeit nicht so mit Füßen treten, dass sie dabei selbst stirbt. Und wer gegen universale Gerechtigkeitsprinzipien verstößt, die allen Menschen auf der Welt bekannt sind, kann nicht überrascht sein, wenn er dafür bestraft wird. Deshalb widerspricht eine solche Bestrafung nicht dem Grundsatz *Keine Strafe ohne Gesetz.*

Das Problem, das Radbruch schon erkannte, ist natürlich: Wo *genau* verläuft die Grenze? Dass das Unrecht des Dritten Reichs unerträglich war, darauf konnte man sich schnell einigen. Manche meinen aber: Die Schüsse an der Mauer sind in Art und Ausmaß etwas anderes als die Vernichtungsmaschine der Nationalsozialisten. Menschen in *bestimmten* Fällen an der Ausreise zu hindern, notfalls mit Waffengewalt, kennen *als grundsätzliches Prinzip* praktisch alle Staaten der Welt – zum Beispiel, wenn jemand die Sicherheit gefährdet oder als Straftäter flieht. Genau darauf berief sich die DDR – sie definierte »nur« die Sicherheit und die Straftaten anders als andere Staaten.

Allerdings sind inzwischen viele Grundsätze der Gerechtigkeit, auf die sich (fast) alle Menschen einigen können, aufgeschrieben worden. Die Vereinten Nationen haben die »angeborenen Rechte« in der Allgemeinen Erklärung der Menschenrechte am 10. Dezember 1948 festgehalten. Den Internationalen Pakt über bürgerliche und politische Rechte hat auch die DDR unterschrieben und ratifiziert; er ist 1976 in Kraft getreten. Sie hat ihn nur nicht in ihren Gesetzen umgesetzt. In Artikel 12 des Paktes heißt es: »Jedermann steht es frei, jedes Land, einschließlich seines eigenen, zu verlassen.« Nach Artikel 6 hat »jeder Mensch ein angeborenes Recht auf Leben«.

Diese Grundsätze gehörten 1984 zum Allgemeingut, findet der Bundesgerichtshof: Wolfgang und Holger hätten in der Nacht zum 1. Dezember 1984 wissen müssen, dass sie unrecht tun – egal, was die Gesetze ihres Staates, die »Vergatterung« und ihre Vorgesetzten sagten.

Nun ist es eine Sache, trotz der Propaganda im eigenen Staat zu erkennen, dass dieser Staat gegen universale Prinzipien der Gerechtigkeit verstößt. Eine andere Sache ist es, sich als einzelner Mensch gegen den eigenen Staat aufzulehnen – und zu riskieren, dafür selbst verfolgt zu werden. Es geht also nicht nur um die Frage: Was macht den unverzichtbaren Kern der Gerechtigkeit aus und wie erkenne ich ihn? Sondern auch darum: Wie viel Verantwortung lastet auf mir persönlich, diesen Kern auf Biegen und Brechen zu verteidigen, im Ernstfall gegen ein ganzes System?

Einige bezweifeln bis heute, dass es richtig ist, diese Verantwortung einem einzelnen jungen Menschen wie Holger oder Wolfgang aufzubürden. Doch wenn wir von einem unverzichtbaren Kern der Gerechtigkeit sprechen, kann dieser Kern nicht relativiert werden. Er ist und bleibt eben unverzichtbar und gilt für jeden, egal unter welchen Umständen. Der Bundesgerichtshof spricht Holger und Wolfgang daher schuldig.

Dass auch Wolfgang und Holger, die damals kaum älter waren als ihr Opfer Michael, in den Lauf der Weltgeschichte verstrickt waren, berücksichtigt das Urteil im Strafmaß: Wolfgang bekommt eine Freiheitsstrafe von einem Jahr und sechs Monaten; er wird nach dem milderen Jugendstrafrecht behandelt. Holger bekommt ein

Schießbefehl an der Grenze

Jahr und neun Monate. Bei beiden sieht das Gericht einen minder schweren Fall des Totschlags. Beide Strafen setzt es zur Bewährung aus.

Recht entsteht nach der Radbruchschen These durch den Menschen – meistens. Es kann gerechtes Recht geben und ungerechtes. In den nächsten Kapiteln fahnden wir nach den Prinzipien, die das Recht gerecht machen.

»Ich bin, wer ich bin«

Der weibliche Vater
Brauchen wir ein Geschlecht?

Marie ist zwei und ein Kind der Liebe. Um Marie zu zeugen, brauchten Johanna und Karin keinen Mann. Beide Frauen sind Maries leibliche Eltern.

Als Johanna geboren wurde, hatte sie einen Penis. Der Standesbeamte vermerkte »männlich«, die Eltern nannten ihr Kind Paul. Mit 25 lagerte Paul Sperma ein, ließ später den Penis entfernen. Aus den Nervenenden formten Ärzte eine Klitoris. Im Innern war dieser Mensch schon Johanna, eine Frau, mit 27 ist sie es auch äußerlich. Und rechtlich – in ihren Papieren steht »Geschlecht: weiblich«.

Einige Zeit später wünschen sich Johanna und ihre Freundin Karin ein Kind. Sie holen das Sperma aus der Samenbank, das seit elf Jahren dort lagert. In einer Klinik im Ausland lässt sich Karin damit befruchten und bringt Marie zur Welt. Die Geburtsurkunde weist sie als Mutter aus. Das Feld »Vater« bleibt leer.

Dort will Johanna ihren Namen sehen. Sie geht den Weg, den das Gesetz vorsieht: Sie erkennt die »Vaterschaft« an. Doch so einen Fall hatte der Standesbeamte noch nie: Darf er eine Frau als Vater eintragen? Die Sache ist ihm zu brenzlig. Er bittet ein Gericht um Entscheidung.

Es ist das Jahr 2009, Johanna und Karin kämpfen auf hohem Niveau. Vieles, was sich niemand vorstellen konnte, als sie selbst auf die Welt kamen, ist mittlerweile selbstverständlich.

Ende der 1960er Jahre arbeitete die Rechtsordnung mit vier unumstößlichen Grundannahmen:

Erstens: Kein Mensch ist ohne Geschlecht.
Zweitens: Es gibt zwei Geschlechter, männlich und weiblich, sonst nichts.
Drittens: Das Geschlecht bestimmt sich nach körperlichen Merkmalen bei der Geburt.
Viertens: Das Geschlecht kann sich nicht ändern.

An diese »selbstverständlichen Voraussetzungen« erinnert der Bundesgerichtshof »den Antragsteller« im Jahr 1971. »Der Antragsteller« – das ist zu dem Zeitpunkt Claudia, Krankenschwester an einer Universitätsklinik, geboren 1932 als Manfred. Erst wurde daraus Claudius, dann Claudia. Erst wurde der eine Hoden entfernt, dann der andere. Schließlich wandelten Ärzte die Geschlechtsorgane komplett um. Nun möchte Claudia ihren Geburtseintrag ändern, von »männlich« zu »weiblich«. Dafür gibt es keine gesetzliche Grundlage. Das Personenstandsgesetz kennt nur eine »Berichtigung« – die setzt voraus, dass ein Fehler vorliegt: dass bei der Geburt ein falsches Geschlecht »abgelesen« wurde. Das ist bei Claudia nicht der Fall. Doch Claudia kämpft.

Wie ich mich selbst begreife, mir selbst bewusst bin, welches Konzept ich von mir habe: Das ist meine Identität. Es gehört zur Würde des Menschen, dass jeder seine Identität haben darf. Die Würde des Menschen ist unantastbar. Das ist nicht Claudias Problem: Niemand hindert sie daran, sich als Frau zu sehen.

Die entscheidende Frage lautet: Darf ich meine Identität nicht nur haben, sondern auch nach außen tragen, ausleben? Muss das Recht sie anerkennen, in meiner Beziehung zu anderen Menschen und zum Staat?

Sobald wir etwas nach außen tragen, geht es nicht mehr nur um Menschenwürde. Hier kommt Artikel 2 Absatz 1 des Grundgesetzes ins Spiel: »Jeder hat das Recht auf die freie Entfaltung seiner Persönlichkeit.« Anders als die Menschenwürde ist das Recht auf freie Entfaltung nicht unantastbar. Ausleben kann ich meine Identität nur, soweit ich anderen oder der Gesellschaft nicht schade.

Wie könnte Claudia der Gesellschaft also schaden, wenn sich ihr Geschlechtseintrag von »Mann« zu »Frau« ändert?

Eine große Bedeutung hat in jenen Jahren das »Sittengesetz«. Artikel 2 nennt es als Grenze der freien Entfaltung. Das »Sittengesetz« ist kein geschriebenes Gesetz. Es meint die Moral- und Wertvorstellungen der Gesellschaft. Niemand hat ein Recht darauf, Dinge auszuleben, die »unsittlich« sind; niemand darf seine Mitmenschen verstören, indem er an den Grundwerten der Gesellschaft rüttelt. Und Claudias Wunsch »gefährdet« damals gleich zwei Werte.

Die erste Gefahr bedroht die erwähnten Grundannahmen: Jeder Mensch hat ein Geschlecht, das angeboren ist und sich nicht ändert. Dürfte ein Mann offiziell als Frau auftreten, wäre das ein Affront. Abgesehen von moralischen Fragen brächte es ein praktisches Problem: Es würde Verwirrung stiften, wenn jeder nach Belieben ein »falsches« Geschlecht annehmen könnte.

Diese Bedenken lassen sich nur ausräumen, wenn man davon ausgeht, dass Claudia die Gesellschaft nicht irreführen will. Dass sie nicht unter »falschem« Geschlecht auftreten will – sondern eine Frau *ist*. Das würde voraussetzen, dass die Annahme von der »Unwandelbarkeit« des Geschlechts falsch ist.

Das Bundesverfassungsgericht schaut für Claudia den Stand der Forschung an. Dort hat es Erkenntnisse gegeben: Man geht nun davon aus, dass ein Mensch ein anderes Geschlecht empfinden kann als das, welches bei seiner Geburt festgestellt wurde. Und dass sich auch das äußere Geschlecht durch Operationen ändern kann. Transsexualität ist in der Wissenschaft inzwischen anerkannt.

Claudia steht also nicht in Karlsruhe, um die sittlichen Vorstellungen der Gesellschaft anzugreifen. Ärzte haben ihr bescheinigt: Ihr Wunsch entspringt einem inneren Zwang. Das Gericht ist zudem beeindruckt von den Ergebnissen der Operation: Auch äußerlich stellt Claudia eine perfekte Frau dar. Deshalb würde es die Gesellschaft nicht verwirren, wenn die Rechtsordnung sie als Frau behandelt.

Bleibt die zweite Gefahr – sie heißt Homosexualität und verstößt damals »eindeutig« gegen das Sittengesetz. Das hat das Bundesverfassungsgericht schon 1957 festgestellt. Überhaupt ist Sexualität vermintes Gelände. Hat Claudias Wunsch also einen sexuellen Hintergrund? Wieder stecken die Richterinnen und Richter ihre Köpfe in Fachbücher. Dort lesen sie damals: Es ist »medizinisch gesichert«, dass Transsexualität »nichts mit Homosexualität oder Fetischismus zu tun hat«. Sie kann »von den psychosexuellen Anomalien und Perversionen klar getrennt werden«. Kein Schweinkram also, es geht einfach nur um die Frage: Wer bin ich?

Aber *macht* man einen Menschen, der als Manfred geboren ist, nicht homosexuell, wenn man ihm gestattet, Claudia zu sein? Was, wenn Manfred eine Freundin hat, die er behalten will? Auch hier beruhigt sich das Bundesverfassungsgericht mit dem Stand der Wissenschaft: Danach steht fest, dass »der männliche Transsexuelle keine homosexuellen Beziehungen wünscht«. Im Oktober 1978 gilt als gesichert: Erlaubt man Claudia, eine Frau zu werden, wird sie auf jeden Fall eine heterosexuelle Frau. Auch Gefahr Nummer zwei ist damit gebannt.

Für Claudia ist der Weg frei: Der Staat muss sie als Frau respektieren! Das Urteil ist eine Sensation. Es erkennt nicht nur an, dass es transsexuelle Menschen gibt – sondern auch, dass ihre Identität wichtiger ist als gesellschaftliche Übereinkünfte. Da ist Claudias Operation 14 Jahre her; so lange schon geht sie von Amt zu Amt, von Gericht zu Gericht.

Zwei weitere Jahre später liefert der Bundestag das passende Gesetz. Transsexuelle Menschen können nun ihren Vornamen ändern, das ist die *kleine Lösung*. Dafür müssen sie zwei Gutachten vorlegen, die belegen: Seit drei Jahren stehen sie unter dem Zwang, im anderen Geschlecht zu leben – und dieser Zwang wird höchstwahrscheinlich bleiben. Fühlen sie sich mit der neuen Identität wohl, können sie zur *großen Lösung* übergehen, der Operation. Erst dann dürfen sie das Geschlecht in ihrem Geburtseintrag ändern; erst wenn der Körper angepasst ist, erkennt das Recht das neue Geschlecht an. Das soll sicherstellen, dass niemand einfach so ein »falsches« Geschlecht annimmt, um die Gesellschaft zu provozieren.

Damit gibt es nun vier Geschlechtskategorien: erstens den Vornamen. Zweitens das äußere, körperliche Geschlecht, wie es sich zum Beispiel durch Hoden oder Brüste zeigt. Drittens das, was die Person innerlich empfindet – das gefühlte, psychische Geschlecht. Die vierte Kategorie ist der Eintrag in der Geburtsurkunde, das rechtliche Geschlecht. Diese vier Kategorien können auseinanderfallen.

Wenn Menschen ihr rechtliches Geschlecht ändern dürfen, kann das noch weitere gesellschaftliche Grundannahmen erschüttern. Zwei neue Gefahren fürchtet das Parlament damals. Auf die erste kommt man leicht: Jemand ist verheiratet und möchte sein rechtliches Geschlecht ändern. Das Resultat wäre eine gleichgeschlechtliche Ehe, die es bisher nicht gibt.

Für die zweite Gefahr brauchen wir mehr Phantasie: Jemand wird mit einem Penis geboren, lässt ihn entfernen und nimmt rechtlich das »Geschlecht: weiblich« an. Doch der Körper hat die Fähigkeit behalten, Spermien zu produzieren. Als rechtliche Frau könnte dieser Mensch mit einer anderen Frau ein Kind zeugen: Eine Frau schwängert eine Frau! Das würde alles über den Haufen werfen, was die Gesellschaft bislang kennt.

Beide »Gefahren« wollen die Abgeordneten im Gesetz von 1980 bannen: Ein Mensch, der sein rechtliches Geschlecht ändern will, darf daher nicht verheiratet sein. Er muss sich notfalls scheiden lassen. Und er darf keine Kinder zeugen oder bekommen können – die Operation muss ihn fortpflanzungsunfähig gemacht haben.

Auch diese beiden Gefahren landen vor dem Bundesverfassungsgericht, die erste im Jahr 2008: ein Ehepaar aus Mann und Frau, verheiratet seit 56 Jahren, drei Kinder. Der Mann nennt sich seit 2001 Martina, ließ sich 2002 operieren. Nun will Martina rechtlich als Frau anerkannt werden, aber das Standesamt fordert: Sie muss sich scheiden lassen. So steht es im Gesetz.

Die beiden denken nicht daran. Sie sehen keinen Grund für eine Scheidung. Ihre Ehe funktioniert bestens.

Sie haben viel gemeinsam durchgestanden, auch und gerade den Weg des Ehemanns zur Frau. Es empört sie, dass sie eins von beidem opfern sollen: ihre Ehe oder Martinas Identität.

Seit der grundlegenden Entscheidung von 1978 sind 30 Jahre vergangen. Viel hat sich getan, in der Gesellschaft und in der Wissenschaft. Homosexualität ist nicht mehr sittenwidrig. Für die Wissenschaft ist inzwischen klar: Transsexuelle Menschen können heterosexuell oder homosexuell sein. Niemand muss sich von seinem bisherigen Partner trennen, um zu »beweisen«, dass er transsexuell ist.

Aber was ist mit der Ehe? Bedrohen die beiden die Ehe, wenn sie verheiratet bleiben, wenn offiziell zwei Frauen miteinander verheiratet sind?

Die Ehe genießt einen eigenen Schutz, das steht in Artikel 6 des Grundgesetzes. Als das Grundgesetz entstand, hat sich niemand unter dem Begriff etwas anderes vorgestellt als eine Verbindung von Mann und Frau. Grundsätzlich, so das Bundesverfassungsgericht im Jahr 2008, darf der Staat diese Annahme beibehalten.

Doch die beiden sind ja schon verheiratet, seit mehr als einem halben Jahrhundert! Auch *ihre* Ehe steht unter dem Schutz des Grundgesetzes. Sie haben sich Verantwortung füreinander versprochen, auch in schwierigen Zeiten. Müssten sie sich scheiden lassen, würde eine konkrete Ehe zerstört, um das allgemeine Bild der Ehe zu retten. Ihre gleichgeschlechtliche Ehe wäre zwar ein Widerspruch im System, als Ausnahme würde sie die Gesellschaft aber nicht nachhaltig verstören.

Martina darf daher rechtlich eine Frau werden – und mit ihrer bisherigen Ehefrau verheiratet bleiben. Sie darf eine echte gleichgeschlechtliche Ehe führen. Ihre Identität ist wichtiger als das bisschen Verwirrung, das sie in der Gesellschaft stiftet.

Im Jahr 2011 erreicht die zweite Gefahr das Bundesverfassungsgericht: dass jemand im »falschen« Geschlecht ein Kind zeugt oder zur Welt bringt. Ein körperlicher Mann nennt sich Nina und lebt als Frau. Auch in den Papieren soll nun stehen: »Geschlecht: weiblich«. Nach damaligem Gesetz muss sich Nina dafür erst operieren lassen und nachweisen, dass sie keine Kinder mehr zeugen kann. Doch eine Operation ist ihr zu riskant, und auf Nachkommen möchte sie nicht verzichten. Darf der Staat von ihr fordern, dass sie entweder ihre Identität opfert oder ihre Fortpflanzungsfähigkeit?

Noch einmal ebnet die Wissenschaft den Weg. Nicht bei jedem Transsexuellen, das weiß man mittlerweile, ist eine Operation medizinisch angezeigt. Manche sind glücklich damit, einen neuen Vornamen anzunehmen und im Alltag im anderen Geschlecht zu leben. Sie sind nicht weniger »echt« als andere Transsexuelle. Nina darf daher ihren Penis und ihre Zeugungsfähigkeit behalten – und trotzdem rechtlich eine Frau werden. Entscheidend ist das Geschlecht, das sie im Inneren empfindet. Dieses Geschlecht muss das Recht respektieren.

Das ist die zweite Sensation, fast ein Vierteljahrhundert nachdem das Bundesverfassungsgericht die Transsexualität anerkannt hat: Es kommt allein darauf an, welches Geschlecht ich im Inneren empfinde! Diese Identität darf ich rechtlich haben. Ich muss sie zwar nach wie vor durch Gutachten »nachweisen«. Aber Operation, Fortpflanzungsunfähigkeit, Scheidung – alle sonstigen Voraussetzungen sind im Lauf der Zeit gefallen. Sie sind nicht nötig, um die Gesellschaft zu schützen. Die

Gesellschaft ist bereit, mit Nina als rechtlicher Frau umzugehen – auch wenn Nina Hoden hat und Kinder zeugen kann.

Damit stoßen wir zur letzten großen Frage vor: Darf all das dazu führen, dass es weibliche Väter gibt und männliche Mütter? Wir kommen zurück auf Johanna und Karin vom Anfang des Kapitels: Karin hat das Kind zur Welt gebracht, Johanna möchte als Vater eingetragen werden. Das Kind ist aus Johannas Sperma entstanden, und Johanna war bei seiner Geburt eine Frau. Die beiden stehen 2009 vor dem Oberlandesgericht Köln und hoffen. Immer hat sich bisher die Identität durchgesetzt, »gesicherte« Annahmen und gesellschaftliche Traditionen mussten fallen. Die Chancen stehen nicht schlecht, dass das Gericht entscheidet: Warum soll es nicht einen weiblichen Vater geben?

Doch es kommt anders. Den letzten Schritt geht das Gericht nicht mit: Johanna darf zwar bei »Vater« eingetragen werden. Aber nicht als Johanna, sondern nur unter ihrem früheren, männlichen Namen. Als Paul. Zwei leibliche Mütter, eine Frau, die mit ihrem Sperma ein Kind zeugt – das kennt selbst die Wissenschaft bisher nicht. Das kann man dem Kind nicht zumuten, das kann man der Gesellschaft nicht zumuten. Das Bundesverfassungsgericht segnet die Kölner Entscheidung ab, ebenfalls im Jahr 2011. Hier ist für das Gericht der Punkt erreicht, an dem die Interessen der Gesellschaft wichtiger sind als der Wunsch des Einzelnen, seine Identität auszuleben.

Wer oder was darf ich also sein? Alles, was die Gesellschaft nicht übermäßig stört. Wo diese Grenze verläuft, bestimmt sich ständig neu. Wissenschaft, Moral und Recht beeinflussen sich gegenseitig – das zeigt das Ringen um Identität. Der wissenschaftliche Fortschritt kann moralischen Vorstellungen auf die Sprünge helfen und Menschen im Kampf um ihre Freiheit unterstützen.

Schauen wir auf die vier »unumstößlichen« Grundannahmen vom Anfang des Kapitels. Was ist davon übrig? Nummer vier, die Unwandelbarkeit des Geschlechts, ist zuerst gefallen. Nummer drei: Jeder Mensch kann bei der Geburt einem Geschlecht zugeordnet werden? Inzwischen hat man festgestellt: Es kommen auch Kinder ohne eindeutige Geschlechtsorgane zur Welt. Die Intersexualität ist in der Wissenschaft anerkannt. Seit November 2013 darf man in solchen Fällen den Geschlechtseintrag bei der Geburt offenlassen. Auch die dritte Annahme ist also widerlegt, vielleicht noch mehr: Denn können wir mit der Entdeckung der Intersexualität noch an Nummer zwei festhalten? Dass zwei Geschlechter existieren und nichts dazwischen? Wenn es Menschen gibt, die sich äußerlich nicht klar dem männlichen oder weiblichen Geschlecht zuordnen lassen – warum sollte es nicht Menschen geben, deren empfundenes Geschlecht in keine der beiden Kategorien passt? Am Ende rütteln diese Erkenntnisse auch an der »unumstößlichen« Grundannahme Nummer eins: dass jeder Mensch ein Geschlecht *hat*.

Kann das Recht also ohne die Kategorie des Geschlechts auskommen? Es knüpft ohnehin nur noch selten an das Geschlecht an. Ein Beispiel ist die Gleichbehandlung: Niemand darf wegen seines Geschlechts benachteiligt werden. Aber müssen wir es dafür in ein Register eintragen? Auch wegen der Rasse oder sexuellen Orientierung verbietet das Gesetz eine Diskriminierung, und diese Merkmale tragen wir nirgendwo ein. Außerdem ist das Geschlecht im Gesetz noch wichtig für diese Frage: Wer darf eine Ehe eingehen und wer eine Eingetragene Lebenspartnerschaft? Doch beide gleichen sich einander an. Wir werden uns noch ansehen, wie das Bundesverfassungsgericht auch diese Entwicklung vorantreibt. Bereits jetzt haben wir gesehen: Gleichgeschlechtliche Ehen wie die von Martina gibt es längst. Das System *ist* schon durchbrochen.

Würde das Recht die Kategorie »Geschlecht« abschaffen, könnte es viele Probleme und Widersprüche vermeiden. Zum Beispiel, dass jeder in seinem innerlich empfundenen Geschlecht leben darf – sich das aber von einer außenstehenden Person durch ein Gutachten bescheinigen lassen muss. Oder die logischen Fallen bei Ehe und Eingetragener Lebenspartnerschaft. Und Johanna brauchte nicht darüber zu streiten, ob und mit welchem Namen sie als Vater vermerkt wird. Sie wäre einfach »Elternteil zwei«.

Sein, wer ich bin – das darf der Staat mir nicht plump verbieten. Doch es gibt auch subtile Methoden, uns die Freiheit zu nehmen. Wie die aussehen und wo ihre Grenzen liegen, sehen wir im nächsten Kapitel.

Totale Überwachung
Was darf der Staat wissen?

Arianes großer Bruder sitzt vor ihrem Haus, in einem grauen Kasten mit Guckloch. Er geht von dort nicht fort. Es ist nicht ihr leiblicher Bruder, sondern der aus George Orwells Roman *1984*. Hier überwacht der Staat seine Bürger und erinnert sie daran mit einer regelmäßigen Botschaft: »Big Brother is watching you.« Es ist März 2006, als Ariane sich wie in *1984* fühlt.

Arianes großer Bruder thront auf einem vier Meter hohen Pfahl auf der Straße. Er bewegt sich nach oben, nach unten und um seine eigene Achse. In dem Kasten ist eine Kamera. Es gibt keine Richtung, in die sie nicht schauen kann.

Wenn Ariane verschlafen hat und zu spät zur Arbeit geht, kann der »Große Bruder« sie sehen. Wenn sie mit Freunden aus war und erst in den Morgenstunden nach Hause kommt, wenn sie zwischen den zwei massiven Säulen hindurch über die flache Stufe zu ihrem Hauseingang läuft, durch die alte Metallgittertür in das Treppenhaus – dann schielt sie zu dem grauen Kasten. Schaut er zurück? Ariane weiß nicht, wer sie sieht. Manchmal starrt der »Große Bruder« in Arianes Fenster im zweiten Stock. Sie hat gehört, er kann zoomen.

Ariane wohnt auf der Hamburger Reeperbahn. 856 Straftaten sind dort in den zwölf Monaten verübt worden, bevor die Kameras auftauchten: Mord, Raub, Körperverletzung, Diebstahl und andere Straftaten. Die Kameras sollen die Menschen auf der Reeperbahn schützen – und Beweise liefern, wenn jemand eine Straftat begeht.

Zwölf Kameras hat die Polizei installiert. Ihre Bilder laufen auf einer Wand in der Einsatzzentrale ein, rund um die Uhr, auf zwölf Monitoren, für jede Kamera einer. In der Mitte ist ein großer Bildschirm; dort kann sich die Polizei die Straße vor Arianes Haus im Detail anschauen. Bis zu einen Monat werden die Videos gespeichert. Ariane führt ein Videotagebuch wider Willen. Damit will sie sich nicht abfinden. Sie beruft sich auf ihre Grundrechte.

Das Grundgesetz wurde nicht auf dem Computer geschrieben. Niemand hat Entwürfe auf Facebook gepostet, damit die Menschen sie teilen und kommentieren. Die Mütter und Väter des Grundgesetzes schickten sich keine Nachrichten über ihre Smartphones. Sie konnten sich nicht vorstellen, dass wir einmal Bilder, Namen, Anschriften und Autokennzeichen elektronisch aufnehmen und speichern werden. Dass wir Informationen in Datenbergen suchen, um die Welt schicken und verknüpfen. Die Grundrechte befassen sich daher nicht ausdrücklich mit dem Problem, das Ariane in Hamburg umtreibt: mit der elektronischen Datenverarbeitung. Was können sie uns also über den »Großen Bruder« sagen?

Diese Frage stellte sich das Land schon früher, in einer aufgeheizten Zeit: Ende 1982 wird in der Hamburger Hochschule für bildende Künste ein Theaterstück aufgeführt. Thema: Personal-Informationssysteme. Mit Computern kennen sich selbst da noch wenige aus; ihre Möglichkeiten verunsichern die Menschen.

Nach dem Stück meldet sich eine Frau aus dem Publikum. Sie hat Post bekommen: Sie soll im nächsten Jahr mit Fragebögen von Haus zu Haus gehen, als eine von 600 000 Zählern, um ihre Nachbarn in einer Volkszählung zu befragen. Einstimmig hat der Deutsche Bundestag das Volkszählungsgesetz beschlossen.

»Volkszählung« ist ein beschönigendes Wort, denn das Volk soll nicht nur gezählt werden. Jeder Erwachsene soll persönliche Informationen preisgeben, zum Beispiel: Wie heißen Sie, wo wohnen Sie? Sind Sie verheiratet? Gehören Sie einer Religion an? Womit verdienen Sie Ihren Lebensunterhalt? Was machen Sie genau bei der Arbeit? Welche Position haben Sie dort? Wie viele Stunden arbeiten Sie pro Tag? Wer führt den Haushalt? Deutschland ist ohnehin in Proteststimmung: gegen Atomkraft, gegen den Nato-Doppelbeschluss. Das von George Orwell düster angekündigte *1984* naht nicht nur zeitlich, finden viele. Die geplante »Totalerhebung« gehört für sie zum Überwachungsalptraum.

Am selben Abend gründet sich in Hamburg eine »VoBo-Ini« – eine Volkszählungsboykottinitiative. Im ganzen Land werden Menschen zu »VoBos«. Ihre Parolen lauten »Politiker fragen – Bürger antworten nicht« oder »Nur Schafe lassen sich zählen«. Selbst konservative, staatstreue Bürger sind beunruhigt, machen mit. Aus ihren Fenstern hängen Transparente: »Volkszählungsboykott!« und »Unsere Daten müsst ihr raten«. Mehr als 500 Verfassungsbeschwerden gehen in Karlsruhe ein. Das Bundesverfassungsgericht braucht Zeit. Tage vor dem Termin stoppt es die Volkszählung in einer Eilentscheidung – vorerst, bis ein endgültiges Urteil fällt.

Weil das Grundgesetz die moderne Datenverarbeitung nicht kennt, sucht das Gericht einen Ansatzpunkt. Es findet ihn in Artikel 2 Absatz 1: »Jeder hat das Recht auf die freie Entfaltung seiner Persönlichkeit.« Zusammen mit der Menschenwürde aus Artikel 1 ergibt sich daraus ein *allgemeines Persönlichkeitsrecht:* Jeder soll sich frei entfalten können. Jeder soll selbst entscheiden können, was er tun und lassen will.

Was haben Computer damit zu tun? Wenn der Staat Informationen über mich sammelt und speichert, beliebige Menschen sie abrufen und kombinieren können, verliere ich die Kontrolle: Kann sich meine Kollegin denken, wie viel ich verdiene – vielleicht, weil sie zufällig mit dem »Zähler« befreundet ist, der meinen Bogen abholt? Kennt das Finanzamt meine Zweitwohnung? Weiß meine Bank, dass es mit der Beförderung nicht geklappt hat? Welche Informationen werden noch über mich gesammelt?

Trete ich täglich Menschen gegenüber, von denen ich nicht weiß, was sie über mich wissen, übt das Druck auf mich aus. Ich werde vorsichtig: Muss ich damit rechnen, dass eine Behörde registriert, wenn ich an einer Bürgerinitiative teilnehme, gehe ich vielleicht besser nicht hin.

Genau das will das allgemeine Persönlichkeitsrecht verhindern: dass ich die Freiheit verliere, selbst zu entscheiden, was ich tue und lasse. Die freie Entfaltung der Persönlichkeit hängt also auch davon ab, welche Kontrolle ich über meine Daten habe! Der Datenschutz ist kein Selbstzweck – er soll gewährleisten, dass ich mich unbefangen bewegen kann.

Aus dem Grundgesetz lässt sich daher ableiten: Jeder darf selbst bestimmen, welche Informationen er über sich preisgibt und wozu sie verwendet werden. *Recht auf informationelle Selbstbestimmung* nennt es das Bundesverfassungsgericht. Es hat ein neues, modernes Grundrecht erfunden – auf der Grundlage eines alten Textes.

Das Volkszählungsurteil markiert die Geburt des modernen Datenschutzes.

Hat damit jeder die absolute Herrschaft über »seine« Daten? Nein, denn wir entfalten uns nicht im Vakuum, sondern in einer Gemeinschaft, wir kommunizieren mit anderen. Deshalb muss ich hinnehmen, dass meine Freiheit beschränkt wird, wenn das im Interesse der Allgemeinheit notwendig ist. Der Staat muss an die Informationen kommen, die er braucht, um das Leben in der Gemeinschaft zu organisieren.

Wie kann der Staat nun diese Informationen erhalten, ohne dass ich mich als Bürger einer diffusen Überwachung ausgeliefert fühle? Die Hilflosigkeit der Menschen speist sich vor allem aus zwei Unsicherheiten. Erstens: Welche Daten werden von mir gesammelt? Zweitens: Was die wohl damit machen? Schauen wir, was man gegen diese Unsicherheiten tun kann.

Die erste Unsicherheit können wir lösen, indem sich nicht jede Behörde einfach die Informationen holen darf, die sie gern hätte. Die gewählten Abgeordneten sollen selbst entscheiden, welche Daten ich preisgeben muss, in einem Gesetz, das öffentlich diskutiert und beschlossen wird. Niemand darf Daten sammeln ohne gesetzliche Grundlage.

Die zweite Unsicherheit lässt sich lindern, wenn in diesem Gesetz klar steht, wofür die Informationen genutzt werden. Der Staat darf keine Daten »auf Vorrat« sammeln nach dem Motto: Das werden wir schon für irgendetwas brauchen können.

Sind die Daten einmal vorhanden, steigt die Verlockung, sie auch für andere Dinge zu nutzen. Gebe ich meine Blutgruppe beim Blutspenden an, möchte ich aber nicht überlegen, ob diese Information *auch* einmal in der

Datenbank der Polizei landen und mich einer Straftat überführen kann. Wichtig ist daher eine *Zweckbindung*: Daten dürfen nur zu dem Zweck verwendet werden, zu dem sie ursprünglich gesammelt worden sind. Für andere Zwecke muss man neue Daten sammeln, mit einem neuen Gesetz.

Schließlich gilt auch beim Datensammeln der Grundsatz der Verhältnismäßigkeit, den wir aus dem ersten Kapitel kennen: Der Eingriff in meine Freiheit kommt in die eine Waagschale – der Zweck, den er erreichen soll, in die andere. Beides muss in einem angemessenen Verhältnis zueinander stehen. Der Staat könnte zum Beispiel nicht verlangen, dass wir ihm jeden Geschlechtsverkehr mit den nötigen Einzelheiten melden, bloß damit er schon mal hochrechnen kann, wie viele Kitaplätze in Zukunft gebraucht werden.

Diese Grundregeln des Datenschutzes entwickelt das Bundesverfassungsgericht anlässlich der Volkszählung. Allerdings: Ausgerechnet für die Volkszählung passen sie gar nicht! Sie ist eine Statistik, und Statistiken *sind* Datensammlungen auf Vorrat, sie *sollen* für verschiedene Zwecke nutzbar sein: Vielleicht braucht die Politik die Daten einmal für den Wohnungsbau, vielleicht für den Arbeitsmarkt, vielleicht für die Berechnung der Renten. Auch die Statistik ist aber im allgemeinen Interesse. Es muss daher auch möglich sein, statistische Daten zu erheben. Statt einer klaren Zweckbestimmung müssen bei der Statistik also andere Regeln gelten. Hier kann man die Bürger schützen, indem man die Daten so früh wie möglich anonymisiert, von Name und Anschrift trennt. Bis dahin müssen die Informationen strikt geheim gehalten werden.

Am Ende entscheidet das Bundesverfassungsgericht:

Die Volkszählung ist in Ordnung. Es müssen aber einige Details beachtet werden: Die Zähler dürfen nicht aus der Nachbarschaft stammen. Bis die Daten anonymisiert sind, dürfen sie nicht ans Meldeamt oder andere Behörden weitergegeben werden.

Erst vier Jahre später, 1987, findet die Volkszählung statt. Immer noch misstrauen viele Menschen dem Staat. Sie boykottieren die Volkszählung auch nach dem Urteil, geben die Fragebögen nicht ab, zerreißen sie oder machen falsche Angaben. Geblieben von der Volkszählung sind die Grundprinzipien des Datenschutzes: *gesetzliche Grundlage, klarer Zweck, Verhältnismäßigkeit.*

Im Lauf der Zeit haben sich weitere Grenzen gezeigt: Gut zehn Jahre nach der Volkszählung liegt in Bayern ein Landwirt tot in seinem Wohnzimmer, erschlagen mit einem kantigen Gegenstand. Bei einem Mann aus der Gegend taucht ein Stock auf, der als Tatwaffe in Frage kommt. Die Polizei hört heimlich Wohnung und Telefon des Mannes ab. Als der Mann wegen eines Unfalls ins Krankenhaus kommt, überwacht sie sein Krankenzimmer, ein Einzelzimmer.

An einem Abend, kurz nach halb elf, ruft eine Arbeitskollegin den Mann an. Die Polizei habe sie über ihn ausgefragt, berichtet sie. Ob er aggressiv gewesen sei, habe sie wissen wollen. Nach dem Telefonat kommt der Mann nicht zur Ruhe. Aufgeregt murmelt er vor sich hin: »Sehr aggressiv, sehr aggressiv, sehr aggressiv!« Und: »In Kopf hätt i eam schießen sollen, in Kopf hätt i eam schießen sollen, selber umgebracht ... in Kopf hätt i eam schießen sollen.«

Das Gericht wertet sein Selbstgespräch als Beweis dafür, dass er den Mord begangen hat. Nur deshalb hat er sich Gedanken darüber gemacht, ob es nicht besser gewesen wäre, das Opfer zu erschießen. Denn ohne den Stock wäre er nie verdächtig geworden. Der Mann wird verurteilt: lebenslang Gefängnis. Dagegen wehrt er sich.

Auch die Wohnungsüberwachung, die hier stattfand, ist als *Großer Lauschangriff* lange diskutiert worden. Inzwischen ist sie genauso Gesetz wie das Abhören des Telefons: Beides ist zulässig, um besonders schwere Straftaten wie Mord aufzuklären, die sonst nicht oder nur sehr schwierig aufgeklärt werden könnten. Ob das der Fall ist, muss vorher ein Gericht entscheiden. Die Voraussetzungen aus dem Volkszählungsurteil sind also beachtet: gesetzliche Grundlage, klarer Zweck, Verhältnismäßigkeit.

Doch die Polizei hat kein Gespräch des Mannes abgehört – sondern ein Selbstgespräch. Das Selbstgespräch ist lautes Denken. Die Bruchstücke legen nahe, dass dem Mann eins zu eins über die Lippen ging, was ihm durch den Kopf ging. Damit unterscheidet sich das Abhören dieser Worte kaum vom Gedankenlesen.

Warum ist das ein Problem? Zwar muss ich damit leben, dass der Staat Informationen über mich sammelt, um die Gesellschaft zu organisieren. Aber es ist wie mit kleinen Kindern und ihren Eltern: Die Eltern passen auf sie auf, doch jedes Kind braucht ein Geheimversteck, an dem es seine Ruhe vor den Eltern hat, an dem es mit sich allein ist. So braucht auch jeder erwachsene Mensch einen geschützten Raum, in den er sich zurückziehen kann, ohne befürchten zu müssen, dass jemand zuschaut oder mithört. In dem er mit sich und seinem Innersten allein ist. Restlos darf uns der Staat nicht durchleuchten – das verlangt die Menschenwürde. Das Bundesverfassungsgericht nennt das den »Kernbereich der privaten Lebensgestaltung«. Dieser Bereich ist nicht räumlich gemeint, sondern inhaltlich: Dazu gehören sexuelle Vorgänge, Gespräche mit engen Vertrauten über intime Gefühle – und Selbstgespräche. Die Gedanken sind frei, auch wenn ich sie zu mir selbst ausspreche, weil ich mich unbeobachtet wähne.

Dieser Kernbereich ist unantastbar wie die Menschenwürde. Er kann gegen nichts abgewogen werden, noch nicht einmal gegen das Interesse der Gesellschaft, einen Mörder zu überführen. Das Selbstgespräch kann daher nicht gegen den Mann verwendet werden. Der Bundesgerichtshof hebt sein »Lebenslänglich« auf.

Was bedeutet all das für Ariane und ihren »Großen Bruder« auf der Reeperbahn? Sie hat inzwischen vor Gericht einiges erreicht: Die Kamera muss ausgeschaltet sein, wenn sie auf ihr Fenster gerichtet ist – ihr intimster Bereich ist also geschützt. Auch ihr Hauseingang darf nicht aufgenommen werden. Doch Ariane kommt sich immer noch beobachtet vor, wenn sie auf die Straße geht. Sie will die Kamera abschalten lassen. Sechs Jahre dauert es, bis sie mit ihrem Fall 2012 beim Bundesverwaltungsgericht ankommt.

Wenden wir die Grundsätze aus dem Volkszählungsurteil auf Arianes Fall an: gesetzliche Grundlage, klarer Zweck, Verhältnismäßigkeit. Ein Gesetz für die Überwachung existiert. Danach darf die Polizei an öffentlichen Orten Videos aufzeichnen, wenn sich dort Straftaten häufen. Zweck ist, diese Straftaten aufzuklären – und so auch potenzielle Täter abzuschrecken. Die Menschen an diesen Orten sollen geschützt werden.

Nur zu diesem Zweck dürfen die Videos verwendet werden. Das Gesetz hat also auch einen klaren Zweck.

Aber ist die Videoaufzeichnung verhältnismäßig? Die Kameras greifen tief in das Recht auf informationelle Selbstbestimmung ein: Sie zeichnen jeden Tag viele tausend Menschen auf, die sich durch nichts verdächtig gemacht haben. Das liegt auf der einen Seite in der Waagschale.

Auf der anderen Seite liegen Leben und Gesundheit derjenigen, die mit der Überwachung geschützt werden sollen. Das ist ein hohes Gut. Kein Polizist könnte so zuverlässig das Geschehen registrieren wie eine Kamera. Die Kameras dürfen nicht überall angebracht werden, sondern nur dort, wo die Straßenkriminalität besonders hoch ist. Da Straftaten oft verzögert angezeigt werden, ist es nötig, die Aufnahmen eine Weile zu speichern. Ariane wird von der Kamera nicht nur gestört – sondern auch geschützt. All das lässt die Waagschale auf dieser Seite noch tiefer nach unten gehen als auf der anderen: Ariane muss die Belastungen durch die Kamera hinnehmen.

Das Volkszählungsurteil setzt bis heute die Grenzen, wenn der Staat über uns Informationen sammelt: Wenn er Autokennzeichen erfasst, Telefone abhört oder in Datenbanken wühlt, um Kriminelle zu finden. Im Jahr 2008 hat das Bundesverfassungsgericht ein weiteres Grundrecht entwickelt: das *Computer-Grundrecht*, das offiziell den sperrigen Namen »Grundrecht auf Gewährleistung der Vertraulichkeit und Integrität informationstechnischer Systeme« trägt. Es schützt uns davor, dass die Polizei heimlich unsere Festplatten durchstöbert, ohne ausreichende Gründe zu haben. Ein solcher Grund kann nur darin liegen, besonders schwere Straftaten aufzuklären oder zu verhindern.

Wie können wir die Grundsätze auf das anwenden, was wir als »Vorratsdatenspeicherung« diskutieren? Wer wann wem eine SMS oder ein Fax schickt oder mit jemandem telefoniert – das sollen die Telefonunternehmen zum Beispiel speichern, von allen Menschen, ohne dass jemand sich verdächtig gemacht hat. Während dieser Text entsteht, verabschiedet der Bundestag hierzu ein neues Gesetz. Wir haben schon festgestellt, dass der Staat außer für eine Statistik niemals Daten auf Vorrat sammeln darf, also ohne einen vorher bestimmten Zweck. Aber der Begriff »Vorratsdatenspeicherung« führt in die Irre, denn hier geht es nicht darum, Daten ohne Zweck zu sammeln: Der Staat will besonders schwere Straftaten bekämpfen. Das ist ein klarer Zweck, der sich auch in ein Gesetz schreiben lässt. Es muss nur vorher feststehen, welche Straftaten genau gemeint sind.

Die entscheidende Frage lautet: Ist die Datenspeicherung verhältnismäßig? Anders als die Kamera auf der Reeperbahn soll sie nicht nur in besonders gefährlichen Situationen eingesetzt werden, sondern überall und bei jedem. Die Überwachung ist gigantisch. Der Europäische Gerichtshof hält ein »Staubsauger-Prinzip« für unverhältnismäßig. Das Bundesverfassungsgericht hingegen lässt durchblicken, dass es in Ordnung sein kann, die Daten für ein paar Monate zu speichern – solange sichergestellt ist, dass sie nur bei sehr schweren Straftaten oder Gefahren verwendet werden.

Wie kann das Bundesverfassungsgericht auf so eine Idee kommen? Besinnen wir uns auf die Begründung des Datenschutzes vom Anfang dieses Kapitels: Die Menschen sollen sich unbefangen bewegen. Würde eine Datenspeicherung für ein paar Monate dazu führen, dass wir das nicht mehr tun? Die meisten von uns würden sich unverändert verhalten. Wir geben heute auf Schritt und Tritt persönliche Daten preis: in sozialen Netzwerken, bei Bestellungen im Internet, beim Bezahlen mit der Kreditkarte, über Kundenkarten im Supermarkt. Mit Computern haben wir täglich zu tun. Würden wir den ursprünglichen Gedanken des Bundesverfassungsgerichts – genau zu kontrollieren, was mit jeder Information passiert – heute in die Tat umsetzen, würde uns das in den Wahnsinn treiben. Immer weniger Menschen stören sich daran, dass ihre Daten gesammelt werden. Obwohl die »Vorratsdatenspeicherung« ein anderes Kaliber hat als die Volkszählung, fällt der Aufschrei nicht so laut aus.

Je unbefangener wir mit unseren Daten umgehen, desto schwächer wird die Begründung für das Recht auf informationelle Selbstbestimmung: dass wir nicht frei handeln, wenn wir keine Kontrolle über unsere Daten haben. Könnte ein radikaler Bewusstseinswandel also dazu führen, dass sich, anders als 1983, der Datenschutz gar nicht mehr aus dem Grundgesetz ableiten lässt? Vielleicht, irgendwann einmal. Davon sind wir aber noch weit entfernt. Noch gibt es genug Menschen wie Ariane, die sich darum sorgen, was mit ihren Daten passiert.

Ariane hatte am Schluss übrigens doch noch Erfolg: Das Gericht hat der Hamburger Polizei zwar erlaubt, die Reeperbahn ohne Hauseingänge zu filmen, der Polizei war es aber zu aufwendig, alle Hauseingänge zu schwärzen. Sie schaltete die Kameras freiwillig ab.

Der Staat darf mich nicht restlos durchleuchten. Aber welche Informationen dürfen meine Mitmenschen über mich verbreiten? Darum geht es im nächsten Kapitel.

Recht auf Vergessenwerden
Kann jemand meinen Ruf zerstören?

Im Herbst 2009 stößt Victor Sola auf eine interessante Notiz in der Zeitung. Auf Seite 23, im Teil »Gesellschaft«, kündigt das Ministerium für Arbeit und Soziales an, dass es am 29. Januar um 10 Uhr Grundstücke versteigert. Genauer gesagt: zwangsversteigert, weil die Eigentümer ihre Schulden bei der Sozialversicherung nicht bezahlt haben. Die Ankündigung zieht sich über den rechten Rand der Seite, man kann sie nicht übersehen. Die Zeitung heißt *La Vanguardia;* eine Tageszeitung, die in Katalonien, um Barcelona herum, verbreitet ist. Dort, wo Victor Sola wohnt.

Angeboten werden zum Beispiel »zwei ungeteilte Hälften eines Hauses in der Montanastraße 8«, Gesamtfläche 90 Quadratmeter. Als den verschuldeten Eigentümer nennt die Zeitung: Victor Sola.

Dieses Haus hat Victor Sola einmal gehört. Er hatte tatsächlich Schulden; es wurde tatsächlich versteigert. Die Sache ist längst aus der Welt. Oben auf der Zeitungsseite steht: »Dienstag, 19. Januar 1998«. Der Wert des Hauses ist noch in Peseten angegeben. Die Zeitungsseite, auf die Victor im Jahr 2009 stößt, ist uralt. Doch jeder kann sie im Internet anschauen, wenn er sie findet.

Das ist leicht. Jetzt, im Herbst 2009, ist die Notiz von 1998 für Victor Sola so aktuell, als wäre sie gerade erschienen: Gibt er seinen Namen bei Google ein, taucht gleich ein Link zu der elf Jahre alten Zeitungsseite auf.

Seine Kollegen, Nachbarn, Verwandten, mögliche Geschäftspartner – alle, die sich über ihn informieren wollen – können schnell und leicht erfahren: Victor Sola hatte Schulden.

Victor Sola bittet den Zeitungsverlag, die Seite zu entfernen. Doch der ist stolz darauf, alle Ausgaben seit dem 1. Februar 1881, dem ersten Erscheinungstag von *La Vanguardia,* in einem Onlinearchiv anzubieten. Es sind Dokumente der Zeitgeschichte, der Geschichte der Region.

Victor Sola schaltet die spanische Datenschutzbehörde ein: Sie soll den Verlag zwingen, die Meldung zu entfernen. Und Google verbieten, unter dem Suchbegriff »Victor Sola« einen Link auf die Zeitung von 1998 anzuzeigen.

Victors Geschichte könnte genauso gut in Leipzig oder Darmstadt spielen. Denn das Grundrecht, auf das er sich beruft, steht in unterschiedlichen Worten in unterschiedlichen Verfassungen und in der Charta der Grundrechte der Europäischen Union, in Spanien, in Deutschland, in Europa: Jeder Mensch soll seine Persönlichkeit frei entfalten können. Dazu gehört, dass ich bestimmen kann, welches Bild von mir ich in der Öffentlichkeit vermitteln will. Dass ich ein Privatleben habe, in dem die Öffentlichkeit mich in Ruhe lässt.

Dürfen andere mich also nur so darstellen, wie ich es am liebsten hätte? Kann ich Informationen über mich unterdrücken, die mir nicht gefallen?

In der Gesellschaft gibt es nicht nur den Einzelnen – das haben wir schon im letzten Kapitel festgehalten. Damit das Zusammenleben funktioniert, muss nicht nur der Staat gewisse Dinge über uns wissen. Auch wir müssen manche Informationen miteinander teilen. Meine Informationen »gehören« mir daher nicht alleine. Mein Recht, sie zu kontrollieren, stößt an Grenzen – wenn andere ein nachvollziehbares Interesse haben, etwas über mich weiterzugeben oder zu erfahren. Wer kann ein solches Interesse haben?

Das fragt sich fast zur selben Zeit wie Victor Sola in Spanien auch ein Geschäftsmann aus der Gegend von Köln. Auch er sitzt vor dem Computer und gibt seinen Namen bei Google ein. Automatisch schlägt Google weitere Suchbegriffe zu seinem Namen vor, direkt im Eingabefeld. Die gefallen dem Geschäftsmann nicht: Unter anderem erscheint neben seinem Namen das Wort »Scientology«. Der Geschäftsmann verlangt von Google, »Scientology« nicht mit seinem Namen in Verbindung zu bringen. Er *hat* keine Verbindung zu Scientology.

Unser Zusammenleben erfordert, dass wir bestimmte Informationen teilen. Aber das gilt nur für richtige Informationen. Eine falsche Information hilft niemandem. Deshalb kann niemand ein nachvollziehbares Interesse daran haben, falsche Informationen über mich zu verbreiten – nicht die Presse, nicht die Nachbarn oder Kollegen, nicht Google. Hier setzt sich immer mein Recht durch, selbst zu bestimmen, wie ich in der Öffentlichkeit dargestellt werden möchte.

Google antwortet: Niemand behauptet, *dass* der Geschäftsmann mit Scientology zu tun hat. Unser Suchvorschlag teilt nur mit, was viele andere suchen. Er enthält also lediglich die Aussage: »Viele Leute fragen sich momentan, *ob* der Geschäftsmann etwas mit Scientology zu tun hat.« Die Aussage »Viele Leute fragen sich momentan, *ob* der Geschäftsmann etwas mit Scientology zu tun hat« ist wahr, denn diese Suchanfragen gehen bei uns ein. Niemand verbreitet falsche Tatsachen.

Was sagt der Suchvorschlag also wirklich aus?

Aus der Psychologie kennen wir den Effekt der *Aussageverzerrung*. Lesen wir eine Frage wie »Schlafen Elefanten auf dem Rücken?«, entsteht vor unserem geistigen Auge ein Bild: ein Elefant, der auf dem Rücken schläft. Dieses Bild bleibt im Gedächtnis. Für das Fragezeichen ist kein Platz auf dem Bild – das Gehirn hat kein Format, um das Fragezeichen zu speichern.

Das gilt auch für eine Verneinung. Der Satz »Elefanten schlafen *nicht* auf dem Rücken« lässt im Kopf das gleiche Bild entstehen: ein Elefant, der auf dem Rücken schläft. Für das Wort »nicht« ist auf dem Bild ebenfalls kein Platz.

Fragezeichen und Verneinungen gehen in unserer Erinnerung verloren. Versuche weisen nach: Hören wir eine Frage oder einen verneinten Satz, sind wir schon nach kurzer Zeit sicher, dass wir den Inhalt des Satzes als positive Aussage gehört haben. Hängen bleibt das Bild vom Elefanten, der auf dem Rücken schläft – und die positive Aussage: »Elefanten schlafen auf dem Rücken.« Auch wer Informationen in eine Frage kleidet, kann also eine Aussage machen. Die Einleitung »Ich frage mich, ob …« oder »Viele fragen sich momentan, ob …« macht eine unzulässige Behauptung nicht zulässig. Sie ist sogar besonders perfide.

Der Bundesgerichtshof gibt dem Geschäftsmann daher recht. Er braucht nicht zu dulden, dass Google Fragen aufwirft, die nichts mit ihm zu tun haben. Auf seinen Einwand hin muss Google dafür sorgen, dass das Wort

»Scientology« nicht mehr als automatischer Suchvorschlag neben seinem Namen auftaucht.

Inzwischen ist das Jahr 2014; Victor Sola aus Spanien ist mit seinem Fall beim Europäischen Gerichtshof gelandet. Die aktuelle Entscheidung aus Deutschland hilft ihm dort nicht, denn die Tatsache, die er über sich lesen muss, ist wahr. Er *war* verschuldet, sein Haus *wurde* versteigert.

Wahre Dinge zu verbreiten – daran *können* andere ein nachvollziehbares Interesse haben. Dieses Interesse kann ebenfalls von Grundrechten gedeckt sein: von der Pressefreiheit, auf die sich die Zeitung *La Vanguardia* beruft. Von der unternehmerischen Freiheit, auf die sich Google beruft. Und vor allem: von der Freiheit anderer Menschen, sich zu informieren, der Informationsfreiheit. Wo verläuft also die Grenze, welche Informationen »gehören« mir, welche der Gemeinschaft?

Das hängt davon ab, um welche Informationen es geht und wie wichtig sie für die Gesellschaft sind. Nicht alle Informationen haben die gleiche Bedeutung für das Zusammenleben: Meine Telefonnummer ist etwas anderes als das, was ich in mein Tagebuch schreibe. So können wir verschiedene Kategorien entwickeln, wie größer werdende Kreise, die sich um meine Person ziehen.

Im engsten Kreis befinden sich meine Gedanken und Gefühle. Dort ist alles, was nur in meinem Kopf vor sich geht oder was ich in persönlichen Notizen, vertraulichen Briefen und Gesprächen äußere. Im engsten Kreis befindet sich auch das, was sich üblicherweise hinter zugezogenem Vorhang abspielt: mein Sexualleben, ärztliche Untersuchungen, mein Gesundheitszustand. Dieser Kreis ist der *Intimbereich*.

Der zweitengste Kreis ist das Leben, das sich nicht hinter vorgezogenem Vorhang abspielt, aber trotzdem im Privaten: in meiner Wohnung, in meiner Familie. Dieser Kreis endet nicht an meiner Wohnungstür oder meinem Gartentor. Ich kann ihn ausdehnen, zum Beispiel auf ein Café oder einen Strand, wenn ich mich dort in eine Ecke zurückziehe, um ungestört ein Buch zu lesen oder mit meinem Partner romantisch zu dinieren. So kann sich auch ein Prominenter in der Öffentlichkeit im privaten Kreis befinden. Dieser Kreis ist die *Privatsphäre*.

Der drittengste Kreis enthält alles, was ich in meinem sozialen Umfeld tue: bei der Arbeit, im Sportverein, im Supermarkt. Hier trete ich mit anderen Menschen in Beziehung, pflege soziale Kontakte. Dieser Kreis enthält meine *Sozialsphäre*.

Bewege ich mich über den Kreis des Sozialen hinaus, überschreite ich die Grenze in die Öffentlichkeit. Sie ist der vierte Kreis, und dieser Kreis ist unendlich groß. Ich betrete ihn zum Beispiel, wenn ich mich selbst an die Presse wende, ein Interview gebe. Wenn ich an einer Fernsehsendung teilnehme, als Kandidat in einer Castingshow oder als Gast in einer Talkshow. Wenn ich eine Rede auf dem Marktplatz halte. Wenn ich ein Buch veröffentliche. Oder wenn ich Informationen über mich auf frei zugänglichen Internetseiten preisgebe, in einem Blog oder einem Diskussionsforum.

Je größer ein Kreis ist, desto weniger »gehören« die Informationen darin nur mir, desto eher »gehören« sie auch der Gesellschaft. Deshalb können wir jedem Kreis eine Regel zuordnen, wie freizügig andere Informationen daraus verwenden dürfen: nie, immer, in der Regel ja und in der Regel nein.

Die Intimsphäre betrifft meine Menschenwürde, und die ist unantastbar: Mein Sexualleben, meine Krankheiten, mein Tagebuch sind für andere tabu. Es kann niemals gerechtfertigt sein, Informationen aus meiner Intimsphäre zu verbreiten. Hier setzt sich mein Recht durch, selbst zu entscheiden, was in die Öffentlichkeit gelangen soll.

Umgekehrt ist klar: Ich muss damit leben, wenn jemand Informationen weitergibt, die ich selbst in die Öffentlichkeit getragen habe. Informationen aus dem vierten, unendlich großen Kreis dürfen andere praktisch immer verbreiten.

Und die beiden Kreise dazwischen?

Hier können wir die »In der Regel«-Regel anwenden: Was sich in meiner Privatsphäre abspielt, »gehört« mir in der Regel allein. Informationen daraus dürfen andere nur verbreiten, wenn es dafür ausnahmsweise einen besonderen Grund gibt. Dafür reicht es nicht, dass jemand bekannt ist – auch Prominente haben ein Recht auf Privatleben. Es kann aber sein, dass ein Detail aus dem Privatleben einer bekannten Person in Zusammenhang mit etwas steht, das die Person öffentlich tut oder sagt: Wettert ein Politiker gegen Autos und verlangt, alle sollten aufs Fahrrad umsteigen, und fährt dieser Politiker selbst mit dem Auto zum Bäcker um die Ecke – dann hat die Öffentlichkeit ein Interesse daran, das zu erfahren. Bin ich nicht prominent, ist aber kaum ein Grund denkbar, aus dem jemand Einzelheiten aus meinem Privatleben verbreiten dürfte – selbst wenn sie wahr sind.

In der Sozialsphäre ist es umgekehrt: Diese Informationen »gehören« in der Regel der Gesellschaft, denn dort lebe ich meine sozialen Bezüge. Was sich daraus verbreitet, kann ich nicht kontrollieren – es sei denn, es ist ausnahmsweise kein Grund ersichtlich, warum andere davon erfahren sollten.

In welchem Kreis liegt nun die Information, dass Victor seine Schulden nicht bezahlen kann und sein Haus versteigert wird? Schulden bestehen gegenüber anderen, liegen also in dem Bereich, in dem ich mit anderen interagiere. Die Gesellschaft kann ein Interesse daran haben, zu wissen, ob jemand seine Rechnungen bezahlt. Und die öffentliche Versteigerung hat nur einen Sinn, wenn Menschen von ihr erfahren. Diese Informationen liegen in der Sozialsphäre. Es ist kein Grund ersichtlich, warum ausnahmsweise die Gesellschaft davon nicht erfahren dürfte. Im Gegenteil: Es ist in Victors Sinn, dass viele Menschen auf sein Haus bieten. Die Zeitung *La Vanguardia* durfte am 19. Januar 1998 also darüber berichten.

Doch wie lange muss sich jemand öffentlich an Informationen aus seinem früheren Leben erinnern lassen?
Der Soldatenmord von Lebach gehört zu den großen Verbrechen, die Deutschland in Atem hielten: In der Nacht zum 20. Januar 1969, kurz vor drei Uhr, überfallen zwei Unbekannte ein Munitionsdepot der Bundeswehr. Vier Soldaten erschießen sie im Schlaf, einen verletzen sie schwer. Sie rauben Gewehre, Pistolen, Munition.
Die Fernsehsendung *Aktenzeichen XY ... ungelöst* fahndet mit der Bevölkerung nach den Tätern. Drei junge Männer werden festgenommen. Sie träumten von einer Lebensgemeinschaft zu dritt, auf einer Jacht in der Südsee. Dafür brauchten sie Geld und entwickelten einen Plan.
Der Strafprozess findet in der Saarbrücker Kongresshalle statt, Hunderte wollen die Verhandlung von den

Zuschauerbänken aus verfolgen. Im August 1970 werden zwei der drei Männer zu lebenslanger Haft verurteilt, ihr Komplize zu sechs Jahren.

Nach drei Jahren soll der dritte Mann vorzeitig freikommen, da hat das ZDF bereits ein »Dokumentarspiel« über den Fall produziert: Die Namen von Orten und Personen sind unverändert, viele Beteiligte wirken selbst mit. Nur wo es nicht anders geht, werden sie durch Schauspieler ersetzt. Der dritte Mann will verhindern, dass der Film ausgestrahlt wird. Zweimal verliert er vor Gericht, die Sendung steht kurz bevor. In einem Eilverfahren ruft er das Bundesverfassungsgericht an.

Der Mann hat gegen Strafgesetze verstoßen, gegen die Regeln des gesellschaftlichen Zusammenlebens. Die Gesellschaft hat ein Interesse daran, davon zu erfahren. Bei schweren Straftaten stellt sich die Öffentlichkeit berechtigte Fragen: Wer hat das getan und warum? Kann so etwas wieder geschehen, auch mir? Kann der Staat die Täter fassen? Wie kann ich mich schützen?

Ein Straftäter muss deshalb damit leben, dass über ihn und seine Tat berichtet wird. Je schwerer die Tat ist, desto größer ist das Interesse der Öffentlichkeit, auch über den Täter informiert zu werden, ihn zu sehen, seinen Namen zu erfahren, sogar Einzelheiten über sein Leben und seine Motive. Deshalb haben die Medien über den Soldatenmord von Lebach ausführlich berichtet. Das war in Ordnung, bescheinigt das Bundesverfassungsgericht.

Doch je weiter die Tat zurückliegt, desto weniger hat die Öffentlichkeit ein Interesse daran, *noch einmal* über alles detailliert informiert zu werden. Der Täter soll nach seiner Strafe wieder in die Gesellschaft zurückfinden. Kommt pünktlich zu seiner Entlassung ein Film im Fernsehen, der ihn zeigt und seinen Namen nennt, wird

Recht auf Vergessenwerden

er nirgendwo Fuß fassen können. Im letzten Moment stoppt daher das Bundesverfassungsgericht das »Dokumentarspiel«.

Ob jemand eine Information über mich verbreiten darf, hängt also auch davon ab, wie aktuell diese Information ist. Die Entscheidung kann zu unterschiedlichen Zeiten unterschiedlich ausfallen.

Damit zurück zu Victor, der im Jahr 2014 vor dem Europäischen Gerichtshof auf sein Urteil wartet. Viele verfolgen gespannt die Verhandlung und meinen: Hier geht es um ein *Recht auf Vergessenwerden*.

Die Öffentlichkeit hat jetzt kein Interesse mehr daran, mit der Nase auf die Zwangsversteigerung gestoßen zu werden. Auf das Haus kann niemand mehr bieten. Die Zeitung *La Vanguardia* dürfte heute nicht mehr über die Zwangsversteigerung berichten, jedenfalls nicht mit Victors Namen und Adresse.

Das tut sie auch nicht. Sie hat nur die alte Ausgabe im Archiv. Müsste sie die ändern oder entfernen, würde sie tatsächlich ein Zeitdokument fälschen. Victor muss ertragen, dass sein Leben in den Archiven bleibt. Das ist normalerweise nicht schlimm: Die wenigsten Menschen stöbern in alten Zeitungen. Victors Problem ist Google.

Muss also Google den Link löschen? Kann es sein, dass der Artikel im Archiv der Zeitung abrufbar sein, eine Suchmaschine darauf aber nicht hinweisen darf?

Das klingt widersprüchlich. Aber Google listet nicht nur auf, was im Internet steht. Google verarbeitet die Daten und schafft eigene Ergebnisse, die sagen: Diese Links sind derzeit zu dem eingegebenen Suchwort relevant. Es liefert ein aktuelles Dossier zur Person Victor Sola. Das ist fast so, als hätte *La Vanguardia* die alte Ausgabe von 1998 noch einmal frisch gedruckt und unter die Leute gebracht. Dafür gibt es kein Interesse der Öffentlichkeit mehr.

Der Europäische Gerichtshof entscheidet also: Die Zeitungsseite darf im Onlinearchiv bleiben. Aber Google muss den Link auf sie löschen.

Ist das nun ein Recht auf Vergessenwerden? Oder, negativ ausgedrückt: eine Zensur der Vergangenheit?

Nein, denn die Meldung bleibt im Archiv, ist weiterhin im Internet anzuschauen. Niemand kann verlangen, dass die Geschichte umgeschrieben wird, dass ihn nichts mehr an frühere Taten erinnert. Wir müssen ertragen, dass unser früheres Leben im Gedächtnis bleibt, bei den Menschen um uns herum und in den Archiven der Gesellschaft.

Ob und wie eine alte Geschichte aufgewärmt werden darf, entscheidet die Abwägung im Einzelfall – und im Zweifel ein Gericht. Das müssen auch die Mörder von Lebach erfahren: Im Jahr 2005, gut 35 Jahre nach der Bluttat, strahlt der Sender Sat.1 ihre Geschichte aus. Er nennt nicht die Namen der Täter, zeigt nicht ihr Bild. Trotzdem fühlen sie sich beeinträchtigt: Wer uns kennt, weiß, dass wir gemeint sind. Doch diesmal erlaubt das Bundesverfassungsgericht den Film. Niemand, sagt es, kann verlangen, mit seiner Vergangenheit gar nicht mehr konfrontiert zu werden. Ein Recht auf Vergessenwerden gibt es nicht.

Welchen Einfluss hat die Vergangenheit von *anderen* Menschen auf mein Leben? Das fragen eine Frau und ein Mann im nächsten Kapitel.

Karriere und Frauenquote
Wie gleich sind wir?

Wenn es wichtig wird, trägt Emil sein grasgrünes Jackett. Seit 17 Jahren arbeitet er beim Gartenbauamt in Bremen. Er ist Ingenieur, entwirft Grünanlagen, verhandelt mit Unternehmen, Ministerien und Bürgerinitiativen.

Mit seinem Chef teilt sich Emil nicht nur das Büro, sondern auch die Verantwortung: Er vertritt ihn, wenn er im Urlaub oder mal krank ist. Große Projekte hat er geschultert, zum Beispiel, als sie den Flughafen erweitert haben. Fast jedes Jahr hat er eine Fortbildung besucht. Sogar einen Städtebaupreis hat er gewonnen.

Jetzt, 1991, ist Emil 52, grauhaarig. Da kommt der Moment, auf den er all die Jahre hingearbeitet hat: Die Stelle des Chefs wird frei. Vier Bewerbungen gibt es, Emil und seine Kollegin Rita kommen in die engere Wahl. Der Amtsleiter entscheidet sich für ihn. Die Beförderung kann sein Gehalt über Nacht um fast ein Viertel in die Höhe treiben. Er muss sich nur noch beim Personalrat vorstellen. Eine Formsache, meint Emil. Doch der Personalrat sagt nein. Rita soll befördert werden, nicht er. Aus dem Grund macht niemand ein Geheimnis: Beide sind für die Stelle gleich geeignet. Aber Rita ist eine Frau.

Ein neues Gesetz ist Emil in die Quere gekommen. Es gilt erst seit wenigen Tagen in Bremen: das »Gesetz zur Gleichstellung von Frau und Mann im öffentlichen Dienst«. Sein Ziel: Auf allen Ebenen sollen mindestens

50 Prozent Frauen arbeiten. Solange diese Quote nicht erreicht ist, muss eine Frau gegenüber einem Mann automatisch bevorzugt werden, wenn beide gleich qualifiziert sind. Damit will sich Emil nicht abfinden.

Artikel 3 Absatz 1 des Grundgesetzes verkündet feierlich: »Alle Menschen sind vor dem Gesetz gleich.« Das ist der *allgemeine Gleichheitssatz*. Er bedeutet nicht, dass der Staat alle Menschen gleich behandeln muss. Der Staat kann zum Beispiel manchen Menschen erlauben, Auto zu fahren, und es anderen verbieten. Das Kriterium darf aber nicht sein, ob jemand blaue oder braune Augen hat. Wohl aber darf der Staat danach unterscheiden, ob jemand eine Fahrprüfung bestanden hat oder nicht. Anders als die Augenfarbe ist das ein sachlicher Grund, wenn es ums Autofahren geht. Der Staat darf zwei Menschen also durchaus unterschiedlich behandeln – er braucht dafür nur einen sachlichen Grund.

Wenn nun wissenschaftlich erwiesen wäre, dass Männer schlechter Auto fahren als Frauen – oder umgekehrt? Wäre das ein sachlicher Grund, Männern beziehungsweise Frauen das Autofahren zu verbieten? Eine Zusatzprüfung von ihnen zu verlangen? Könnte sein. Deshalb schiebt Artikel 3 einigen Versuchungen einen Riegel vor. Er nennt Merkmale, wegen derer ein Mensch auf gar keinen Fall benachteiligt oder bevorzugt werden darf, egal, ob es einen sachlichen Grund gibt. Diese Merkmale sind: Abstammung, Rasse, Sprache, Heimat, Herkunft, Glaube, religiöse oder politische Anschauung – und das Geschlecht. Auch wegen einer Behinderung darf niemand benachteiligt werden. Emil beruft sich darauf, dass er wegen seines Geschlechts benachteiligt worden ist.

Karriere und Frauenquote

Doch beim Geschlecht ist die Sache nicht so einfach. Es gibt Unterschiede zwischen Mann und Frau, die sich nicht leugnen lassen. So darf zum Beispiel kein Unternehmen einer Frau kündigen, wenn sie schwanger ist. Diese Regelung schützt nur Frauen. Trotzdem kann sich kein Mann darüber beklagen, dass sie ihn benachteiligt. Denn dass nur Frauen schwanger werden, liegt in der Natur der Sache. Es muss möglich sein, diesen natürlichen Unterschied zu berücksichtigen. Im Fall der Schwangerschaft ist das offensichtlich, aber wie sieht es mit anderen Unterschieden aus? Was ist von der Natur vorgegeben?

Als das Grundgesetz entstand, 1948/49, galt zum Beispiel eine klassische Aufgabenteilung in der Ehe als natürlich vorgegeben: Der Mann arbeitete und verwaltete das Geld – die Frau kümmerte sich um Haushalt und Kinder. Sie durfte nur ausnahmsweise einen Beruf ausüben, wenn der Mann einverstanden war. Der Mann hatte Zugriff auf ihr Vermögen. Der gemeinsame Ehename war der Nachname des Mannes. In der Ehe galt das Gehorsamsprinzip: Der Mann hatte die letzte Entscheidung über alle Fragen. Er bestimmte, wie die Kinder zu erziehen waren, an welchem Ort und in welcher Wohnung er mit seiner Frau wohnen wollte.

Auch Elisabeth Selbert aus Kassel schmeißt zu dieser Zeit den Haushalt, zieht die beiden Söhne groß, die sie mit ihrem Ehemann, dem Sozialdemokraten Adam Selbert, hat. Aber sie möchte nicht in der Hausfrauenehe gefangen sein. Sie ist im Kaiserreich aufgewachsen; mit Anfang 20 erlebt sie die Weimarer Republik. »Männer und Frauen haben dieselben staatsbürgerlichen Rechte und Pflichten«, heißt es dort in der Verfassung. Zu den »staatsbürgerlichen Rechten« gehört zum Beispiel das

Recht zu wählen. Elisabeth Selbert ist 22, als Frauen zum ersten Mal in Deutschland wählen dürfen.

Von einer gesellschaftlichen Gleichberechtigung ist das weit entfernt. Die vermeintlich »natürlichen« Unterschiede zwischen Frau und Mann fesseln die Frau an Haushalt und Kinder. Elisabeth Selbert träumt von einer Gesellschaft, in der sich Rollenbilder auflösen, in der Frau und Mann tatsächlich gleichberechtigt sind. Sie selbst lässt sich in kein Schema pressen: Sie arbeitet schon früh, engagiert sich politisch. Um wirklich etwas zu bewegen, will sie Jura studieren.

Das tun in den 1920ern nur eine Handvoll Frauen, unter Massen von Männern. Elisabeth Selbert macht 1925 das Abitur nach und wird eine von ihnen. Sie promoviert, arbeitet als Rechtsanwältin, als Politikerin. 1948 ist sie eine der vier Frauen im Parlamentarischen Rat, der den Text einer Verfassung für Deutschland entwirft. Neben den vier Frauen gehören ihm 61 Männer an. Sie sind die Väter und Mütter des Grundgesetzes. Elisabeth Selbert geht nach Bonn, ihr Mann bleibt zu Hause und kümmert sich um die Kinder. Die beiden führen eine Ehe, die heute noch vielen als modern gilt.

Im Rat schlägt Elisabeth Selbert für Artikel 3 einen Absatz 2 vor: »Männer und Frauen sind gleichberechtigt.« Das ist eine Revolution. Vielen Männern erscheint es bedrohlich und unnatürlich, dass der Mann nicht mehr das letzte Wort haben soll. Sogar einigen Frauen ist der Vorschlag nicht geheuer. Es gibt auch praktische Bedenken: Viele Regeln über Ehe und Familie im Bürgerlichen Gesetzbuch müssten plötzlich ungültig werden. Aber das Grundgesetz wird dringend gebraucht, und so schnell kann niemand diese Gesetze anpassen. In den Trümmern des Zweiten Weltkriegs haben viele

Angst vor dem Chaos einer rechtlosen Zeit. Der Antrag wird abgeschmettert. Auch in der zweiten Abstimmung läuft Elisabeth Selbert mit ihrem Vorschlag gegen eine Wand.

Da nimmt sie all ihre Kräfte zusammen. Innerhalb weniger Wochen mobilisiert sie Frauen im ganzen Land: Sie hält Vorträge, spricht im Radio. Helft mir, ruft sie den Frauen zu, sagt diesen Leuten hier, was ihr wollt! Ihr seid das Volk, es ist eure Verfassung!

Erst kommen nur ein paar Schreiben beim Parlamentarischen Rat an. Elisabeth Selbert ist enttäuscht. Aber sie macht weiter, wie im Rausch hält sie eine Rede nach der anderen. Irgendwann hat sie den magischen Punkt erreicht: Jetzt muss die Post in Körben gebracht werden. Ein Sturm des Protestes fegt über den Parlamentarischen Rat. Allein 40 000 Metallarbeiterinnen machen ihrer Wut in Briefen Luft. Am Ende bleibt ihren Gegnern nur noch erstauntes Gestammel. Sie beugen sich dem Willen des Volkes. Am 17. Januar 1949 nehmen sie Elisabeth Selberts Antrag an: »Männer und Frauen sind gleichberechtigt.« Es ist die Vision einer neuen Gesellschaft.

Doch das herkömmliche Bild von Mann und Frau lässt sich nicht durch ein paar Worte im Grundgesetz ändern. Um das Chaos zu vermeiden, gibt es eine Übergangsfrist von vier Jahren. Aber erst weitere vier Jahre später macht sich das Parlament zaghaft daran, einige der überkommenen Vorschriften zu ändern. Erst 1958 fällt die Gehorsamspflicht der Ehefrau, erst jetzt kann der Ehemann nicht mehr ein Arbeitsverhältnis seiner Frau kündigen. Die Frau darf nun arbeiten, »soweit dies mit ihren Pflichten in Ehe und Familie vereinbar ist«. 1977 ersetzt eine weitere Reform das Bild der »Hausfrauen-Ehe« durch das einer partnerschaftlichen Beziehung, in der Mann und Frau sich Haushalt und Beruf »in gegenseitigem Einvernehmen« aufteilen. Erst seit 1976 kann der Nachname des Mannes *oder* der Frau zum gemeinsamen Ehenamen werden.

Auch andere Regeln bleiben zunächst bestehen, nur nach und nach fallen die Unterschiede, die man bis dahin als »natürlich vorgegeben« betrachtete. So ist die Kindererziehung zwar nach dem neuen Familienrecht von 1958 die gemeinsame Aufgabe von Vater und Mutter – können sie sich aber nicht einigen, entscheidet der Vater. 1959 urteilt das Bundesverfassungsgericht: Das verletzt die Gleichberechtigung von Mann und Frau.

Wie schwer es ist, zwischen einem biologischen Unterschied und einem Rollenbild zu unterscheiden, zeigt ein Fall, der 1970 spielt – 21 Jahre nachdem die neue Gleichberechtigung im Grundgesetz in Kraft getreten ist: Ein Mann aus Kassel erlebt eine Midlifecrisis. 35 Jahre ist er alt und arbeitet als Filmvorführer in einem Kino. Er will neu durchstarten, etwas anderes machen: Frauen bei der Geburt helfen. Dafür gibt es in dieser Zeit nur ein Berufsbild, das der Hebamme. »Hebamme« gehört zu den wenigen Berufsbezeichnungen, die schon sprachlich nur weiblich sein können. Es ist bis heute niemandem gelungen, eine männliche Form dieses Wortes zu bilden. Kein Wunder, dass das Hebammengesetz damals zur Ausbildung nur »Bewerberinnen« zuließ.

Der Mann bewirbt sich, wird abgelehnt und klagt. Er verliert in allen Instanzen. 1972 erklärt ihm das Bundesverwaltungsgericht: Hebammen waren schon immer Frauen, das ergibt sich aus dem Buch *Die Hebamme im Wandel der Zeiten*, in dem das Gericht geschmökert hat. Käme eine männliche Hebamme zu einer schwangeren

Frau, würde das nach Meinung des Gerichts einen unzumutbaren »Störfaktor« darstellen. Dass nur Frauen Hebammen werden dürfen, beruht daher, so das Gericht, auf einem »biologischen Unterschied« zwischen Mann und Frau. Es ist natürlich vorgegeben.

Erst langsam erkennen die Gerichte, dass nicht alles, was »schon immer so war«, biologisch vorgegeben ist – dass es einen Unterschied zwischen einem Klischee und der Biologie gibt. 1979 erklärt das Bundesverfassungsgericht den »Hausarbeitstag« für verfassungswidrig, der in vielen Bundesländern damals existiert: Einmal im Monat hatte jede berufstätige Frau einen Tag frei, da sie ja noch den Haushalt führte und »umfangreiche Wascharbeiten und Putzarbeiten« zu erledigen hatte. Hier erkennt das Gericht: Dass Frauen den Haushalt führen, entspricht vielleicht einer »hergebrachten Vorstellung« – hat aber nichts mit einem »biologischen Unterschied« zu tun.

Noch 1991 gilt: Einigen sich die Eheleute nicht auf einen Nachnamen, wird automatisch der Name des Mannes zum gemeinsamen Ehenamen. Die Begründung: Der Mann ist im Arbeitsleben präsenter. Auch das, entscheidet das Bundesverfassungsgericht, mag auf einer herkömmlichen Rollenvorstellung beruhen, aber nicht auf einem »biologischen Unterschied«. Seit dieser Entscheidung können Mann und Frau ihre bisherigen Nachnamen behalten.

Noch 1992 gilt eine »Arbeitszeitordnung«, die eine Bevormundung der Frau als Schutz verpackt: Frauen dürfen mit wenigen Ausnahmen nachts nicht arbeiten. Weil Frauen weniger belastbar sind und sich um Haushalt und Kinder kümmern müssen, sollen sie geschützt sein. Die Regel landet vor dem Bundesverfassungsgericht, nachdem eines Nachts um 0.35 Uhr vier Frauen dabei ertappt wurden, wie sie in einer Backwarenfabrik Kuchen verpackten. Das Gericht erkennt: Nachtarbeit belastet Männer wie Frauen. Biologisch vorgegeben ist, dass nur eine Frau ein Kind zur Welt bringen kann – nicht aber, dass sie das Kind allein großziehen und dabei noch den Haushalt erledigen muss. Frauen dürfen wie Männer seit dieser Entscheidung selbst entscheiden, ob sie nachts arbeiten.

Selbst wo sich die Klischees von den »biologischen Unterschieden« trennen, stellt sich die Frage: Wie geht man mit der Erkenntnis um? Das zeigt die Fortsetzung unseres Hebammenfalls: 1983 ist die Frage, ob Männer Hebammen werden dürfen, beim Europäischen Gerichtshof angekommen. Inzwischen behauptet niemand mehr ernsthaft, dem stünden biologische Unterschiede entgegen. Grundsätzlich, entscheidet das Gericht, verstößt es gegen den Gleichbehandlungsgrundsatz, wenn nur Frauen Hebammen werden dürfen. Aber: Weil es schon immer so war, können »persönliche Empfindsamkeiten« eine Rolle spielen. Um auf diese »Empfindsamkeiten« Rücksicht zu nehmen, dürfen die Mitgliedstaaten die diskriminierende Regel vorerst behalten. Da steht es also schwarz auf weiß: Das Recht ist der Wirklichkeit um Jahrzehnte voraus. 1985 tritt in Deutschland ein neues Gesetz in Kraft, das neben der Hebamme den »Entbindungspfleger« zulässt. In der Gesellschaft ist der Hebammenberuf bis heute ein Frauenberuf geblieben.

All das hatte sich Elisabeth Selbert anders vorgestellt. »Männer und Frauen sind gleichberechtigt« – der Satz sollte die Gesellschaft revolutionieren. 1994 wird das

Grundgesetz anlässlich der deutschen Wiedervereinigung überarbeitet, da ist der Satz schon 45 Jahre alt. Weil die Gesellschaft noch so weit entfernt ist von wirklicher Gleichberechtigung, bekommt er nun einen zweiten Satz als Verstärkung zur Seite gestellt: »Der Staat fördert die tatsächliche Durchsetzung der Gleichberechtigung von Frauen und Männern und wirkt auf die Beseitigung bestehender Nachteile hin.« In Europa bestimmte schon 1976 eine Richtlinie, dass Frauen und Männer im Arbeitsleben gleich zu behandeln sind – die Staaten aber »tatsächliche Ungleichheiten« beheben dürfen. 2009 trat die Charta der Grundrechte der Europäischen Union in Kraft, die eine ähnliche Regelung enthält wie das deutsche Grundgesetz: Männer und Frauen sind in allen Bereichen gleich zu behandeln. Aber: Das »unterrepräsentierte Geschlecht« darf bevorzugt werden, um bestehende Nachteile abzubauen.

Einerseits muss der Staat Männer und Frauen also gleich behandeln – andererseits soll er bestehende Nachteile abbauen. Ist das immer ein Widerspruch? Bedeutet »bestehende Nachteile abbauen« immer, Frauen zu bevorzugen und Männer zu benachteiligen, wie es Emil aus unserem Fall am Anfang des Kapitels empfindet?

Nicht unbedingt. Es gibt viele Möglichkeiten, »bestehende Nachteile« abzubauen. Der Staat kann Frauen in der Ausbildung fördern, in Berufen, in denen es bisher wenige Frauen gibt. Er kann Frauen im Arbeitsleben durch spezielle Beratung und Trainings vorwärtsbringen. Er kann daran arbeiten, das Umfeld für Mütter zu verbessern.

Wie das geht, zeigt ein aktuelles Beispiel: Viele Männer sind schwer dazu zu bewegen, sich näher mit den Aufgaben zu beschäftigen, die ein Baby mit sich bringt – und dafür womöglich eine Unterbrechung des Arbeitslebens in Kauf zu nehmen. Kann der Staat das Rollenbild in den Köpfen verändern?

Er hat sich etwas einfallen lassen: Frischgebackene Eltern können bis zu 14 Monate lang Elterngeld bekommen, etwa 65 Prozent des Nettoeinkommens. Es macht Frauen, die nach der Geburt zu Hause bleiben, finanziell weniger abhängig von einem Partner. Aber der eigentliche Clou ist: *Ein* Elternteil kann nur zwölf Monate in Anspruch nehmen – die restlichen zwei gibt es erst, wenn der Partner auch aussetzt. Sonst verfällt das Geld für diese zwei Monate. Plötzlich nehmen viele Männer wenigstens zwei Monate frei und kümmern sich um das Kind. Diese »Vätermonate« stützen sich ausdrücklich auf Elisabeth Selberts Satz in Artikel 3. Ein Gesetz kann also dazu beitragen, Klischees zu verändern – und braucht dafür niemanden zu benachteiligen.

Doch im Arbeitsleben kommt es oft hart auf hart. Es gibt eine freie Stelle, die kann entweder mit einem Mann oder einer Frau besetzt werden. Damit sind wir wieder bei Emil und seiner Kollegin Rita: Das Bremer Gesetz zur Gleichstellung will »bestehende Nachteile« abbauen.

Auch Rita ist Ingenieurin. Sie ist etwa gleich alt wie Emil, arbeitet seit 15 Jahren beim Gartenbauamt. 120 Projekte hat sie betreut, große Grünanlagen, Kinderspielplätze. Sie hat genauso viele Fortbildungen besucht wie Emil. Aber über die Beförderung entscheiden Männer, und die Abteilung hat bisher immer ein Mann geleitet.

Warum, fragt sich Rita, soll ich darunter leiden, dass sich Männer eine Frau in dieser Position nicht vorstellen können? Warum, fragt sich Emil, soll ich persönlich die

Ungerechtigkeiten ausgleichen, die Frauen in der Vergangenheit erlitten haben?

Hier prallen die beiden Sätze aus Artikel 3 aufeinander: Niemand darf wegen seines Geschlechts benachteiligt werden – aber bestehende Nachteile sollen beseitigt werden. Um bestehende Nachteile zu beseitigen, *muss* Rita den Job bekommen. Dafür *muss* Emil wegen seines Geschlechts benachteiligt werden. Es ist ein Konflikt innerhalb desselben Artikels! Wie lässt sich dieser Konflikt lösen? Indem wir einen Kompromiss suchen, der Rita hilft – aber Emil nicht mehr benachteiligt *als unbedingt nötig*. Wie kann das gehen?

Betrachten wir die Möglichkeiten. Der Extremfall wäre eine *starre Quote:* Die Frau zieht am Mann vorbei, egal, wie qualifiziert er oder sie ist. Mit ihr würde eintreten, was Männer wie Frauen befürchten: Frauen müssten sich mit dem Verdacht herumschlagen, die Stelle wegen der Quote bekommen zu haben, nicht wegen ihrer Leistung. Männer könnten über Jahre nicht mehr befördert werden, egal, wie qualifiziert sie sind. Eine starre Quote diskriminiert mehr, als nötig ist, um Gleichberechtigung zu schaffen. Sie kann daher kein angemessener Kompromiss sein. Die erste Voraussetzung, um den Konflikt auszugleichen, lautet also: Die Quote muss *leistungsabhängig* sein. Diese Voraussetzung erfüllt das Gesetz aus Bremen. Emil und Rita sind gleich qualifiziert.

Muss Emil deshalb automatisch das Nachsehen haben? Was, wenn er alleinerziehender Vater wäre, zwei kleine Kinder hätte? Und Rita schon Karriere gemacht hätte, über ihm stünde und nur die Abteilung wechseln wollte? Würde Rita auch in diesem Fall *automatisch* bevorzugt, würde das Emil ebenfalls mehr diskriminieren als nötig, um Gleichberechtigung herzustellen. Die zweite Voraussetzung für einen angemessenen Ausgleich lautet daher: Die Quote muss eine *Öffnungsklausel* enthalten, mit der man besondere Umstände berücksichtigen kann. Sind beide gleich qualifiziert, hat die Frau dann *in der Regel* den Vorrang – aber nicht automatisch. Gibt es im Einzelfall Gründe, anders zu entscheiden, muss man diese Gründe berücksichtigen. Auf diese Weise wird dem Mann zumindest nicht von vornherein jede Hoffnung genommen.

So sieht es der Europäische Gerichtshof, der sich 1995 mit Emils Fall beschäftigt: Nur eine Quote, die leistungsabhängig ist *und* eine Öffnungsklausel enthält, schafft einen angemessenen Ausgleich. Sie benachteiligt den Mann bis zu einem bestimmten Grad, um vergangene Ungerechtigkeiten auszugleichen – aber nicht mehr als unbedingt nötig. Da das Gesetz aus Bremen Rita automatisch bevorzugt, also keine Öffnungsklausel hat, darf es gegen Emil nicht angewendet werden.

Heute, über 20 Jahre später, hat sich im öffentlichen Dienst einiges verändert. Aber in privaten Unternehmen sind Frauen immer noch selten auf höheren Ebenen vertreten. Hier gibt der Staat neuerdings erste Quoten vor: Bei großen Aktiengesellschaften müssen im Aufsichtsrat mindestens 30 Prozent Frauen und 30 Prozent Männer sein. Diese Quote gilt automatisch, unabhängig von der Qualifikation. Ausnahmen sind nicht vorgesehen. Ist die Quote für Frauen nicht erreicht, muss ein freier Sitz mit einer Frau besetzt werden, egal, wie qualifiziert sie im Vergleich zu männlichen Kandidaten ist. Sonst muss der Platz frei bleiben. Die Quote ist starr.

Zwar ist ein Mandat im Aufsichtsrat kein normaler Job – man wird nicht eingestellt oder befördert, sondern

Karriere und Frauenquote

von den Aktionären gewählt. Trotzdem gilt auch hier: Der Staat darf ein Geschlecht nicht mehr diskriminieren als unbedingt nötig, um bestehende Nachteile auszugleichen. Mit den Grundsätzen, die das Gericht einst für Rita und Emil entwickelt hat, verträgt sich die Quote für Aufsichtsräte nicht, denn sie ist weder leistungsabhängig, noch hat sie eine Öffnungsklausel. Gut möglich, dass sich Rita und Emil bald unter anderen Namen wieder vor Gericht treffen.

Alle Menschen sind vor dem Gesetz gleich. Aber wie ist unser Verhältnis zu anderen Lebewesen? Dieser Frage gehen wir im nächsten Kapitel nach.

»Der Holocaust auf Ihrem Teller«
Steht der Mensch über Tieren und Natur?

Ein Knüppel saust auf das Genick des Kaninchens. Die Frau im schwarzen Ledermantel legt es auf ein Silbertablett und hält es 30 Leuten vor die Nase. Es ist kurz nach zehn, ein Winterabend im »Monsterkeller«.

Die Menschen starren auf das Fellknäuel, wie es zuckt und zuckt und zuckt. Ein Metzger fixiert seine Pfoten. Die Frau im Ledermantel dreht dem Tier den Hals um, ein Knacks in der Stille. Auf einem Holzklotz schlägt sie ihm mit dem Messer den Kopf ab. Den reicht sie einem dürren Mann mit Kinnbärtchen. Der Mann bindet den Kopf an eine Schnur und lässt ihn herab in ein Glas mit einer farblosen Flüssigkeit. Daneben nimmt der Metzger dem Kaninchen die Innereien aus.

Als »Das Ableben des Hasen« war die Veranstaltung angekündigt, eine Performance in der Rubrik »Kunst«. Der »Monsterkeller« ist eine Galerie in Berlin-Mitte. Der dürre Mann ist Künstler. Aus dem Hinterzimmer holt er ein zweites Kaninchen; die Prozedur wiederholt sich, diesmal zertrümmert die Frau dem Kaninchen den Kopf. Das Kunstwerk, das die Galerie später für 9800 Euro anbietet, heißt »Hase in Formol«. Es ist der intakte Kopf im Glas.

Ob er Angst vor Konsequenzen habe, fragt ein Reporter den Künstler, als die Menschen im »Monsterkeller« wieder sprechen.

»Ich bin kein ängstlicher Mensch«, sagt der Künstler.

»Wer ein Wirbeltier ohne vernünftigen Grund tötet«, sagt das Tierschutzgesetz, kann bis zu drei Jahre ins Gefängnis kommen. Das Gesetz soll Leben und Wohlbefinden der Tiere schützen, »aus der Verantwortung des Menschen für das Tier als Mitgeschöpf«. Nach dem Tierschutzgesetz darf niemand ein Tier töten, ihm Schmerzen, Leid oder sonstige Schäden zufügen – es sei denn, er hat einen »vernünftigen Grund«.

Tiere zu essen gilt euch als vernünftiger Grund, meint der Künstler: Ihr nennt es »Fleischgewinnung«. Eine Woche nach der Performance setzt er sich mit zwölf Menschen zu Tisch und verspeist »Kaninchen an Apricot«. Es sind die Kaninchen aus dem »Monsterkeller«, sagt er. »Das Bewusstsein der vor sich hin fressenden Konsumenten« will er mit seiner Aktion quälen, um ihnen etwas bewusst zu *machen:* Wer Tiere isst, tötet sie. Auch wenn er das nicht sehen will.

Viele Menschen zeigen den dürren Mann an. Vor Gericht sagt er: »Es geht um Kunst.« Und die Kunst ist frei, so steht es in Artikel 5 Absatz 3 des Grundgesetzes. Der Künstler mit dem Kaninchen fragt im Jahr 2009 vor Gericht: Welchen Wert hat das Tier gegenüber dem Menschen und seiner Kunst?

Er ist nicht der Erste, der diese Frage stellt. Schon 20 Jahre vorher beschäftigt sie Besucher der Kunstmesse *documenta* in Kassel – und danach die Gerichte. Auch hier geht es um eine Performance mit Tieren: Zu verzerrten Klängen der Nationalhymne bewegt sich eine Künstlerin zwischen Würsten und ungehobelten Holzgerüsten. Ihr Körper ist schwarz-rot-golden bemalt. Die Künstlerin zerstückelt die Würste und kämpft mit dem Holz. Sie schlägt Eier in ein Goldfischglas und vermischt sie mit den Wurststücken, einige Zentimeter hoch steht die Masse. Hinein setzt sie einen Wellensittich und schwenkt das Glas, fast zehn Sekunden lang. Dazu ertönt wieder die Nationalhymne. Die Künstlerin stellt das Glas ab, der Wellensittich hüpft auf den Rand, auf den Boden, flattert hilflos. Helfer nehmen ihn auf, tragen ihn zur Toilette und waschen ihn im Waschbecken.

Ein geprügelter Hund, erklärt die Künstlerin, erfährt in unserer Gesellschaft mehr Sympathie als ein misshandeltes Kind oder eine geschlagene Frau. Das will sie mit ihrer Kunst zeigen.

In der Tat gibt es Aufregung um den Vogel im Goldfischglas. Anonyme Briefschreiber drohen der Künstlerin mit Prügeln, Arbeitslager, Ermordung. Außerdem soll sie 1056 Mark Bußgeld zahlen. Der Vorwurf: Tierquälerei. Sie weigert sich und kommt vor Gericht.

Das Gericht stellt sachlich fest: »Das Eintauchen des Tieres mit Beinchen und Unterkörper in die Pampe aus Ei und Wurst, das anschließende Herumflatternlassen des flugunfähigen Tieres und die Säuberung des Tieres mit Wasser und Lappen löst in dem Tier erhebliche Angstgefühle aus und lässt den Kreislauf erheblich ansteigen. Dem Wellensittich sind durch die Betroffene erhebliche Schmerzen und Leiden zugefügt worden. Dieser Teil der Performance ist Tierquälerei.«

Trotzdem spricht das Gericht die Künstlerin frei. Denn die Kunstfreiheit unterliegt nach dem Grundgesetz keinem *Gesetzesvorbehalt:* Ein normales Gesetz, das normale Parlament, kann sie nicht einschränken. Nur andere Werte aus dem Grundgesetz können der Kunstfreiheit Grenzen setzen. Dazu gehören im Jahr 1989 zum Beispiel das menschliche Leben, das Eigentum, die Ehre –

aber nicht der Tierschutz. Das Tierschutzgesetz ist nur ein »einfaches Gesetz«. Der Tierschutz muss hinter der Kunst zurückstehen.

Doch die Gesellschaft diskutiert zu diesem Zeitpunkt bereits darüber, neue Werte in die Verfassung aufzunehmen. Schon 1972 hat eine Studie die Welt aufgerüttelt: *Die Grenzen des Wachstums*. Der Club of Rome hat sie in Auftrag gegeben, eine Organisation, in der sich Experten aus aller Welt dafür einsetzen, die Umwelt für künftige Generationen zu bewahren. In hundert Jahren, so der Report, ist Schluss – wenn wir die Natur weiterhin so behandeln wie bisher.

Die »Umweltfrage« treibt die Menschen um. Manche wollen den Umweltschutz ins Grundgesetz schreiben. Ebenso wie dort steht, dass Deutschland ein Sozialstaat ist, soll auch der Umweltschutz als *Staatsziel* aufgenommen werden. Aber noch finden die Anträge keine Mehrheit. Erst im Zuge der deutschen Wiedervereinigung überarbeitet eine Kommission die Staatsziele. Erst jetzt ist die Zeit für den Umweltschutz gekommen.

Aber was genau soll im Grundgesetz stehen? Vor allem um zwei Fragen entbrennt Streit.

Erste Frage: Ist Umweltschutz ein Selbstzweck – oder wollen wir die Umwelt für den Menschen schützen?

Die *ökozentrische* Sichtweise blickt auf die Bedürfnisse der Umwelt, fragt: Was braucht die Umwelt von uns? Die Umwelt hat danach einen eigenen Wert, der vom Menschen unabhängig ist. Nach der ökozentrischen Sichtweise schützen wir einen Apfelbaum, damit es dem Apfelbaum gutgeht. Auch wenn er keine Äpfel abwirft, verdient er unseren Schutz.

Der Gegenmeinung zufolge steht der Mensch im Mittelpunkt und damit die Frage: Was brauchen *wir* von der Umwelt – und was müssen wir an der Umwelt schützen, damit sie es uns geben kann? Danach bewahren wir den Apfelbaum, damit wir Äpfel von ihm ernten können. Wirft er keine Äpfel ab, verdient er unseren Schutz nicht. »Mensch« heißt auf Griechisch »anthropos«, deshalb ist dieser Ansatz als *anthropozentrisch* bekannt. Die Vertreter des anthropozentrischen Ansatzes wollen ausdrücklich ins Grundgesetz schreiben, dass nur die natürlichen Lebensgrundlagen »des Menschen« zu schützen sind.

Die zweite Streitfrage lautet: In welchem Verhältnis soll der Umweltschutz zu anderen Werten des Grundgesetzes stehen? Zum Eigentum, zur Kunst, zur Religion, zur Wissenschaft? Die Ökozentriker wollen den Umweltschutz höher ansiedeln als andere Verfassungswerte. Deshalb wollen sie einen »besonderen« Schutz der Umwelt.

Zwischen beiden Lagern fliegen die Fetzen, zeitweise reden sie nicht miteinander. Das Vorhaben droht zu scheitern, da raufen sie sich zusammen. 1994, das Grundgesetz ist 45 Jahre alt, tritt der neue Artikel 20a in Kraft: »Der Staat schützt auch in Verantwortung für die künftigen Generationen die natürlichen Lebensgrundlagen.« Die Formulierung ist ein Kompromiss: Die einen haben auf die Lebensgrundlagen »des Menschen« verzichtet, die anderen auf den »besonderen« Schutz.

Was bedeutet das für die Tiere? Als ganze Arten sind sie Teil der »natürlichen Lebensgrundlagen«. Der Staat soll möglichst keine Tierarten aussterben lassen. Aber die Formulierung kümmert sich nicht um das Schicksal des einzelnen Tiers. Das einzelne Tier konnte 1994 keine Mehrheit finden, die es im Grundgesetz erwähnen wollte.

»Der Holocaust auf Ihrem Teller«

Das ändert sich schlagartig im Januar 2002. Das Bundesverfassungsgericht fällt das »Schächt-Urteil«: Tiere dürfen aus religiösen Gründen ohne Betäubung geschlachtet werden, entscheidet es. Das wollen viele Menschen nicht hinnehmen. Massenhaft protestieren sie, schreiben Briefe an das Bundesverfassungsgericht, an Politiker. In Umfragen wollen nun fast 80 Prozent der Bevölkerung den Tierschutz ins Grundgesetz aufnehmen. Im selben Jahr reagieren die Abgeordneten. Sie fügen in Artikel 20a die Wörter »und die Tiere« ein, so dass er fortan lautet: »Der Staat schützt auch in Verantwortung für die künftigen Generationen die natürlichen Lebensgrundlagen und die Tiere.«

Was bewirken die drei neuen Wörter? Hat der Tierschutz im Grundgesetz das Verhältnis zwischen Mensch und Tier geändert? Hat das Tier eine eigene Würde bekommen, ähnlich der Menschenwürde? Das fordern viele Tierrechtler seit langem: dass der Mensch das Tier nicht nur als Mitgeschöpf anerkennt, sondern als *gleichwertiges* Mitgeschöpf.

Die Frage stellt sich bald in einem anderen Zusammenhang – und in zugespitzter Weise: Im März 2004 will die Tierrechtsorganisation Peta den Menschen vor Augen führen, dass für das Fleisch auf ihrem Teller massenhaft Tiere eingesperrt und getötet werden. Dafür hat sie sich eindringliche Plakate ausgedacht. Jeweils zwei Fotos stehen sich darauf gegenüber: ein ausgehungertes Rind neben nackten, abgemagerten Häftlingen in einem Konzentrationslager, ein Haufen geschlachteter Schweine neben gestapelten menschlichen Leichen, Hühner in Legebatterien neben KZ-Häftlingen in Stockbetten. Titel der Kampagne: »Der Holocaust auf Ihrem Teller«. In einem Begleittext heißt es: »Zwischen 1938 und 1945 starben 12 Millionen Menschen im Holocaust. Genauso viele Tiere werden für den menschlichen Verzehr jede Stunde in Europa getötet.« Bevor die Plakate aufgehängt werden, geht der Präsident des Zentralrats der Juden in Deutschland gegen die Kampagne vor.

Vor Gericht sagt Peta: Wir wollen nicht die Menschen auf dem Plakat abwerten, im Gegenteil. Wir wollen die Tiere aufwerten. Das Plakat soll zum Nachdenken darüber anregen, dass nicht nur Menschen leiden können, sondern auch Tiere.

Über diese Frage diskutieren Naturwissenschaftler seit langem: Können Tiere und Pflanzen Freude und Leid empfinden wie Menschen? Klar ist, dass zumindest höher entwickelte Tiere Schmerzen spüren. Wie ein Hund leidet, kann jeder sehen. Wie genau er fühlt, wissen wir aber nicht, denn wir sind keine Hunde. Und was empfindet eine Fruchtfliege, wenn sie in einer Essigfalle ertrinkt? Eine Blume, wenn sie abgeschnitten wird? Hier tappen wir weitgehend im Dunkeln.

Wie gehen wir rechtlich mit dieser Unsicherheit um? Die Gerichte wählen einen Weg, bei dem es auf die Frage nicht ankommt: Selbst *wenn* Tiere empfinden wie Menschen, stellt das Grundgesetz die Würde des Menschen in den Mittelpunkt. Sie taucht gleich in Artikel 1 Absatz 1 auf, sie ist unantastbar. Auf die Menschenwürde beziehen sich alle Grundrechte, sie ist der Dreh- und Angelpunkt unserer Rechtsordnung. Daran ändert der Tierschutzartikel 20a nichts. Selbst wenn Tiere aus dem Grundgesetz heraus zu schützen sind, bleibt ein »kategorialer Unterschied zwischen menschlichem, würdebegabtem Leben und den Belangen des Tierschutzes«, wie es das Bundesverfassungsgericht im Fall Peta ausdrückt. Ein »kategorialer Unterschied« – Mensch und Tier stehen in unserer Rechtsordnung auf unterschiedlichen Stufen. Wer Menschen mit Tieren auf eine Ebene stellt, banalisiert die Menschen und ihr Schicksal, entscheidet das Gericht. Der Vergleich auf den Plakaten ist daher eine Beleidigung für die Opfer des Holocaust. Peta darf die Plakate nicht nutzen. Der Europäische Gerichtshof für Menschenrechte bestätigt die Entscheidung.

Artikel 1 des Grundgesetzes hat eine *Ewigkeitsgarantie:* Nicht einmal einstimmig könnte das Parlament ihn ändern. Solange sich nicht das Volk selbst eine neue Verfassung gibt, bleibt die Menschenwürde im Zentrum unserer Rechtsordnung. Was also tun wir, wenn sich in der Naturwissenschaft die Anzeichen dafür verdichten, dass zumindest gewisse Tiere einen vergleichbaren rechtlichen Schutz verdienen wie Menschen?

Lösen wir uns von dem zugespitzten Peta-Fall, erscheint das »kategorische« Ergebnis des Bundesverfassungsgerichts nicht so zwingend: Ist es nicht möglich, Tiere als gleichwertige Mitgeschöpfe anzuerkennen, ohne dadurch die Würde des Menschen zu schmälern? *Verlangt* nicht sogar die Würde des Menschen, dass wir auch die Würde anderer Lebewesen respektieren? Sicher dürften wir das Tier nicht *über* den Menschen stellen, aber das fordern nicht einmal die hartgesottensten Tierrechtler.

Würden wir Tiere rechtlich als gleichwertige Mitgeschöpfe anerkennen, hätte das aber drastische Folgen: Niemand dürfte sie töten, essen, einsperren, ihnen Milch und Eier wegnehmen, sie für Tierversuche nutzen. Dem Menschen würde das nichts von seiner Würde nehmen – aber unsere Gesellschaft ist von einem solchen Zustand weit entfernt. Zu tief ist der »Gebrauch« von Tieren in unserem Alltag verankert. Weniger Artikel 1 als unsere Lebenswirklichkeit dürfte der wahre Grund dafür sein, dass wir uns schwer damit tun, ein Tier rechtlich auf eine Stufe mit dem Menschen zu stellen.

Natürlich können sich Vorstellungen wandeln. So verweisen manche darauf, dass es einmal undenkbar war, Sklaven oder Ureinwohnern gleiche Rechte zu gewähren. Erst war ein Befreiungskampf nötig. Vielleicht blicken wir in vielen Jahren mit dem gleichen Kopfschütteln auf die Zeit zurück, in der wir Tiere aßen, wie wir auf die Zeit zurückblicken, in der Sklaven als Leibeigentum gehalten wurden.

Welchen Unterschied macht der Tierschutz im Grundgesetz dann heute? Auch wenn er das Tier nicht auf eine Stufe mit dem Menschen stellt, muss der Staat dafür sorgen, dass Tiere nicht unnötig leiden. Es ist ein ethisch begründeter Tierschutz. Zwar hat der Staat früher schon Tiere geschützt, mit dem Tierschutzgesetz. Aber dem Wellensittich hat das nichts geholfen, wie wir gesehen haben. Es macht einen Unterschied, dass der Tierschutz nun nicht nur in einem »einfachen Gesetz« steht, sondern im Grundgesetz. Damit ist er auf Augenhöhe mit anderen Werten aus dem Grundgesetz aufgestiegen – zum Beispiel mit der Glaubensfreiheit, der Wissenschaftsfreiheit, der Kunstfreiheit. Erst jetzt kann der Tierschutz diesen Grundrechten Paroli bieten. Er setzt sich aber nicht automatisch gegen sie durch, sondern steht gleichberechtigt neben ihnen. Wir müssen ihn im Einzelfall gegen die anderen Werte abwägen.

So steht der Tierschutz nicht über, sondern neben der Wissenschaftsfreiheit. Das heißt: Er macht Tierversuche nicht von vornherein unmöglich. Aber er setzt der Wissenschaftsfreiheit Grenzen: Tierversuche müssen für wichtige wissenschaftliche Zwecke »unerlässlich« sein. Es müssen alle Vorkehrungen getroffen werden, um den Tieren nicht mehr Leiden zuzufügen als für den Versuch unbedingt nötig. Bei Wirbeltieren müssen die Leiden des Tieres im Hinblick auf den Versuchszweck »ethisch vertretbar« sein.

Damit zurück zu unserem Kaninchen-Fall. Zwischen dem Wellensittich auf der *documenta* und dem Kaninchen im »Monsterkeller« liegen nicht nur 20 Jahre, sondern auch die Aufnahme des Tierschutzes ins Grundgesetz. Anders als beim Wellensittich setzt sich beim Kaninchen nicht mehr automatisch die Kunstfreiheit gegen den Tierschutz durch. Wir müssen beides gegeneinander abwägen.

Diese Abwägung ergibt: Dass die Kaninchen starben, war keine unvermeidbare Nebenwirkung der Kunst. Der Künstler hatte viele andere Möglichkeiten, seine Aussage zu machen – mit Fotos, Zeichnungen, Plüschtieren, Pantomime. Ihm bleibt genug künstlerische Freiheit, wenn man von ihm verlangt, seine Kunst so auszuüben, dass keine Tiere ums Leben kommen. Umgekehrt hat *er* den Tierschutz maximal eingeschränkt: Er hat zwei Kaninchen das Leben genommen und das auch noch zelebriert. Das war für die Kunstfreiheit nicht nötig, entscheidet das Gericht. Der Künstler und seine Gehilfen werden bestraft.

Das führt zu folgendem Zustand: Die Kaninchen zu schlachten, um sie zu essen, erlaubt der Tierschutz, weil die »Fleischgewinnung« ein »vernünftiger Zweck« ist.

Die Kaninchen vor den Augen des Publikums zu schlachten und sie *dann* zu essen, ist kein »vernünftiger Zweck«. Wenn Ihnen das unstimmig erscheint, hat der Künstler erreicht, was er mit seiner Aktion erreichen wollte.

Denn das Konzept, Tieren »ohne vernünftigen Grund« keine »Leiden« zuzufügen, hat Schwächen: Wann ein Tier leidet, beurteilt der Mensch – obwohl kein Mensch wissen kann, was ein Tier fühlt. Was ein »vernünftiger Grund« ist, entscheidet der Mensch – aus seiner Sicht. Anders geht es nicht; wir können in unserem Denken nicht aus unserer Haut. Selbst wenn wir eines Tages dahin kommen sollten, dass wir Tieren eigene Rechte einräumen, könnten die Tiere sie nicht geltend machen. Sie wären darauf angewiesen, dass Menschen ihre Rechte einklagen. Das unterscheidet die Tierbefreiungsbewegung von den Befreiungsbewegungen der Sklaven oder Ureinwohner, auf die manche verweisen: In diesen Fällen konnten die Unterdrückten die Rechte, die sie erstritten haben, selbst geltend machen.

Wie man es dreht und wendet: Der Mensch *kann* Umwelt und Tiere nur aus seiner Wahrnehmung heraus schützen. Deshalb darf man bezweifeln, dass der Mensch überhaupt ein Gesetz aus einer anderen Perspektive als der anthropozentrischen machen kann.

Weil wir aber nicht genau wissen, wie andere Lebewesen empfinden, wie sie mit uns zusammenhängen, auf wen und was wir einmal angewiesen sein werden, deshalb propagieren viele ein »ökologisches Vorsichtsprinzip«: im Zweifel lieber zu viel schützen als zu wenig. Für den Wellensittich im Goldfischglas kommt diese Einsicht zu spät. Aber vielleicht hilft sie uns selbst einmal.

Der Tierschutz kam ins Grundgesetz, weil sich viele Menschen am »Schächten« störten, einem Schlachten nach religiösem Ritus. Wie hat der Tierschutz das »Schächten« verändert? Das sehen wir im nächsten Kapitel.

»Ich lebe in Freiheit«

Beschneidung und Gesundbeten
Was darf die Religion?

»Was ist passiert?« Nadia kann es nicht erklären. Vielleicht liegt es daran, dass sie nicht gut Deutsch spricht; sie ist in Tunesien geboren. Vielleicht ist sie zu aufgeregt. Vielleicht weiß sie selbst nicht genau, was passiert, was passiert *ist*, was richtig ist und was falsch, an diesem Novembertag 2010 in der Kindernotaufnahme der Uniklinik Köln. Nadia wollte alles richtig machen. Jetzt zeigt sie auf das Blut.

Das Blut strömt aus ihrem Sohn, und es hört nicht auf zu fließen. Der Sohn ist vier. Vor zwei Tagen war er in der Kölner Praxis eines syrischen Arztes. Der Arzt nahm ein Skalpell und setzte es am Penis des Jungen an. Unter der Eichel schnitt er die Vorhaut rundherum ab; die Wunde hat er mit vier Stichen vernäht.

Einen medizinischen Grund dafür gibt es nicht. Die Eltern wollten, dass ihr Junge aus religiösen Gründen beschnitten wird. Sie gehören dem Islam an; die Beschneidung gilt ihnen als unerlässliches Zeichen dafür, dass auch ihr Kind dazugehört.

Die Ärztin in der Notaufnahme kann die Blutung stillen. Aber die Sache kommt ihr komisch vor: Hat jemand nicht fachgerecht an dem Jungen herumgeschnitten? Sie ruft die Polizei. Der Arzt kommt vor Gericht, angeklagt wegen Körperverletzung.

Eine Körperverletzung begeht, wer die körperliche Unversehrtheit eines anderen beeinträchtigt. Das tut jeder,

der in einen fremden Körper schneidet – auch wenn er Arzt ist und mit einem Skalpell arbeitet, auch wenn der Eingriff medizinisch erfolgreich ist. Willigt der Patient in die Behandlung ein, wird der Arzt aber nicht bestraft.

Den Jungen hat niemand gefragt. Er wäre auch zu klein gewesen, um sich eine Meinung zu bilden. Konnten also seine Eltern für ihn in die Verletzung einwilligen? Normalerweise können Eltern nicht entscheiden, dass ihr Kind ohne medizinischen Grund verletzt wird. Das Grundgesetz schützt Leben und Gesundheit des Kindes.

Der Arzt beruft sich darauf, dass die Eltern aus religiöser Überzeugung gehandelt haben – wie er selbst, wie viele Eltern vor ihnen, islamischen Glaubens und jüdischen Glaubens, wie viele Ärzte vor ihm, bei denen niemand auf die Idee gekommen ist, sie vor Gericht zu stellen. Er ist, wie viele andere, davon ausgegangen, dass das, was er tat, keine Körperverletzung sein kann.

»Die Freiheit des Glaubens, des Gewissens und die Freiheit des religiösen und weltanschaulichen Bekenntnisses sind unverletzlich«, heißt es in Artikel 4 Absatz 1 des Grundgesetzes. Vier Dinge stecken in diesem Satz: Erstens darf ich mir innen, in meinem Kopf, meine eigene Überzeugung bilden. Zweitens darf ich diese Überzeugung nach außen leben, durch Worte und Taten. Das ist die *positive Freiheit*. Umgekehrt darf mich der Staat nicht zwingen, eine bestimmte Überzeugung – drittens – zu haben oder – viertens – nach außen zu zeigen. Das ist die *negative Freiheit*.

Schon vor dem Arzt in Köln haben Menschen getestet, wie weit die Glaubensfreiheit sie trägt: Bernd ist in einer christlichen Familie aufgewachsen. Seine Eltern engagierten sich in der evangelischen Landeskirche; sein Vater hielt religiöse Versammlungen ab. Die Familie betete und vertraute darauf, dass Gott alles lenkt, wie es richtig ist.

Bernd ist krank, er findet Trost im evangelischen Brüderverein. Nicht nur das: Er wird gesund, durch das Gebet in der Gemeinschaft, davon ist er überzeugt. In dem Verein lernt er Sarah kennen, die beiden heiraten, schenken drei Kindern das Leben.

Das vierte Kind kommt in der Nacht, zu Hause. Es gibt Komplikationen, Sarah verliert viel Blut. Auf Drängen der Hebamme rufen sie einen Arzt. Sarah und Bernd beten. Sie wollen Sarah gesundbeten.

Sarahs Zustand verschlechtert sich; der Arzt kommt noch einmal und sagt: Sarah muss jetzt schleunigst ins Krankenhaus, sie braucht Blut. Sonst wird sie sterben.

Bernd erklärt dem Arzt: Meine Frau wird zu Hause gesund, wenn wir Gott um Hilfe bitten, wenn wir stark im Glauben sind. Sarah erinnert er daran, welchen Weg die Brüderschaft lehrt, nämlich den der Heiligen Schrift: »Ist jemand unter euch krank? Er soll die Ältesten der Gemeinde zu sich rufen lassen. Die sollen über ihn beten.« So steht es im Neuen Testament, im Brief des Jakobus: »Das Gebet des Glaubens wird den Kranken retten.«

Sarah lehnt daraufhin eine Behandlung im Krankenhaus ab. Sie lässt einen Bruder ihrer Gemeinschaft rufen, zu dritt beten sie um Sarahs Leben.

Kurz darauf stirbt Sarah.

Das Landgericht Ulm verurteilt Bernd wegen unterlassener Hilfeleistung. Als Ehemann hätte er seine Frau drängen müssen, ins Krankenhaus zu gehen. Stattdessen hat er sie darin bestärkt, sich dem Rat des Arztes zu widersetzen. Das Gericht erkennt, dass Bernd gegen seine Überzeugung hätte handeln müssen. Die Strafe fällt daher gering aus, 200 Mark soll er zahlen oder zehn Tage ins Gefängnis. Aber die Verurteilung bleibt: strafbar wegen unterlassener Hilfeleistung. Bernd sieht nicht ein, dass er seiner Frau die Hilfe verweigert haben soll. Beten war aus seiner Sicht die größte Hilfe, die er leisten konnte. Das will er vom Bundesverfassungsgericht bestätigen lassen.

Umfasst die Glaubensfreiheit, was Bernd getan hat? Die evangelische Kirche verlangt von niemandem, seiner Frau eine Krankenhausbehandlung auszureden, wenn sie in Lebensgefahr schwebt. Doch die Glaubensfreiheit bezieht sich nicht nur auf die offiziellen Lehren der Weltkirchen. Kleine religiöse Gruppen können eigene Überzeugungen haben. Es gibt keinen guten Glauben und keinen schlechten; der Staat darf nicht Glaubenspolizei spielen. Entscheidend ist, dass jemand eine Glaubenslehre als für sich verpflichtend empfindet. Das ist bei Bernd der Fall: Sein Glaube verlangte von ihm, dem Gebet stärker zu vertrauen als einer Bluttransfusion.
Und die Glaubensfreiheit ist »unverletzlich« – so steht es in Artikel 4. Das Parlament kann sie durch ein einfaches Gesetz wie das Strafgesetz nicht einschränken. Die Glaubensfreiheit kann daher tatsächlich einen Straftatbestand außer Kraft setzen, entscheidet das Bundesverfassungsgericht: Bernd wollte sich nicht gegen die Rechtsordnung auflehnen, sondern tun, was sie von ihm verlangt – seine Frau retten. Er war überzeugt, dass er dieses Ziel mit seinem Gebet am besten erreicht. Das Bundesverfassungsgericht hebt seine Verurteilung daher auf. Das ist im Jahr 1971.

Setzt sich die Religion also über alles hinweg? Macht sie immun gegen das gesamte Strafrecht, gegen andere Gesetze? Dann könnte sich auch der Arzt in Köln von vornherein nicht strafbar gemacht haben.

Doch in Bernds Fall ging es um weniger, als es scheint. In der Sache ging es um Leben und Tod, vor Gericht aber nicht. Sarah war bei Bewusstsein, sie hat die Entscheidung, nicht ins Krankenhaus zu gehen, mitgetragen. Sie war Bernd nicht ausgeliefert, ihr Leben hing nicht von seinem Willen ab. Anders wäre es gewesen, wenn Sarah bewusstlos gewesen wäre. Der Vorwurf an Bernd lautete deshalb nicht, er habe seine Frau getötet. Alles, wofür er verantwortlich gemacht werden sollte, war: dass er nicht versucht hat, sie umzustimmen. Das durfte der Staat nicht von ihm verlangen, weil es im Widerspruch zu seiner religiösen Überzeugung stand. Bloß auf jemanden einzureden ist aber auch nicht sehr viel.

Nimmt jemand ein Messer in die Hand, kommen wir in andere Sphären. Kann die Glaubensfreiheit auch rechtfertigen, dass Blut fließt?

Mit einem Messer arbeitet nicht nur der Arzt in Köln, sondern auch Ibrahim. Er setzt es direkt am Hals an. Es ist ein spezielles Messer, scharf, glatt, ohne Scharten. Ein schneller, großer Schnitt durchtrennt in einer einzigen Bewegung die Luftröhre, die Speiseröhre und die Halsschlagadern. Das Tier blutet aus, und zwar ohne Betäubung, das ist das Entscheidende. Es wird »geschächtet«.

Ibrahim betreibt eine Metzgerei in Hessen. Er ist streng gläubiger sunnitischer Muslim, wie seine Kunden. Wie seine Kunden hindern ihn religiöse Gründe daran, Fleisch von Tieren zu essen, die nicht geschächtet sind.

Doch das Tierschutzgesetz bestimmt: Ein warmblütiges Tier darf nur geschlachtet werden, wenn es betäubt wurde. Das schränkt Ibrahim nicht nur in seinem Beruf ein, sondern auch in einer religiösen Handlung.

Das Tierschutzgesetz ist ein »einfaches« Gesetz. Aber dass der Staat die Tiere schützen muss, steht nicht nur dort. Es steht seit dem Jahr 2002 im Grundgesetz selbst, in Artikel 20a. Im letzten Kapitel haben wir gesehen, dass das einen Unterschied macht. Es unterscheidet Ibrahims Fall von Bernds Fall. Das Grundgesetz sagt: Die Glaubensfreiheit ist unverletzlich, einerseits. Andererseits muss der Staat die Tiere schützen, sie vor unnötigen Schmerzen, Leiden und Schäden bewahren. Beide Aussagen stehen nebeneinander, das Grundgesetz nimmt keine wichtiger als die andere.

Was passiert, wenn sich die beiden Aussagen ins Gehege kommen? Dann stößt jede von ihnen an logische Grenzen. Diese Grenzen sind im Grundgesetz angelegt, sie sind *verfassungsimmanent*. Diese Grenzen gelten auch für Grundrechte, die eigentlich »unverletzbar« sind – wie die Glaubensfreiheit.

Wie sieht das praktisch aus? Stellen wir uns zwei gekochte Eier ohne Schale vor. Keins von ihnen soll kaputt gehen, aber beide sollen in ein Glas passen, das etwas zu klein für zwei Eier ist. Legen wir sie hinein, passiert Erstaunliches: Jedes Ei schrumpft ein bisschen und macht dem anderen Platz – gerade so viel wie nötig, keinen Zehntelmillimeter mehr. Beide Eier dehnen sich so weit aus, wie es möglich ist in dem Glas, ohne dass eines von ihnen zerstört wird.

So ist es auch mit zwei Werten, die im Grundgesetz auf Augenhöhe stehen und sich nicht gegenseitig zerstören sollen. Zum Beispiel mit der Glaubensfreiheit und dem

Tierschutz. Beide sollen sich so weit ausdehnen wie möglich – und dem anderen gerade so viel Platz machen wie nötig. In Ibrahims Fall brauchen wir also einen Ausgleich, der beide so weit schont, wie es geht: die Tiere *und* die Religion. Wir brauchen den bestmöglichen Kompromiss.

Wie sieht der aus? Niemand ist gezwungen, Fleisch zu essen. Allerdings gehört Fleischkonsum in Deutschland zum Alltag – es ist nichts, was nur ein paar Außenseiter tun. Würde man Ibrahim und seinen Kunden vorenthalten, Fleisch zu essen, obwohl das die Masse der Gesellschaft tut, dann würde sich der Tierschutz einseitig gegen die Religion durchsetzen. Das eine Ei würde auf Kosten des anderen zerstört. Aber der Tierschutz steht nicht über der Religion, sondern daneben. Für Ibrahims Schlachtungen muss es daher eine Ausnahme geben. So viele Abstriche muss der Tierschutz für die Religion machen.

Und umgekehrt? Nicht jeder darf einfach schächten, wie und wann er will. Ibrahim muss eine Ausnahmegenehmigung beantragen. Die Behörde darf die Genehmigung nur unter engen Voraussetzungen erteilen – wenn religiöse Vorschriften das Schächten vorschreiben. Ibrahim gehört einer religiösen Gruppe an, deren Mitglieder das Schächten als zwingend ansehen.

Weil Ibrahim eine Genehmigung braucht, kann der Staat das Schächten überwachen. Eine private Schlachtung in der Familie, mit stumpfem Messer, ohne eine ausgebildete Person, darf es nicht geben. Der Staat kann prüfen, ob Ibrahim die nötige Ausbildung hat, um den Tieren nicht durch dilettantische Schnitte zusätzliche Schmerzen zuzufügen. Er kann Ibrahims Räume und Messer kontrollieren. Diese Voraussetzungen stellen sicher, dass es nicht mehr Ausnahmen vom Tierschutz gibt als für die Glaubensfreiheit unbedingt nötig. Diese Abstriche muss die Religion für den Tierschutz machen. In diesem engen Rahmen darf Ibrahim sein Messer ansetzen. Es ist der bestmögliche Kompromiss – jedes Ei macht dem anderen so viel Platz im Glas wie gerade nötig; keins von ihnen wird zerstört. So bestätigt es das Bundesverwaltungsgericht 2006.

Damit zurück in die Kölner Arztpraxis vom Anfang des Kapitels. Durfte der Arzt sein Messer am Penis von Nadias Jungen ansetzen?

Auch hier prallen zwei gleichrangige Werte aufeinander, zwei Grundrechte: die Glaubensfreiheit aus Artikel 4 und die körperliche Unversehrtheit aus Artikel 2 Absatz 2. Zwei gekochte Eier müssen wieder Platz finden im selben Glas. Wir suchen den bestmöglichen Kompromiss.

Das setzt voraus, dass ein Kompromiss überhaupt denkbar ist, dass es nicht nur eine Alles-oder-nichts-Lösung gibt, bei der ein Ei zerstört werden muss. Damit ist klar: Menschen töten darf ich im Namen der Religion nicht. Denn man kann niemandem das Leben ein bisschen nehmen. Hier würde sich die Glaubensfreiheit einseitig durchsetzen. Hätte Bernd statt seiner Frau sein kleines Kind sterben lassen, das nicht allein ins Krankenhaus gehen kann, wäre das nicht von der Glaubensfreiheit gedeckt.

Bei einer Verletzung gibt es Abstufungen: Es gibt schwere Verletzungen und leichte. Es ist ein Unterschied, ob ich jemandem Blut abnehme oder ein Bein entferne. Und es kommt darauf an, wie ich Nadel oder Messer ansetze. Alles kann man schmerzhaft und weniger schmerzhaft machen, wie beim Schächten.

Der Arzt war schonend, stellt ein Sachverständiger in Köln fest: Er hat nach den Regeln der ärztlichen Kunst gehandelt, ein geeignetes Skalpell benutzt, das Kind örtlich betäubt. Die Blutungen waren eine Komplikation, für die er nichts konnte.

Aber manche Eingriffe sind so schwer, dass selbst schonende Bedingungen nichts helfen: Schneide ich jemandem im Namen der Religion ein Bein ab, kann es nicht darauf ankommen, ob das unter Betäubung geschieht und ob das Messer frisch gewetzt war. Ohne Bein bleibt von der körperlichen Unversehrtheit für einen Kompromiss zu wenig übrig.

Das Kölner Gericht fragt also: Ist die Beschneidung eher wie Blut abnehmen oder wie ein Bein abschneiden? Gehört sie zu den Dingen, bei denen es darauf ankommen kann, wie schonend sie durchgeführt werden? Oder ist sie an sich so grausam, dass sie für einen Kompromiss nie genug von der körperlichen Unversehrtheit übrig lässt? Bei der weiblichen Beschneidung sind sich die meisten Menschen einig: Sie schädigt die Frau so stark, dass keine religiöse Überzeugung sie rechtfertigen kann, egal unter welchen Umständen. In Deutschland steht die »Verstümmelung weiblicher Genitalien« unter Strafe. Manche betonen die Unterschiede zur Beschneidung von Jungen. Andere stellen die Gemeinsamkeiten heraus.

Das Gericht in Köln meint: Auch die männliche Beschneidung verändert den Körper irreparabel. Daran ändern schonende Bedingungen nichts. Auch wenn man die Vorhaut unter Betäubung entfernt, bleibt sie entfernt. Für einen Kompromiss sieht das Gericht keinen Raum. Es bestraft den Arzt trotzdem nicht, weil er nicht wissen konnte, dass er eine Körperverletzung begeht: Er hat einen jahrtausendealten Brauch ausgeführt. Solche Irrtümer will das Gericht für die Zukunft vermeiden.

Das Urteil löst eine weltweite »Beschneidungsdebatte« aus. Manche klatschen: Endlich! Andere sind bestürzt: Wer sind wir, um Muslimen und Juden ausgerechnet in Deutschland ihre religiösen Riten zu verbieten?

Im Bundestag will eine breite Mehrheit ausdrücklich ins Gesetz schreiben, dass die Beschneidung von Jungen erlaubt ist. Die Ausnahme tritt Ende 2012 in Kraft. Eltern dürfen nun einen Jungen beschneiden lassen, ohne dass es medizinisch erforderlich ist. Die Beschneidung muss nach den Regeln der ärztlichen Kunst erfolgen. Dazu gehört eine Schmerzbehandlung ebenso wie eine Aufklärung, zum Beispiel darüber, dass Komplikationen auftreten können wie bei Nadias Jungen in Köln. Solange der Junge nicht älter als sechs Monate ist, darf auch jemand aus einer Religionsgemeinschaft den Eingriff durchführen, der kein Arzt ist. Er muss aber für die Beschneidung genauso gut ausgebildet sein.

Diese Regelung unterscheidet sich von der zum Schächten. Zum einen geht sie über das hinaus, was für die Glaubensfreiheit notwendig ist: Sie erlaubt Beschneidungen nicht nur aus religiösen Gründen. Eltern können ihr Kind beschneiden lassen, wenn sie es für die Erziehung notwendig finden. Nur ausnahmsweise ist die Beschneidung unzulässig, wenn sie »das Kindeswohl gefährdet«. Das kann zum Beispiel der Fall sein, wenn sich das Kind mit Händen und Füßen wehrt.

Zum anderen kann der Staat, anders als beim Schächten, die Beschneidung nicht lückenlos überwachen: Ibrahim, der Metzger, muss seine Messer zeigen, seine Räume, sich selbst überprüfen lassen. Ärztliche Laien aus den Religionsgemeinschaften brauchen keine Genehmi-

Beschneidung und Gesundbeten

gung und werden nicht staatlich kontrolliert. Dass sie zum Beschneiden ausgebildet sind, müssen sie keiner Behörde nachweisen.

Umstritten war schon, was mit Nadias Jungen in Köln passiert ist. Das neue Gesetz geht viel weiter. Glaubensfreiheit gegen körperliche Unversehrtheit des Kindes – löst es den Konflikt so schonend, wie es nötig wäre? Selbst wenn man der Meinung ist, dass ein Kompromiss *überhaupt* möglich ist: Dann hat das Gesetz aus dem Jahr 2012 zumindest nicht den bestmöglichen gefunden. Die beiden Eier passen nicht so gut zusammen ins Glas, wie sie könnten.

Welchen Unterschied gibt es zwischen glauben und meinen? Und wie wertvoll ist die Meinung? Darum gibt es im nächsten Kapitel gehörigen Tumult.

»Soldaten sind Mörder«
Wie weit reicht die Meinungsfreiheit?

Ein Geschoss trifft einen Soldaten, der lässt sein Gewehr fallen und stirbt: Wieder und wieder spielt sich diese Szene in den Jahren 1990 und 1991 in Vorderasien ab. Im zweiten Golfkrieg kämpfen über 30 Länder gegen den Irak, der das kleine Kuwait erobert hat.

Ein Geschoss trifft einen Soldaten, der lässt sein Gewehr fallen und stirbt: Dieses Bild sieht man in jenen Tagen auch in Krefeld, Deutschland – auf einem Aufkleber an einem Auto, daneben die Frage »Why?«.

Christian hat den Kriegsdienst verweigert. Krieg findet er falsch, auch um ein Land zu befreien. Inzwischen ist er 31, hat ein Diplom als Sozialpädagoge.

Der Aufkleber mit dem Soldaten ist nicht der einzige auf seinem Auto. Auf einem anderen steht: »Soldaten sind Mörder.« Das »t« in »Soldaten« sieht aus wie ein Friedhofskreuz. Darunter: eine nachgemachte Unterschrift des Schriftstellers Kurt Tucholsky. Denn der Satz hat eine Vorgeschichte: Tucholsky hat ihn in einem Beitrag für die Zeitschrift *Die Weltbühne* geschrieben, im Jahr 1931. Das löste damals einen Strafprozess wegen Beleidigung aus; angeklagt war der verantwortliche Redakteur der *Weltbühne,* Carl von Ossietzky.

»Soldaten sind Mörder« – das möchte auch Christian der Welt sagen, wenn er mit seinem Auto durch Krefeld fährt. Auch er bekommt Post, im Juni 1991, 60 Jahre nach dem Tucholsky-Text: einen Strafbefehl wegen

Volksverhetzung, 8400 Mark soll er zahlen. Dagegen wehrt er sich, doch zwei Gerichte setzen noch eins drauf: Zusätzlich verurteilen sie ihn wegen Beleidigung.

Christian erhebt Verfassungsbeschwerde. Die Verurteilung verletzt seine Meinungsfreiheit, sagt er: »Jeder hat das Recht, seine Meinung in Wort, Schrift und Bild frei zu äußern und zu verbreiten.« So steht es in Artikel 5 Absatz 1 des Grundgesetzes.

»Eines der vornehmsten Menschenrechte überhaupt« nennt das Bundesverfassungsgericht die Meinungsfreiheit, lange bevor Christian dort auftaucht. Diese Formulierung ist angelehnt an die Worte in der französischen Erklärung der Menschen- und Bürgerrechte von 1789. Denn die Meinungsfreiheit ist für zwei Dinge unerlässlich. Zum einen für die menschliche Persönlichkeit: Wer ich bin, wie ich mich sehe, wie andere mich sehen, das bestimmen auch meine Einstellungen – was ich über die Welt denke und sage. Zum anderen steht die Meinungsfreiheit wie kein anderes Grundrecht für den demokratischen Rechtsstaat. Nur ein Land, in dem die Menschen ohne Furcht sagen können, was sie denken, ist frei.

Aber was ist eine Meinung?

Eine Meinung gibt eine subjektive Einstellung wieder, ein persönliches Werturteil über etwas oder jemanden. Ein entscheidendes Merkmal der Meinung ist: Es kann unterschiedliche über dieselbe Sache geben. Zwei oder mehr Menschen können über eine Frage diskutieren, und am Ende weiß man nicht, wer recht hat. Bei einer Meinung gibt es kein »richtig« oder »falsch«. Eine Meinung kann man nicht überprüfen.

Das unterscheidet die Meinung von der Tatsachenbehauptung. Sage ich: »Mein Nachbar prügelt seinen Hund«, ist diese Äußerung richtig oder falsch. Sie lässt sich überprüfen. Daran ändert sich nichts, wenn ich sie als »Meinung« verpacke: »Ich meine, mein Nachbar prügelt seinen Hund.« Dieser Satz enthält keine echte Meinung, denn die Aussage lässt sich immer noch nachprüfen. Sage ich hingegen: »Mein Nachbar ist ein schlechter Mensch«, ist das eine Meinung – sie lässt sich nicht überprüfen. Andere Menschen können das anders sehen.

Im Kapitel »Recht auf Vergessenwerden« haben wir untersucht, in welchen Fällen ich Informationen über jemanden verbreiten darf. Wir haben festgestellt: *Falsche Tatsachen zu verbreiten ist nie nützlich für die Gesellschaft.* Weder das Zusammenleben noch die politische Auseinandersetzung brauchen Lügen, um zu funktionieren. Was entweder richtig oder falsch ist, kann nicht »frei« sein. Wer Tatsachen verbreitet, die eindeutig unwahr sind, kann sich daher nicht auf die Meinungsfreiheit berufen. Deshalb hat das Bundesverfassungsgericht entschieden, dass eine Aussage wie »Juden wurden im Dritten Reich nicht verfolgt« keine zulässige Meinungsäußerung ist.

Schauen wir uns also Christians Aussage an: »Soldaten sind Mörder.« Behauptet er damit eine Tatsache, oder äußert er eine Meinung?

Mord ist ein rechtlicher Fachbegriff aus dem Strafgesetzbuch. Danach ist Mörder, wer einen Menschen tötet, rechtswidrig und vorsätzlich, und zwar unter bestimmten Umständen: wegen Sex, wegen Geld, grausam oder heimtückisch, wegen einer anderen Straftat, aus purer Mordlust oder sonstigen »niedrigen Beweggründen«. Auf Mord steht Höchststrafe, ein Mörder ist ein Schwerstverbrecher.

Verstehen wir »Soldaten sind Mörder« als reine Tatsachenäußerung, ist sie unzulässig, denn die allermeisten Soldaten begehen keine Morde im Sinne des Strafgesetzbuches. Niemand kann sich auf die Meinungsfreiheit berufen, um eine Lüge zu verbreiten.

Allerdings benutzen nicht nur Staatsanwälte das Wort »Mörder«. Auch rechtliche Laien verwenden es im Alltag. Tötet jemand eine Fliege, mag ein Tierschützer rufen: »Mörder!« Damit will er ausdrücken: Diese Tötung war aus meiner Sicht nicht gerechtfertigt.

Verstehen wir den Aufkleber so, enthält er zwei Aussagen. Erstens: »Soldaten töten Menschen.« Zweitens: »Ich finde diese Tötungen ungerechtfertigt.« Das Erste ist eine Tatsachenbehauptung, das Zweite eine Meinung. Beides kann sich in einem einzigen Wort vermischen! Der Tatsachenteil ist wahr: Dass Soldaten Menschen töten, lässt sich nicht bestreiten. Auf die Frage, ob militärische Handlungen gerechtfertigt sind, gibt es hingegen keine »richtige« oder »falsche« Antwort. »Morden« im umgangssprachlichen Sinn ist also ein wertendes Wort für den neutralen Begriff »töten«. Wenn wir »Mörder« umgangssprachlich verstehen, enthält Christians Aussage eine Meinungsäußerung, nämlich: Ich verabscheue, dass Soldaten Menschen töten.

Wir haben also mindestens zwei Möglichkeiten, das Wort »Mörder« zu deuten – welche davon muss ein Gericht verwenden? Richter können manchmal auch nur rätseln. Doch die Meinungsfreiheit soll ein offenes Klima schaffen. Niemand soll erst zum Anwalt gehen müssen und eine Aussage prüfen lassen, bevor er sich traut, sie als Meinung zu äußern. Deshalb dürfen wir eine Formulierung nicht auf die Goldwaage legen, dürfen sie nicht allzu wörtlich nehmen. Entscheidend ist die Situation, in der sie geäußert wird. Auch die Unterscheidung zwischen Tatsachenbehauptung und Meinungsäußerung dürfen wir nicht auf die Spitze treiben. Denn nicht immer lässt sich beides voneinander trennen, ohne dass der Sinn einer Aussage zerstört wird. Meinungen beruhen oft auf Tatsachen, beides vermischt sich leicht, wie unser Beispiel zeigt. Dürften Menschen nur Informationen verbreiten, die sie wasserdicht abgesichert haben, würde auch das die freie Kommunikation behindern. Eine Meinung kann daher auch eine Vermutung enthalten, sofern sie nicht aus der Luft gegriffen ist, sondern Anhaltspunkte dafür existieren. Kann eine Aussage auf mehrere Arten gedeutet werden, muss ein Gericht sie so verstehen, wie sie von der Meinungsfreiheit geschützt ist.

Da Christian kein Staatsanwalt ist, müssen wir seine Aussage also umgangssprachlich verstehen: »Soldaten sind Mörder« ist als Aufkleber auf seinem Auto eine Meinungsäußerung.

Aber wie weit reicht die Meinungsfreiheit? Inzwischen ist August 1994 und alle schauen auf das Bundesverfassungsgericht: Kann es eine Aussage wie »Soldaten sind Mörder« billigen?

Viele erinnern sich an das, was genau zehn Jahre vorher geschehen ist: Im August 1984 findet eine Podiumsdiskussion an einer Schule in Frankfurt statt. Es geht um die Frage, wie viele Waffen die Bundeswehr braucht. Es geht um Atomkrieg. Vor versammeltem Publikum schleudert ein Arzt einem Jugendoffizier an den Kopf: »Jeder Soldat ist ein potenzieller Mörder, auch Sie, Herr W. In der Bundeswehr gibt es einen Drill zum Morden.« Der Arzt wird angeklagt, wegen Beleidigung und Volksverhetzung.

Was folgt, sind die »Frankfurter Soldatenurteile«: Acht Jahre lang beschäftigen sich drei Gerichte mit dem Arzt und seiner Aussage. Experten treten im Verhandlungssaal auf: Generäle, Friedensforscher, Mediziner. Sie analysieren, wo, mit welchen Waffen und unter welchen Umständen Soldaten kämpfen – und töten. Welcher »Drill« in der Bundeswehr herrscht. Können Soldaten Mörder sein? Zweimal wird der Arzt freigesprochen.

Das Land tobt. Die Richter bekommen Morddrohungen, die mit Grüßen wie »Das schreibt Ihnen ein anständiger Deutscher« unterzeichnet sind. Sie sollten mit ihren Familien das Land verlassen, auf direktem Weg, warnen anonyme Anrufer. In das Büro der Verteidiger fliegt ein Brandsatz. Hochrangige Politiker kritisieren das Urteil: der Bundespräsident, der Kanzler, die Minister. Hunderte von Leserbriefen gehen bei Zeitungen ein, alle Medien berichten. Der Generalinspekteur der Bundeswehr droht zurückzutreten, falls der Freispruch nicht aufgehoben wird. Er sieht nicht ein, dass er und sein Berufsstand offiziell »Mörder« sein sollen. Im Bundestag findet eine »Aktuelle Stunde« statt; viele fragen: Wie können wir die Ehre unserer Soldaten schützen?

Am Ende zieht sich das Gericht aus der Affäre – ohne Verurteilung und ohne Freispruch: Es stellt das Verfahren ein, weil die Schuld so oder so gering gewesen *wäre*.

Vom Bundesverfassungsgericht erwarten die Menschen nun ein Bekenntnis: Wo liegen die Grenzen der Meinungsfreiheit?

Anders als die Glaubensfreiheit aus dem letzten Kapitel kann das Parlament die Meinungsfreiheit durch »allgemeine Gesetze« beschränken. So sagt es Artikel 5 Absatz 2. Denn eine Meinung hat nicht die gleiche Macht über den

Menschen wie eine religiöse Überzeugung. Deshalb ist die Meinung schwächer geschützt als die Religion.

»Allgemein« ist ein Gesetz, wenn es keine bestimmte Meinung verbietet. Eine Vorschrift wie »Niemand darf sich negativ über die Bundeswehr äußern« würde gegen Artikel 5 verstoßen. Aber der Beleidigungsparagraph verbietet nicht eine bestimmte Meinung, er schützt die Ehre generell. Er ist ein »allgemeines Gesetz«.

Doch wann ist die Ehre eines Menschen verletzt? Die Meinungsfreiheit bringt es mit sich, dass nicht alle Menschen sich gegenseitig gut finden müssen. Wir dürfen eine miserable Meinung übereinander haben und verbreiten. Wir dürfen uns gegenseitig doof finden, öffentlich und offiziell: ein Blauäugiger die Braunäugigen, ein Moslem eine Katholikin, eine Frau die Männer und – ein Sozialpädagoge die Soldaten. Sich gegenseitig doof zu finden ist Teil der geistigen Auseinandersetzung.

Das ist der Zweck der Meinungsfreiheit: dass Menschen sich geistig auseinandersetzen – nicht, dass sie sich gegenseitig die Ehre abschneiden. Wir können also eine Aussage daraufhin untersuchen, ob sie einen Beitrag zur Diskussion leisten will oder ob sie die Ehre eines anderen Menschen angreifen will. Hier verläuft die Grenze zwischen Meinungsfreiheit und Beleidigung. Um diese Grenze zu ziehen, können wir drei Kriterien nutzen.

Das erste Kriterium ist: *Wie* ich etwas sage. Eine Beleidigung kann sich schon aus der Form der Äußerung ergeben. Eine solche *Formalbeleidigung* liegt vor, wenn jemand ein klassisches Schimpfwort benutzt. Sage ich »Mein Nachbar ist ein Arschloch«, braucht ein Gericht nicht erst vorsichtig zu erforschen, was genau ich damit ausdrücken wollte. Die Wortwahl macht deutlich, dass ich meinen Nachbarn nicht nur kritisieren, sondern persönlich beleidigen will. Selbst wenn ich meinen Nachbarn für ein Arschloch *halte,* setzt sich seine Ehre gegen meine Meinungsfreiheit durch: Ich muss meine Meinung höflicher formulieren.

Nach der Formalbeleidigung kommt die *Schmähkritik.* Auch ohne ein klassisches Schimpfwort kann meine Wortwahl deutlich machen: Mir geht es nicht um eine geistige Auseinandersetzung, sondern darum, jemanden zu diffamieren. So darf ich einen Schriftsteller kritisieren, aber nicht über ihn schreiben, er sei »steindumm«. Ich darf mich negativ über das Aussehen einer Fernsehmoderatorin äußern, sie aber nicht »ausgemolkene Ziege« nennen. Ich darf das Verhalten eines Rechtsanwalts zweifelhaft finden, ihn aber nicht als »sogenannten Rechtsanwalt« bezeichnen.

Muss ich meine Meinung also immer höflich und sachlich formulieren? Hier kommt das zweite Kriterium ins Spiel: *Wo* ich etwas sage. In einer öffentlichen Diskussion gehen Meinungen leicht unter. Möchte ich etwas bewirken, kann ich nicht auf mein Auto schreiben: »Ich erlaube mir höflich in Frage zu stellen, ob nicht gewisse Gründe unter Umständen gegen bestimmte militärische Handlungen sprechen könnten.« Um die Aufmerksamkeit tobt ein Kampf, daher darf ich auch »Kampfbegriffe« benutzen. Ich darf zuspitzen, übertreiben, polemisch sein. Je öffentlicher die Diskussion, desto stärker darf ich mich ausdrücken.

Bleibt das dritte Kriterium: Auf *wen* ich etwas beziehe. Je weiter meine Aussage von einem konkreten Menschen entfernt ist, desto heftiger darf meine Wortwahl ausfallen. Denn desto eher kritisiere ich ein soziales Phänomen und desto weniger greife ich eine konkrete Person in ihrer Ehre an.

Das heißt nicht, dass ich über eine Gruppe alles sagen darf. Wer so gegen eine Gruppe Stimmung macht, dass er damit den Frieden im Land gefährdet, macht sich wegen Volksverhetzung strafbar. Das kann geschehen, indem jemand zu Hass oder Gewalt anstachelt oder die Menschen in dieser Gruppe nicht nur kritisiert, sondern sie regelrecht als Untermenschen behandelt, mit denen man alles machen darf.

Eine Stufe harmloser kann man Menschen in Gruppen auch »normal« beleidigen. Auch ein Mitglied einer Gruppe kann sich persönlich in seiner Ehre getroffen fühlen. Das setzt aber voraus, dass die Gruppe überschaubar ist. Schreibt jemand im Internet »Alle Männer sind Idioten«, betrifft das die halbe Welt. Diese Gruppe ist so groß, dass kein Mann die Aussage ernsthaft auf sich persönlich beziehen kann. Anders ist es, wenn ich über »die deutschen Ärzte« oder »die deutschen Richter« spreche. So viele gibt es davon nicht, und wegen ihrer Berufskleidung sind ihre Mitglieder gut abgrenzbar. Sie können als Gruppe beleidigt werden. Das Gleiche gilt für die aktiven Soldaten der Bundeswehr.

Am Anfang der Skala steht also die Aussage: »Herr Soundso ist ein Mörder.« Dann kommt: »Die aktiven Soldaten der Bundeswehr sind Mörder.« Am Ende der Skala haben wir: »Alle Soldaten auf der Welt sind Mörder.« In den ersten beiden Fällen können sich einzelne Soldaten persönlich angegriffen fühlen. Im dritten Fall – wenn ich alle Soldaten der Welt meine – kritisiere ich eher das Töten im Krieg als Phänomen und weniger eine konkrete Person.

Wenden wir die drei Kriterien auf Christians Fall an. Erstes Kriterium, die Form: »Mörder« ist, anders als

»Arschloch«, kein klassisches Schimpfwort, sondern auch ein rechtlicher Fachbegriff. Eine Formalbeleidigung steht also nicht auf dem Aufkleber. Allerdings ist der Begriff auch umgangssprachlich sehr herabsetzend – er vergleicht jemanden mit einem Schwerstverbrecher. Das Wort kann eine Schmähung sein, zumindest ist es ein gravierender Angriff auf die Ehre. Das spricht gegen die Meinungsfreiheit.

Zweites Kriterium, die Situation: Christian hat mit dem Aufkleber an der öffentlichen Auseinandersetzung teilgenommen. Daher *durfte* seine Wortwahl stärker ausfallen, als wenn er mit einem Soldaten unter vier Augen gesprochen hätte. Dieser Punkt spricht *für* die Meinungsfreiheit – es steht eins zu eins.

Entscheidend ist daher das dritte Kriterium, der Bezug: Einen einzelnen Menschen hat Christian nicht angesprochen. Hat er die aktiven Soldaten der Bundeswehr gemeint, ist der Kreis aber so abgrenzbar, dass jeder aktive deutsche Soldat die Aussage auf sich beziehen könnte. Doch das geht weder aus dem Aufkleber hervor noch aus den Umständen: Christian hat den Aufkleber während des Golfkriegs auf sein Auto geklebt – dort waren keine deutschen Soldaten im Einsatz. Weil seine Aussage sich nicht gegen deutsche Soldaten richtet, also nicht gegen eine Gruppe der Bevölkerung, kann er damit auch keine Volksverhetzung begangen haben.

Im Vordergrund steht Christians Sicht auf das »Töten im Krieg«, nicht ein Angriff auf die Ehre des einzelnen deutschen Soldaten. Das Bundesverfassungsgericht entscheidet daher zugunsten der Meinungsfreiheit. Es hebt Christians Verurteilung auf. Das ist ein salomonisches Urteil: Es schützt die Meinungsfreiheit, aber auch die Ehre der einheimischen Soldaten – denn es stellt ausdrücklich fest, dass sich die Aussage nicht auf sie persönlich bezieht. Die Entscheidung steht in einer Linie mit dem Urteil des Reichsgerichts, das schon 1932 über Tucholskys Aussage befand: keine Beleidigung.

Trotzdem reizt auch dieser Spruch die Menschen, wie nach den »Frankfurter Soldatenurteilen«: Morddrohungen gegen die Richterinnen und Richter. Polizeischutz. Politiker empören sich: »Skandalösestes Fehlurteil des Bundesverfassungsgerichts seit Bestehen der Bundesrepublik!« So groß ist die Empörung, dass das Bundesverfassungsgericht sich zu einer beispiellosen Aktion genötigt sieht: Es gibt eine Erklärung zu seiner Entscheidung heraus.

Was ist geschehen? Woher kommen die Tumulte? Warum muss ein Gericht sein Urteil erklären, was konnte man daran falsch verstehen? Viele hatten es so gedeutet, als hätten die Richterinnen und Richter die Aussage »Soldaten sind Mörder« inhaltlich gebilligt. Und das beim höchsten Gericht des Landes! So war es schon bei den »Frankfurter Soldatenurteilen« – dort hatten sich die Gerichte das Missverständnis selbst eingebrockt: Sie hatten mit Sachverständigen zu klären versucht, ob die Aussage »Soldaten sind Mörder« »richtig« oder »falsch« ist. Gerade das ist, wie wir festgestellt haben, bei einer Meinung aber nicht möglich. Das Missverständnis sitzt tief: Auch im Alltag halten wir unsere eigene Meinung gern für »richtig« – und die der anderen für »falsch«. Deshalb verbringen wir so viel Zeit damit, andere von unserer Meinung zu »überzeugen«.

Weil eine Meinung aber nicht »richtig« oder »falsch« sein kann, sind vor dem Grundgesetz alle Meinungen gleich. Nur so ist sichergestellt, dass der Staat nicht als Meinungswächter auftritt. Es ist egal, ob ich für meine

Meinung 30 Jahre recherchiert und gute Argumente gesammelt habe – oder ob ich sie am Stammtisch vor mich hin lalle. Jeder darf eine Meinung haben, ohne nachzudenken, ohne sie zu begründen. Jeder darf eine irrationale Meinung haben; auch ein emotionaler Ausbruch steht unter dem Schutz der Meinungsfreiheit. Es ist egal, ob jemand meine Meinung für nützlich oder schädlich, für wertvoll oder wertlos hält.

Das Bundesverfassungsgericht hat deshalb nicht darüber entschieden, ob Soldaten im umgangssprachlichen Sinn »Mörder« sind. Das ist auch nicht seine Aufgabe. Es kann nur darüber entscheiden, ob jemand *sagen* darf, sie *seien* Mörder. Das erklärt das Gericht in der »Gebrauchsanweisung« für sein Urteil. Ob jemand das Töten im Krieg »richtig« findet oder nicht, muss jeder für sich entscheiden.

Die Aufregung von damals wiederholt sich immer wieder. Auch heute fragen sich oft Menschen, wenn sie eine Aussage lesen, der sie nicht zustimmen: »Wie kann diese Internetseite oder Redaktion so etwas stehen lassen?« Oder: »Wie kann eine Behörde eine Demonstration mit einer solchen Aussage zulassen?« Aber dass die Internetseite, die Redaktion oder die Behörde jemanden eine Aussage *machen* lässt, bedeutet eben nicht, dass sie dieser Aussage zustimmt. Es bedeutet nur, dass sie die Meinungsfreiheit achtet. Solange jemand die Grenzen einhält, die wir in diesem Kapitel untersucht haben, darf er äußern, was er will.

Die Meinungsfreiheit macht es also einfach, eine Meinung zu haben. Jeder Quatsch kann eine Meinung sein, die den vollen Schutz von Artikel 5 genießt. Die Kehrseite der Meinungsfreiheit ist: Wenn es so leicht ist, eine Meinung zu haben und zu äußern, ist die einzelne Meinung weniger wert, als wir manchmal denken. Jeder kann spontan die Gegenmeinung vertreten, die vor dem Grundgesetz genauso schwer wiegt. Anders, als wir das gelegentlich hören, ist es in einem Land mit Meinungsfreiheit selten schwierig oder gar »mutig«, eine Meinung zu äußern. Wichtig ist es trotzdem.

Subtiler äußern sich Menschen in der Kunst. Was Kunst ist und wie weit sie gehen darf, erkunden wir im nächsten Kapitel mit einem Mann namens »Oz«.

Graffiti und van Gogh
Was ist Kunst und was darf sie?

Er wird weitersprühen. Das verkünden seine Anwälte gleich am ersten Tag im Gerichtssaal in Hamburg-Barmbek. Die Zuschauer klatschen, die Richterin hat Mühe, Ruhe in den Saal zu bekommen. Er sitzt zwischen seinen Anwälten auf der Anklagebank. Sein Gesicht versteckt er mal hinter einer Sonnenbrille, mal hinter einem Pappschild, auf das er »ICH OZ« geschrieben hat. Seine Jeans ist mit der Schere gekürzt.

Oz ist sein Künstlername. Etwa 120 000 Mal kann man ihn in Hamburg lesen: als »Tag«, das ist das Namenskürzel eines Graffiti-Sprayers. Er ist der Sprayer von Hamburg. Meist sprüht er Smileys, Spiralen oder Kringel – oder nur sein Tag: »OZ«. Schwarz, bunt, auf Verkehrsschilder, an Bahnstrecken, auf Mauern und Wände, auf Stromkästen und unter Brücken.

Oz ist ein Star, nicht nur, weil fast jeder in Hamburg seine Graffiti kennt. Sondern auch, weil er schon zu über acht Jahren Gefängnis verurteilt worden ist und trotzdem weitersprüht, auch jetzt noch, im Jahr 2011, in dem er 61 geworden ist. Die »Soko Graffiti« jagt ihn Tag und Nacht. Kunstaktivisten verteilen Flugblätter: »Free OZ!«

Der Staatsanwalt wirft Oz Sachbeschädigung vor, 20 Fälle in den letzten zwei Jahren. Noch einmal eineinhalb Jahre soll er ins Gefängnis, ohne Bewährung, denn er ist zu oft vorbestraft. Seine Anwälte berufen sich auf die Kunstfreiheit: »Kunst und Wissenschaft, Forschung und Lehre sind frei«, heißt es in Artikel 5 Absatz 3 des Grundgesetzes.

Oz hat Fans, die ihn als Künstler verehren. Einmal hat er einen grauen Bunker eigenhändig gesäubert, Gestrüpp geschnitten, den Dreck vom Boden aufgesammelt. Und dann den Bunker mit einem bunten Ornament besprüht. Manche Anwohner haben ihm Würstchen gebracht. Andere haben bei der Polizei angerufen – um den Sprayer zu loben: Endlich ist der Bunker nicht mehr hässlich!

Doch viele sehen das anders. Sie nennen, was Oz tut, »Schmierereien« oder »Verunstaltungen«. Oder »Vandalismus«. Sie finden: Mit Können hat das nichts zu tun.

Was also macht die Kunst zur Kunst?

Beginnen wir diese Überlegung mit Werken, die weniger umstritten sind: einem Gemälde von van Gogh. Auch diejenigen, die es nicht schön finden, bestreiten nicht, dass es Kunst ist. Ähnlich ist es mit einer Komposition von Mozart, einem Theaterstück von Shakespeare. Oder mit ihrer Aufführung.

Es gibt also Werkgattungen, die traditionell als Kunst durchgehen: die der bildenden Kunst wie Malerei, Grafik, Bildhauerei, Architektur. Die Literatur und die Musik. Die darstellenden Künste wie Theater, Film, Tanz und Gesang. Diese Werke fallen unter einen *formalen Kunstbegriff* – ihre Form bescheinigt ihnen, dass sie Kunst sind.

Aber Graffiti sind keine klassischen Gemälde. Sie fallen nicht in eine traditionelle Kategorie. Können sie trotzdem Kunst sein?

Schauen wir uns, um diese Frage zu klären, ein anderes Beispiel an: Der Franzose Marcel Duchamp geht 1917 in ein New Yorker Sanitärgeschäft und kauft eine Toilette – genauer gesagt, ein handelsübliches Urinal der Firma J. L. Mott Iron Works. Er signiert das Urinal mit

»R. Mutt 1917« und reicht es unter dem Titel »Fountain« als Beitrag für eine Kunstausstellung ein, die »Big Show« der »Society of Independent Artists«. Die Society meint: Da hat jemand ein Industrieprodukt gekauft und eingereicht. Das ist eine Frechheit, keine Kunst. Sie schließt das Urinal von der Ausstellung aus.

Duchamp proklamiert: Wenn ich einen Alltagsgegenstand auswähle und zur Kunst erhebe, ist das Kunst! Er löst eine Diskussion über den Kunstbegriff aus und wird weltberühmt. Von ihm autorisierte Nachbildungen der »Fountain« stehen heute in Museen in aller Welt, ebenso wie andere *Ready Mades,* wie er seine Werke nennt.

Was ist geschehen? Duchamp hat gegen die Regeln der Kunstwelt rebelliert – und dadurch neue Kunst geschaffen. Er hat den damals vorherrschenden Kunstbegriff verändert. Kunst ist das Ergebnis eines kreativen Schaffens. Der Künstler will Regeln nicht befolgen, sondern in Frage stellen. Er will *neue* Formen finden. Der Kunstbegriff kann sich also nicht auf die traditionellen Formen von Mozart und Shakespeare beschränken.

Aus diesem Grund würden die meisten Künstler »Einspruch!« rufen, wenn jemand versucht, Kunst zu definieren. Heißt »Definition« doch »Eingrenzung« – und arbeitet der Künstler gerade daran, die Grenzen auszutesten, einzureißen und zu versetzen. Jede Definition würde mit jeder Grenzüberschreitung hinfällig. Die Kunst entzieht sich durch ihr Wesen einer Definition.

Außerhalb des Gerichtssaals lässt sich mit dieser Erkenntnis gut leben. Wen stört es, dass unterschiedliche Menschen unterschiedliche Kunstbegriffe pflegen? Die Künstler nicht, die Galerien nicht, das Publikum nicht.

Im Gerichtssaal hängt einiges von dieser Frage ab, zum Beispiel ob jemand ins Gefängnis kommt. Deshalb müssen die Dinge hier klar sein: Verlangt eine Verfassung vom Staat, Hunde zu schützen, muss der Staat wissen, wann er einen Hund vor sich hat. Nur dann kann er wissen, dass er ihn schützen muss. Ob etwas ein Hund ist oder ein Nichthund, darf nicht offenbleiben.

So ist es auch mit der Kunst. Soll der Staat die Kunst schützen, muss er wissen, wann er es mit Kunst zu tun hat. Umgekehrt muss klar sein, was *keine* Kunst ist und nicht unter dem Schutz der Kunstfreiheit steht. Es kann nicht *nur* darauf ankommen, dass jemand wie Duchamp von sich selbst sagt: »Was ich mache, ist Kunst.« Sonst würde sich jeder auf die Kunstfreiheit berufen und wäre fein raus.

Es muss also objektive Maßstäbe geben: eine Definition. Der Staat kann nur schützen, was er definieren kann. Die Gerichte müssen eine Definition für etwas finden, das sich jeder Definition entzieht. Wie kann eine solche Definition aussehen – die eingrenzt, ohne einzugrenzen?

Betrachten wir noch einmal »Fountain« von Marcel Duchamp. Sicher, er hat ein Urinal gekauft und aufgestellt. Tausende Bars und Restaurants tun das. Aber es gibt einen Unterschied: Hängt ein Urinal auf der Toilette im Restaurant, ist es nur ein Urinal. Niemand käme auf die Idee, sich mehr dabei zu denken. Duchamps Urinal aber hat die Menschen in aller Welt dazu gebracht, sich Gedanken zu machen: Warum tut er das? Was ist Kunst? Warum nennt er es »Fountain«? Was soll »R. Mutt« heißen? Spinnt Duchamp? Oder hat er uns Kluges zu sagen? Anders als ein Urinal im Restaurant kann Duchamps Urinal unendlich viele Aussagen haben: über Urinale, Alltagsgegenstände, die Industrialisierung, den Kunstbegriff, die Kunstwelt, die »Society of Independent Artists«, über Duchamp, über den Betrachter …

Jeder kann in Duchamps Urinal etwas anderes sehen. Das Urinal im Restaurant aber bleibt für jeden nur ein Urinal.

Hieran können wir festmachen, ob etwas Kunst ist: Ob es eine Interpretation braucht – und ob wir es interpretieren *können*. Ob es über sich selbst hinaus eine Aussage haben kann oder ob es sich in dem erschöpft, was man auf den ersten Blick sieht. Kunst ist eine schöpferische Betätigung, in der jemand seine Eindrücke, Erfahrungen und Erlebnisse anschaulich macht.

Diese Definition hilft, die Kunst auch außerhalb der traditionellen Gattungen von der Nichtkunst zu unterscheiden. Sobald jemand behauptet, er mache Kunst, *und* andere diskutieren ernsthaft darüber, wird sein Werk bereits interpretiert. Dann ist es zumindest im rechtlichen Sinn tatsächlich Kunst.

Das Gute an dieser Definition ist: Sie umfasst selbst die Werke der Künstler, die sich gegen sie sträuben. Denn wer dagegen rebelliert, dass Kunst eine Aussage hat (das tun viele), dessen Werke haben auch eine Aussage, nämlich dass Kunstwerke keine Aussage haben müssen. Bekannt geworden ist dieser Kunstbegriff daher als der *offene Kunstbegriff*.

Mit »können« hat er nichts zu tun. Kritzelt ein dreijähriges Kind eine Sonnenblume an die Wand, ist das rechtlich nicht weniger Kunst, als wenn van Gogh eine Sonneblume auf eine Leinwand malt. Damit ist nicht gesagt, dass es qualitativ keinen Unterschied gibt zwischen einer Kinderkritzelei und einem Gemälde van Goghs. Doch für die Kunstfreiheit ist das egal. Nur so ist sichergestellt, dass der Richter sich nicht zum Kunstrichter aufschwingt und die Kunstfreiheit von seinem Geschmack abhängig macht. Auch Werke, die unästhetisch sind, die ohne jedes handwerkliche Können entstanden sind, fallen unter die Kunstfreiheit – solange man sie interpretieren kann.

Ob Graffiti Kunst oder Vandalismus sind, hängt also nicht davon ab, ob sie »schön«, anspruchsvoll oder gekonnt sind. Es hängt davon ab, ob ein Strich nur ein Strich ist oder ob sich der Strich interpretieren lässt. Bei plumpem Vandalismus ist ein Strich nur ein Strich. Für die Kunst kann sprechen, dass jemand ein Konzept verfolgt, dass es nicht nur *ein* Werk gibt, sondern mehrere, die einen gemeinsamen Plan offenbaren. Auch damit lässt sich eine schöpferische Tätigkeit von Zerstörung abgrenzen.

Sind nach dieser Definition die Graffiti von Oz Kunst? Bis heute diskutieren Menschen darüber, was sein Tag »Oz« bedeutet. Manche meinen, es heiße eigentlich »Oli« und stehe für »Ohne Liebe«. Vielleicht bezieht sich das auf die lieblos gestalteten öffentlichen Räume der Großstadt. Vielleicht darauf, dass Oz ohne Familie im Heim aufwuchs. Dass er die Stadt mit Graffiti in seinem Stil versah, lässt sich als Aussage gegen die »Normen der deutschen Sauberkeit« interpretieren – wie Oz selbst sagte. Oder als etwas ganz anderes. Und die Smileys? Wer sind sie, zu wem sprechen sie und was?

Rechtlich gibt es keinen Zweifel, dass die Graffiti des Sprayers von Hamburg Kunst sind.

Doch wie weit trägt die Kunstfreiheit? Rechtfertigt sie, dass Oz fremdes Eigentum für seine Kunst benutzt?

In Artikel 5 steht, die Kunst ist »frei« – ohne jede Einschränkung. Das kennen wir von der Glaubensfreiheit, die »unverletzlich« ist. Das Parlament kann die Kunstfreiheit nicht durch ein »normales« Gesetz beschränken, ebenso wenig wie die Glaubensfreiheit.

Bei der Glaubensfreiheit haben wir aber schon festgestellt: Das Grundgesetz selbst nennt noch andere Werte, und es stellt alle auf Augenhöhe nebeneinander. So schützt es nicht nur die Kunst, sondern auch das Eigentum. Keines von beidem ist von vornherein mehr wert als das andere. Kommen sich die beiden ins Gehege, stoßen sie an logische Grenzen innerhalb des Grundgesetzes selbst – an ihre *verfassungsimmanenten Grenzen*. Diese Grenze müssen wir so ziehen, dass beide Werte sich so gut wie möglich entfalten können. Bei der Glaubensfreiheit hatten wir das mit den zwei gekochten Eiern ohne Schale verglichen, die in ein etwas zu kleines Glas gelegt werden: Jedes Ei macht dem anderen genau so viel Platz wie nötig, damit beide ins Glas passen – ohne dass eins von ihnen kaputt geht. So ist es auch, wenn die Kunst auf andere Werte im Grundgesetz stößt: Wir suchen den bestmöglichen Kompromiss.

Betrachten wir dazu ein Beispiel aus der Literatur: 2003 erschien der Roman *Esra* des Schriftstellers Maxim Biller. Er erzählt die Liebesgeschichte von Adam und Esra, einem Schriftsteller und einer Schauspielerin. Esra und ihre Mutter Lale kommen in dem Roman sehr schlecht weg: Esra ist von ihrer Mutter abhängig, die Mutter Lale erscheint als depressive, psychisch kranke Alkoholikerin, die ihre Tochter und ihre Familie tyrannisiert. Sex zwischen Esra und Adam schildert der Roman detailliert.

Eine ehemalige Geliebte des Schriftstellers und ihre Mutter klagen gegen den Roman. Sie meinen: Das sind wir. Was sie dort über »ihre« Figuren lesen, passt ihnen nicht. In der Tat sind beide als Vorlagen der Romanfiguren deutlich erkennbar, es gibt viele Ähnlichkeiten.

Auch das allgemeine Persönlichkeitsrecht, das die Ehre des Menschen schützt, ergibt sich aus dem Grundgesetz, wie das Eigentum. Wir brauchen daher auch hier eine Lösung, die beiden möglichst viel von ihrem Recht lässt – dem Schriftsteller von seiner Kunstfreiheit, Mutter und Tochter von ihrer Ehre: die zwei gekochten Eier im Glas, den bestmöglichen Kompromiss. Wie kann der aussehen?

Die Kunst speist sich aus den Erlebnissen des Künstlers, aus der Welt um ihn herum. Aus dieser Welt muss er schöpfen können, sonst ist Kunst nicht möglich. Menschen müssen daher grundsätzlich damit leben, dass ein Schriftsteller sie als Vorlage für einen Roman verwendet.

Kunst bildet aber nicht die Welt eins zu eins ab, sondern verarbeitet sie. Der Schriftsteller vermischt Wahres mit Erfundenem. Deshalb können wir den Roman interpretieren; der Roman sagt dem Publikum gerade nicht: Das ist so passiert. Andere Menschen müssen deshalb auch damit leben, dass ihnen die Romanfigur, für die sie Pate gestanden haben, nicht gefällt, dass sie negativ gezeichnet ist, zum Beispiel als herrschsüchtige Alkoholikerin. Das verlangt die Kunstfreiheit von der Ehre.

Welche Abstriche muss die Kunst *für* die Ehre machen? Hätte Maxim Biller eine Biographie geschrieben, dürfte er darin keine Sexpraktiken seiner Ex-Freundin schildern. Niemand muss hinnehmen, dass Details aus seinem Intimleben ausgeplappert werden. Der Roman behauptet nicht, dass alles wahr ist – aber je deutlicher die Ähnlichkeiten mit einer echten Person sind, desto wahrscheinlicher *scheint* es, dass auch intime Details stimmen. Desto eher wirkt der Roman *wie* eine Biographie.

Die ehemalige Geliebte braucht aber nicht durch den Supermarkt zu laufen und zu spüren, wie jeder um sie herum sich fragt: »Ist die wirklich so im Bett?« Je intimer die Details werden, je stärker die Romanfigur durch den Dreck gezogen wird, desto weniger darf der Schriftsteller daher offenlassen, ob die Details wahr sind. Er muss deutlich machen, dass das erfunden ist, zum Beispiel indem er stark überzeichnet oder verfremdet. Das verlangt die Ehre von der Kunst.

Bei der Mutter setzt sich also die Kunstfreiheit durch – die Mutter muss damit leben, dass es (nur) eine unsympathische Romanfigur gibt, die starke Ähnlichkeiten mit ihr hat. Sie kann den Roman nicht verbieten lassen, entscheidet das Bundesverfassungsgericht. Die Ehre der Tochter hingegen setzt der Kunst Grenzen, denn bei ihr geht es um sehr intime Dinge. Die Tochter gewinnt gegen den Buchverlag; er darf den Roman mit den intimen Details über sie nicht mehr verbreiten.

Was bedeutet das für Oz? Was ist bei seinen Graffiti der bestmögliche Kompromiss zwischen Eigentum und Kunst?

Auch Oz »verarbeitet« seine Umwelt – im wahrsten Sinne des Wortes. Er gestaltet sie um. Seine Kunst ist Straßenkunst, sie funktioniert nur im öffentlichen Raum. Nur dort können seine Werke die Aussage haben, die sie haben. Oz kann man nicht ins Atelier verbannen, er ist nicht van Gogh. Verbietet man ihm die Straße, verbietet man ihm seine Kunst. Es muss ihm also möglich sein, für seine Kunst fremdes Eigentum zu nutzen. Dieses Zugeständnis muss das Eigentum an die Kunst machen.

Und umgekehrt? Ein Künstler kann sich nicht nach Belieben an fremdem Eigentum bedienen. Sonst könnte kein Künstler bestraft werden, der Farbe für seine Bilder stiehlt. Nehme ich anderen eine Sache weg, lässt das von der Freiheit des Eigentümers nichts mehr übrig. Nicht viel anders ist es, wenn ich eine Sache beschädige oder dauerhaft verändere. Kunst an fremdem Eigentum darf daher keine dauerhaften Spuren hinterlassen. Das ist das Zugeständnis der Kunst an das Eigentum.

Oz kann also mit Kreide malen oder mit anderen Farben, die sich leicht wieder lösen. Dann hat jede Seite etwas nachgegeben, damit Eigentum und Kunst nebeneinander bestehen können wie die beiden Eier im Glas. Das ist der bestmögliche Kompromiss.

Das will Oz aber nicht. Er sprüht mit Farbe, die bleibt. Die Richterin in Hamburg-Barmbek verurteilt ihn daher wegen Sachbeschädigung zu 14 Monaten Gefängnis. Er wehrt sich, ein anderes Gericht wandelt die Strafe in eine Geldstrafe um: 1500 Euro muss er zahlen. Das Urteil »Sachbeschädigung« bleibt.

Am 26. September 2014 macht sich in Hamburg ein Mann an den Gleisen zu schaffen, nicht weit vom Hauptbahnhof. Es ist halb elf am Abend. Dunkelheit und Heimlichkeit umgeben die Szene. So vertieft ist der Mann, dass er nicht hört, wie eine S-Bahn kommt. Die Bahn erfasst ihn; er stirbt im Gleisbett. Neben der Leiche liegt ein Rucksack, nicht weit davon eine Spraydose. Auf einer Stromschiene zwei frisch gesprühte Buchstaben: »OZ«.

Das Dunkle, Heimliche, Verbotene – es umwehte nicht nur seinen Tod. Es war auch die Voraussetzung für seine Kunst. Was Oz sagen wollte, konnte er nur sagen, weil das, was er tat, verboten war. Hätte ein Gericht seine Kunst erlaubt, hätte es sie damit zugleich zerstört. Wie kein anderer hat uns Oz vorgeführt, wie die Kunst ständig Grenzen überwinden will. Und warum die Kunst*freiheit* trotzdem Grenzen haben muss.

Nicht jeder hat das Glück, als Künstler zu arbeiten. Wie darf ich meine Persönlichkeit in anderen Berufen einbringen? Darum geht es im nächsten Kapitel.

Freude an der Arbeit
Muss ich gegen mein Gewissen handeln?

Dr. Reiser ist Arzt geworden, um Menschen zu helfen. Doch ein interner Vermerk hat seine Welt aus den Angeln gehoben.

34 Jahre ist er alt, kurze Haare, Oberlippenbart. Sein Blick ist freundlich-zurückhaltend. Nicht im Krankenhaus, im Labor will er Leiden lindern. Deshalb arbeitet er bei einem Pharmakonzern in dessen deutscher Niederlassung in Neuss. Knapp 10 000 Mark verdient er dort monatlich, das ist gutes Geld im Jahr 1987.

Dafür trägt Dr. Reiser große Verantwortung. Er leitet die Abteilung Human-Pharmakologie mit 16 Mitarbeitern, »Phase 1« genannt. Sie gehört zur Forschungsabteilung. In »Phase 1« erprobt der Konzern neue Medikamente erstmals am Menschen.

In England entdecken seine Kollegen aus dem Konzern eine Substanz, der sie den Namen »BRL 43694« geben. »BRL 43694« ist ein sogenannter »5-HT-Rezeptor-Antagonist«. Erste Versuche deuten darauf hin, dass er Brechreiz unterdrückt.

Übelkeit und Erbrechen quälen Krebspatienten, die sich einer Chemotherapie unterziehen, vor allem bei Lungenkrebs und Brustkrebs. Ihr Körper wehrt sich gegen die Medikamente, die er als Gift abstoßen will. Das Erbrechen gilt als »unstillbar«. Viele bekommen Panik, wenn sie an die nächste Behandlung denken. Sie wünschen sich lieber den Tod, als auf diese Art weiterzuleben.

Sie brechen die Therapie ab – der Krebs schreitet voran. Ein Medikament, das den Brechreiz blockiert, wäre ein Durchbruch für Krebskranke.

»BRL 43694« soll weiter erforscht werden: in »Phase 1« in Neuss, in Dr. Reisers Abteilung. In einem internen Protokoll dazu stolpert Dr. Reiser über eine Aussage: Ein »riesiger Markt« für eine Substanz, die den Brechreiz unterdrückt, liege im – »militärischen Bereich«.

Das hat mit der Strahlenkrankheit zu tun. Sie tritt auf, wenn ein Mensch zu viel ionisierende Strahlung abbekommt. Die Strahlenkrankheit ist selten. Unfälle in Atomkraftwerken können sie auslösen – oder ein Atomkrieg. Sie umfasst ein Bündel an Symptomen, allen voran unsägliche Übelkeit und unstillbares Erbrechen. In einem Entscheidungspapier schreibt der Pharmakonzern: »Falls sich die Strahlenkrankheit, hervorgerufen entweder bei der Strahlenbehandlung des Krebses oder als mögliche Folge eines Nuklearkrieges, durch einen 5-HT-Rezeptor-Antagonisten als behandelbar oder verhütbar erweisen sollte, würde das Marktpotenzial für solch eine Substanz signifikant erhöht werden.«

Einige Tage denkt Dr. Reiser über das nach, was er gelesen hat. Dann teilt er seinem Vorgesetzten eine Entscheidung mit: Er will nicht für den Krieg arbeiten. Er will »BRL 43694« nicht betreuen. Das kann er mit seinem Gewissen nicht vereinbaren.

Die Freiheit des Gewissens ist »unverletzlich« – so steht es in Artikel 4 Absatz 1 des Grundgesetzes. Es schützt das Gewissen genauso wie die Religion. Doch muss sich der Pharmakonzern um das Grundgesetz kümmern? Die Grundrechte gelten gegenüber dem Staat, sie schützen uns in erster Linie vor der staatlichen Gewalt – nicht vor privaten Unternehmen. Aber der Staat muss die Grundrechte beachten, wenn er Gesetze macht und Urteile spricht. Diese Gesetze und Urteile wirken zwischen Dr. Reiser und seinem Arbeitgeber. So gelten die Grundrechte indirekt im Wirtschaftsleben – und Dr. Reiser kann sich auch gegenüber seinem Chef auf die Gewissensfreiheit berufen.

Aber was kann das Gewissen von einem Menschen fordern? Um diese Frage geht es in dem Gespräch, das Dr. Reiser mit seinem Vorgesetzten führt. Vielleicht läuft es ungefähr so ab:

Dr. Reiser: Bricht ein Atomkrieg aus, setzt die Strahlenkrankheit die Soldaten sofort außer Gefecht. Unsere Substanz würde die Symptome unterdrücken. Die Soldaten könnten weiterkämpfen; wir würden sie in Kampfroboter verwandeln. Dadurch machen wir einen Atomkrieg realistischer.

Vorgesetzter: Ich kann Ihnen nicht folgen. Wir forschen für Krebskranke und Migränepatienten. Wir können nichts daran ändern, dass sich die Substanz *auch* in einem Atomkrieg einsetzen ließe. *Alles* lässt sich mit bösem Willen zum Schaden der Menschen einsetzen – selbst mit einer Flasche Wasser können Sie jemanden erschlagen. Mit dieser Einstellung müsste jeder seine Arbeit verweigern, egal wo.

Dr. Reiser: Eben! Würden sich die Menschen mehr Gedanken über ihre Arbeit machen, gäbe es keinen Krieg. Ich bin Pazifist. Ich tue nichts, was einen Krieg wahrscheinlicher macht, und sei es auch nur ein bisschen.

Vorgesetzter: Fragen Sie mal eine Krebspatientin, was sie von Ihrer Einstellung hält! Würden alle denken wie Sie, müssten sich Millionen Kranke auch in Zukunft un-

nötig quälen. Viele würden weiterhin aus Verzweiflung früher sterben. Und das nennen Sie Gewissen?
 Dr. Reiser: Garantieren Sie mir, dass die Substanz niemals militärisch eingesetzt wird.
 Vorgesetzter: Wie soll ich das garantieren? Entweder Sie machen Ihren Job, oder wir müssen Ihnen kündigen.

Das Gespräch zeigt: In Dr. Reisers Argumentation lassen sich Schwachpunkte finden, sowohl in logischer Hinsicht als auch in moralischer. Wie einleuchtend muss eine Gewissensentscheidung also sein? Wie moralisch gerechtfertigt? Darf man jemandem sagen: »Dein Gewissen irrt sich«?

Dr. Reiser versetzt den Konzern in Aufruhr. Aus der englischen Muttergesellschaft reisen hochrangige Manager an, um ihn umzustimmen. Wieder und wieder erörtern sie die Sache. Dr. Reiser bleibt bei seiner Entscheidung. Er bekommt die Kündigung – und klagt dagegen.
 Zwei Gerichte finden: Die Gewissensfreiheit kann kein Blankoscheck sein für jeden, der seine Arbeit nicht machen will. Wir müssen eine Gewissensentscheidung an objektiven Maßstäben prüfen, sonst ufert die Sache aus. Sie gehören zu denen, die einen *objektiven Gewissensbegriff* vertreten. Dr. Reisers Argumente überzeugen sie nicht; sie geben dem Pharmakonzern recht.
 Aber welche Kriterien sollen wir anlegen, um das Gewissen objektiv zu überprüfen? Das können die beiden Gerichte nicht sagen – und das ist das Problem. Bei der Kunstfreiheit haben wir gesehen: Die Kunst kann nicht frei sein, wenn wir zwischen »guter« und »schlechter« Kunst unterscheiden und nur die »gute« schützen. Meinungsfreiheit kann es nicht geben, wenn wir zwischen

»richtiger« und »falscher« Meinung unterscheiden und nur die »richtige« schützen. So ist es auch beim Gewissen. Frei ist es nur, wenn jeder sein eigenes haben darf und es vor niemandem zu rechtfertigen braucht. Nach diesem *subjektiven Gewissensbegriff* ist eine Gewissensentscheidung inhaltlich nicht überprüfbar.

Bedeutet das tatsächlich, dass jeder nach Belieben seine Arbeit verweigern darf?

Diese Frage stellt sich in Dr. Reisers Fall nicht zum ersten Mal. Lange hatte die Gewissensentscheidung einen speziellen Anwendungsbereich: die Kriegsdienstverweigerung. Niemand, sagt das Grundgesetz ausdrücklich, darf gegen sein Gewissen zum Kriegsdienst mit der Waffe gezwungen werden. Bis 2011 mussten die tauglichen Männer ab dem 18. Lebensjahr Wehrdienst leisten – wenn sie nicht als Kriegsdienstverweigerer anerkannt waren. Anfang der 1980er Jahre muss ein anderer junger Mann, ein Student der Psychologie, wie Dr. Reiser erfahren, dass es nicht einfach ist, ein Gewissen zu haben. Auch er sieht seine Lebensaufgabe darin, Menschen zu helfen, will Psychotherapeut werden. Früh hat er erfahren, was Gewalt und Leid bedeuten: Seine autoritären Eltern haben ihn geschlagen, seine Mitschüler ihn verprügelt.

Lange hat er darüber nachgedacht, wie sich Leid verhindern lässt. Dabei ist er auf die Lehren des Buddhismus gestoßen, nach denen er leben möchte. Der Buddhismus geht davon aus, dass alle Lebewesen so lange wiedergeboren werden, bis sie durch gute Taten aus dem Kreislauf der Wiedergeburt ausbrechen. Zu diesen guten Taten gehört, kein Lebewesen zu töten, nicht einmal eine Blattlaus. Der Student will andere Lebewesen behandeln,

Freude an der Arbeit

wie er selbst behandelt werden möchte. Er lebt streng vegetarisch. Jemals in einem Krieg Menschen zu töten ist für ihn unvorstellbar.

Doch die Behörde lehnt seinen Antrag als Kriegsdienstverweigerer ab: Mit einer Gewissensentscheidung hat das nichts zu tun, sagt sie. Sein Fall geht bis vors Bundesverwaltungsgericht.

Was macht eine Gewissensentscheidung aus, wenn es »richtig« oder »falsch« nicht gibt? Darüber hat man in vielen Disziplinen gegrübelt: in der Philosophie, Theologie, Psychologie, Soziologie. Jede betont unterschiedliche Aspekte des Gewissens. Aus der Diskussion lassen sich drei Stufen herausarbeiten, über die ein Mensch gehen muss, um ein Gewissen im Sinne von Artikel 4 zu entwickeln: das Denken, das Fühlen und die Unterwerfung.

Erste Stufe, das Denken: Ich sammle über eine Frage Informationen und wäge sie ab. Die meisten unserer Einstellungen sind unbewusst. Aus dem Bauch heraus haben wir eine Zuneigung oder Abneigung gegenüber Menschen, Themen, Gegenständen, Handlungen. Das Gewissen aber ist etwas Bewusstes, es ist »gewiss«. Es setzt voraus, dass ich Regeln durch Nachdenken erkannt habe. Diese Regeln müssen sich an ethisch-sittlichen Kategorien orientieren, das heißt: an Kategorien von »gut« und »böse«. Einem Gewissen liegt eine Wertentscheidung zugrunde.

Diese Stufe hat unser Kriegsdienstverweigerer erklommen. Über Jahre hat er darüber nachgedacht, wie sich Leid verhindern lässt, und ist zu der Erkenntnis gekommen: Töten ist »böse«, nicht töten ist »gut«.

Zweite Stufe, das Fühlen: Es »übersetzt« meine Erkenntnis in Emotionen. Wenn ich gegen die Erkenntnis verstoße, stellt mein Kopf nicht sachlich fest: »Soeben hast du gegen deine Erkenntnis von ›gut‹ und ›böse‹ gehandelt.« Die zweite Stufe raubt mir den Schlaf. Sie bereitet mir seelische Schmerzen.

Dritte Stufe, die Unterwerfung: Ich nehme das, was ich erkannt habe, in meine Persönlichkeit auf. Ich mache die ethischen Pflichten zu einem Teil von mir. Sie werden zur Stimme, die mich mahnt – und die ich höre, wenn ich nachts wach liege, weil ich gegen meine Überzeugung verstoßen habe. Das Gewissen wird zum Zensor.

Das klingt dramatisch – und es *ist* dramatisch. Die beiden letzten Stufen unterscheiden das Gewissen von einer einfachen Überzeugung. Fast alle sind zum Beispiel überzeugt davon, dass man keine Lebensmittel verschwenden sollte. Wenn sie in ihrer Küche das verschimmelte Brot entsorgen, weil sie zu viel gekauft haben, finden sie das nicht »gut« – aber nur wenigen raubt es den Schlaf. Das ist der Unterschied zwischen einer Überzeugung und einem Gewissen. Es ist der Unterschied zwischen »man sollte« und »ich muss«. Nur wer alle drei Stufen gegangen ist, Denken, Fühlen und Unterwerfung, hat das Gewissen, von dem das Grundgesetz in Artikel 4 spricht. Dieses Gewissen ist ein reales seelisches Phänomen. Es macht eine Entscheidung für mich bindend und innerlich verpflichtend: Ich kann nicht ohne ernste Not dagegen handeln.

Berufe ich mich auf mein Gewissen, muss ich nicht nachweisen, dass meine Gewissensentscheidung »richtig« ist. Ich muss aber plausibel machen, dass es mich in existenzielle Not stürzen würde, gegen diese Entscheidung zu handeln. *Das* kann ich nicht nur behaupten. Das ist die Hürde, die verhindert, dass jeder nach Belieben seine Arbeit verweigert.

Wie kann ich zeigen, dass ich unter Gewissensnot leide? Schauen wir uns zu dieser Frage den Fall einer Biologiestudentin an. Sie lehnt Versuche mit Tieren ab, seien sie tot oder lebendig. Zum Studium der Biologie gehören aber zoologische Praktika. Dabei hat man mindestens mit Tierpräparaten zu tun. Das Studium bringt, wie man das dort nüchtern nennt, einen »Tierverbrauch« mit sich. Die Studentin fordert von der Universität: Ich möchte ohne Tierverbrauch studieren und die Prüfungen ablegen. Die Universität weigert sich, die Studentin klagt.

Die Richter fragen die Studentin: Wie könnte ein solches Studium aussehen? Da stellt sich heraus: Mit dieser Frage hat sie sich bisher nicht ernsthaft beschäftigt. Sie hat nicht mit ihren Professorinnen über Alternativen diskutiert. Sie hat nicht gründlich recherchiert, an welchen Universitäten es solche Ansätze gibt, wie die aussehen und welchen Erfolg sie haben. Sie hat nicht die Möglichkeit geprüft, an eine andere Universität zu wechseln. So sehr scheint sie ihr »Gewissen« nicht umzutreiben. Das Gericht befreit sie daher nicht von Übungen mit Tierpräparaten.

Der Fall zeigt, was ich tun *kann,* um eine Gewissensnot zu belegen – all das, was die Studentin nicht getan hat. Zum Beispiel, sich mit den Konsequenzen der eigenen Entscheidung auseinandersetzen: Was tue ich, wenn es hart auf hart kommt? Welche Folgen hat das für mich und andere? Alternativen suchen: Wie kann ich meine Gewissensentscheidung in den realen Alltag, in die reale Welt integrieren? Und schließlich: Bereit sein, für mein Gewissen Nachteile in Kauf zu nehmen.

Auch unser Kriegsdienstverweigerer soll vor Gericht Fragen beantworten wie: Was würden Sie tun, wenn Sie sähen, dass jemand mit einer Waffe angegriffen wird? Den Angreifer notfalls töten, um ein anderes, unschuldiges Leben zu retten? Er muss zugeben, dass er sich hierüber keine näheren Gedanken gemacht hat. Er hat sich nicht mit den Konsequenzen seiner Entscheidung beschäftigt, sich nicht gefragt: Was bedeutet es, wenn ein Land angegriffen wird und keiner wehrt den Angriff ab? Welchen inneren Konflikt würde ich verspüren, unschuldige Menschen dadurch sterben zu lassen, dass ich untätig bleibe? Dieser Konflikt lässt niemanden kalt, für den »Du sollst nicht töten« nicht nur eine Überzeugung ist, sondern eine Gewissensentscheidung. Der junge Mann muss daher zum Militär.

Damit zurück zu Dr. Reiser. Zwei Jahre nach seiner Kündigung ist er mit seinem Fall vor dem Bundesarbeitsgericht angekommen. Das folgt dem subjektiven Gewissensbegriff, zweifelt seine Entscheidung inhaltlich also nicht an. Auch eine Gewissensnot hat Dr. Reiser plausibel gemacht: Er hat sich rechtzeitig bei seinem Vorgesetzten gemeldet und die Möglichkeiten erkundet, in ein anderes Projekt zu wechseln. Er hat unzählige Gespräche geführt, mit Kolleginnen, Vorgesetzten, mit Forschern, die an der Substanz arbeiten. Wieder und wieder hat er die Konsequenzen gewälzt. Er hat sich bemüht, eine Lösung zu finden, mit der er das Medikament erforschen kann, ohne dass es militärisch genutzt wird. Als ihm die Kündigung drohte, blieb er bei seiner Entscheidung. Er war bereit, Nachteile in Kauf zu nehmen. Dr. Reiser hat eine echte Gewissensentscheidung getroffen.

Was bedeutet das für das Pharmaunternehmen und die

Kündigung? Wie die Glaubensfreiheit ist die Gewissensfreiheit »unverletzlich«. Das klingt so, als müsste der Rest der Welt alles so einrichten, dass nichts mit Dr. Reisers Gewissen in Konflikt kommt.

Doch das Grundgesetz schützt nicht nur das Gewissen, sondern zum Beispiel auch die unternehmerische Freiheit des Konzerns. Keins von beidem ist von vornherein wichtiger als das andere. Beides setzt sich gegenseitig die *verfassungsimmanenten Grenzen,* die wir von der Glaubensfreiheit kennen. Wie bei der Glaubensfreiheit müssen wir einen Ausgleich finden, bei dem sich beides so gut wie möglich entfalten kann: die Freiheit des Unternehmens und das Gewissen seiner Mitarbeiter. Den bestmöglichen Kompromiss. Die gekochten Eier, die sich gegenseitig im Glas Platz machen.

Für diesen Kompromiss können wir zwei Grundsätze entwickeln: Nehmen wir an, jemand tritt eine Stelle in einer Metzgerei an. Da fällt ihm ein, dass er aus Gewissensgründen Tiere weder töten noch zerlegen noch verkaufen kann. Muss die Metzgerei seine Gewissensentscheidung ausbaden, sich notfalls in eine Bäckerei umwandeln? Sicher nicht. Konnte ich damit rechnen, dass bei meiner Arbeit ein Gewissenskonflikt auftaucht, darf ich nicht erwarten, dass mein Arbeitgeber sich nach mir richtet.

Stellen wir uns nun vor, eine Bäckerei, in der ich arbeite, wandelt sich tatsächlich in eine Metzgerei um. Ich kann aus Gewissensgründen keine Tiere töten – diese Gewissensnot kommt für mich in diesem Fall überraschend. Es gibt aber in dem Laden keine Tätigkeit, die nichts mit toten Tieren zu tun hat. Muss mein Arbeitgeber mich auf Dauer durchfüttern, ohne dass er mich einsetzen kann? Auch das kann nicht sein. Nur wenn es in dem Unternehmen eine Aufgabe für mich gibt, bei der sich mein Gewissen nicht ständig meldet, kann ich verlangen, dort weiter zu arbeiten. Ist das nicht möglich, darf das Unternehmen mir kündigen.

In Dr. Reisers Fall sieht es so aus: »BRL 43694« wurde in dem Unternehmen erst entdeckt, nachdem er seinen Arbeitsvertrag unterschrieben hatte. Er brauchte mit diesem Konflikt nicht zu rechnen. Da der Pharmakonzern groß ist, dürfte es eine Tätigkeit geben, die nichts mit »BRL 43694« zu tun hat. Eine solche Tätigkeit muss der Konzern für Dr. Reiser finden. Nur wenn das nicht geht, darf er ihm kündigen.

Dass sich Dr. Reiser dann eine neue Stelle suchen muss, ist der Preis, den er für seine Gewissensentscheidung zahlt. Die Gewissensfreiheit bedeutet nicht, dass ich mein Gewissen unbehelligt von jeglichen Nachteilen ausleben darf. Indem ich diese Nachteile in Kauf nehme, zeige ich gerade, dass es für mich eine Gewissensentscheidung *ist*.

Das Gewissen entspringt einer Gewissheit. Manchmal quälen uns aber die Ungewissheiten des Lebens. Dagegen kämpfen die Menschen im nächsten Kapitel.

»Ich liebe meine Familie«

Entsorgter Erzeuger
Wie entsteht Verwandtschaft?

Im April 2004 öffnet Marcus einen Brief und entnimmt ihm Fotos eines neugeborenen Jungen. Der Absender ist ein Rechtsanwalt.

Das Kind auf den Fotos ist sein Kind, da ist Marcus sicher. Er erinnert sich an den 11. Juni 2003, den Mittwoch nach dem Pfingstwochenende. An diesem Tag haben sie sich für ein gemeinsames Kind entschieden, für eine gemeinsame Zukunft. Am Abend schliefen sie miteinander. Er ging mit ihr zum Arzt; sie stellte ihn als ihren Partner vor, als Vater des Kindes in ihrem Bauch.

Die Frau, mit der Marcus schlief, sieht es anders: Ich hatte einen Seitensprung mit dir, sagt sie, mag sein. Mehr nicht. Mein Mann hat mir verziehen. Alles Weitere klärt unser Anwalt mit dir.

Dass sie verheiratet ist, hat sie ihm gesagt, damals. Ihr Mann lebte in England, der Arbeit wegen. Sie wohnte in Deutschland. Hin und wieder besuchten sich die Eheleute. Daneben traf sie Marcus, eine Affäre, über ein Jahr lang. Im Juli 2003 war sie schwanger. Zwei Monate später zog sie nach England zu ihrem Mann.

Dort hat sie im März 2004 das Kind bekommen, Marcus hat davon durch Nachforschungen erfahren. Er will die Wahrheit wissen. Wenn es *sein* Kind ist, will er ihm Geschenke schicken, zu Weihnachten, zum Geburtstag. Erfahren, wie es dem Kind geht, das Kind sehen. Aber die Mutter und ihr Mann lehnen jeden Kontakt ab. Sie leben als funktionierende Familie in einer konservativen Stadt. Wer das Kind gezeugt hat, wollen sie nicht klären.

Wer sind die Eltern eines Kindes?
Die Mutter eines Kindes ist die Frau, die es geboren hat. Hier fallen Natur und Gesetz zusammen, denn die Geburt ist ein auffälliger Vorgang.
Wer das Kind gezeugt hat, ist weniger offensichtlich. Wir können es heute mit einem Abstammungsgutachten klären, das die DNA vergleicht. Theoretisch ließe es sich bei jeder Geburt einholen, bevor man einen Vater in die Geburtsurkunde einträgt. Dafür müsste die Mutter offenlegen, mit wem sie geschlafen hat; in Frage kommende Männer müssten einen Vaterschaftstest machen. Das wäre aufwendig und indiskret.
Das Recht arbeitet deshalb mit einer Annahme: Es bestimmt den Mann zum Vater des Kindes, der bei der Geburt mit der Mutter verheiratet ist. Ist die Mutter nicht verheiratet, kann ein Mann die Vaterschaft anerkennen, wenn die Mutter zustimmt. Ob der rechtliche Vater der biologische ist – das prüft niemand, weder in dem einen Fall noch in dem anderen. Die Rechtsordnung nimmt in Kauf, dass zwei Familien auseinanderfallen: die rechtliche und die biologische. Wirklichkeit und Wahrheit.

Weil die Frau, mit der Marcus schlief, verheiratet ist, hat der Junge einen rechtlichen Vater: den Ehemann seiner Mutter. Für Marcus ist kein Platz.

Doch was ist wichtiger: Wahrheit oder Wirklichkeit? Wirklichkeit, das heißt: die rechtliche Familie in England, die geregelten Verhältnisse, das funktionierende Glück, das, was ist. Wahrheit heißt: die leibliche Familie, das ersehnte Glück, das, was sein *könnte*.

Im April 2004 gibt das Gesetz darauf eine klare Antwort: Es schützt die Wirklichkeit. Die rechtliche Familie aus Mutter, Kind und dem Mann, der mit der Mutter verheiratet ist. Ob der rechtliche Vater der biologische ist, prüft ein Gericht erst mit einem Abstammungsgutachten, wenn jemand die Vaterschaft anficht. Aber das können nur: der rechtliche Vater, also hier der Ehemann, die Mutter und das Kind. Verlangt von diesen dreien niemand einen Vaterschaftstest, funktioniert die Familie offenbar.

Wenn die Familie funktioniert, ist dem Recht egal, ob der Vater der »richtige« ist. Das Kind soll ihn nicht verlieren. Die Mutter soll ihr Familienleben behalten, nicht mit dem Kind alleingelassen werden. Taucht ein anderer Mann auf, der behauptet, *er* sei der wahre Vater, lässt das Recht ihn abblitzen: Er hat keine Möglichkeit, seinen Verdacht zu prüfen. Er kann nicht verlangen, das Kind zu sehen. Er ist mit seiner Gewissheit oder Ungewissheit für immer allein. So ist es geregelt, als Marcus den Brief öffnet.

Schon vor Marcus will das ein Medizinstudent aus Leverkusen nicht hinnehmen. Es geht um ein Kind, das ihm wie aus dem Gesicht geschnitten ist: Der Mann ist arabischer Herkunft, das Kind hat seine dunklen Augen und Haare, seine Hautfarbe, seine Gesichtszüge. Er war bei der Geburt dabei, hat dem Kind die Nabelschnur durchtrennt. Gemeinsam mit der Mutter hat er das Kinderzimmer eingerichtet, den arabischen Namen ausgesucht. Nach der Geburt hat er bei Mutter und Kind gewohnt, sich um das Kind gekümmert.

So stellt er es dar. Die Mutter erinnert sich daran nicht.

Sie ist nicht verheiratet. Ihr neuer Freund erkennt die Vaterschaft an; die Mutter stimmt zu. Damit ist der neue Freund der rechtliche Vater des Kindes. Er zahlt für das Kind, aber lebt nicht mit Kind und Mutter in einer Wohnung.

In diese Wohnung möchte der Student als Vater des Kindes einziehen, doch er verliert vor Gericht. Wer ein Kind zeugt, ohne mit der Frau verheiratet zu sein, handelt »auf eigene Gefahr«, schreiben ihm Richter in Köln ins Urteil. Der rechtliche Vater setzt sich gegen den biologischen durch, immer und automatisch.

Der Student kämpft. Während Marcus im Sommer 2003 seine Affäre pflegt, erreicht der Student das Bundesverfassungsgericht. Das schaut Artikel 6 Absatz 2 des Grundgesetzes an: »Pflege und Erziehung der Kinder sind das natürliche Recht der Eltern.« Welche »Eltern« meint das Grundgesetz? Das sagt es nicht – grundsätzlich können sich der leibliche *und* der rechtliche Vater auf den Artikel berufen.

Das Gericht geht daher einer interessanten Überlegung nach: Warum lassen wir nicht beide als gleichberechtigte Väter nebeneinander zu? Wäre es so schlimm, wenn ein Kind offiziell zwei Väter und eine Mutter hätte? Es gibt heute »Patchworkfamilien«; das Bild der Eltern hat sich gewandelt.

Doch die Eltern sollen gemeinsam Verantwortung für das Kind tragen, es gemeinsam erziehen, möglichst einvernehmlich. Das ist schon für zwei Elternteile schwer. Müssten sich Mutter und Kind mit zwei oder mehr gleichberechtigten Vätern arrangieren, wäre das Chaos perfekt. An wen soll die Schule einen blauen Brief schicken, wenn es so viele offizielle Eltern gibt? Auf mehr als vier Schultern lässt sich die Kindererziehung nicht verteilen, meint das Gericht. Es ist nur Platz für *einen* offiziellen Vater.

Aber muss den Wettstreit um diesen Platz automatisch der Mann gewinnen, der zufällig in die Rolle des rechtlichen Vaters gerutscht ist? Nur um die geregelten Verhältnisse nicht durcheinanderzubringen? Im Fall des Studenten wohnt dieser Mann noch nicht einmal mit Mutter und Kind zusammen. Er ist ein »Zahlvater«, der sich sonst nicht um das Kind kümmert. Welches Familienleben würde der Student zerstören? In seinem Fall kann es gut für Mutter und Kind sein, wenn ein neuer Vater auftaucht und echte Verantwortung übernimmt. Das Bundesverfassungsgericht entscheidet daher: Ist der rechtliche Vater ein »Zahlvater«, besteht kein Grund, den leiblichen Vater von der Familie fernzuhalten. Der Student muss eine Chance bekommen, ihn vom Platz zu verweisen.

Die Abgeordneten reagieren und schaffen ein Anfechtungsrecht für leibliche Väter. Dazu muss ein Mann eidesstattlich versichern: Ich habe mit der Mutter des Kindes während der Empfängniszeit geschlafen. Dann darf er einen Vaterschaftstest machen, die Wahrheit erfahren. Bestätigt sich sein Verdacht, verdrängt er den bisherigen rechtlichen Vater.

Hat sich die Wahrheit damit gegen die Wirklichkeit durchgesetzt? Noch nicht. Denn die Entscheidung gilt nur für Fälle wie den des Studenten: wenn das Kind mit dem rechtlichen Vater keine funktionierende Familie hat. Nur wo die Wahrheit die Wirklichkeit nicht stören kann, darf sie ans Licht. In allen anderen Fällen bleibt es dabei: Der leibliche Vater oder wer sich dafür hält darf sich nicht in eine Familie einmischen, die ohne ihn funktioniert.

Ende April 2004 tritt das Gesetz in Kraft – wenige Wochen nachdem in England der Junge zur Welt gekommen ist, der auf den Fotos abgebildet ist, die Marcus betrachtet. Marcus hilft das nicht, denn in seinem Fall lebt die Mutter mit Kind und Ehemann zusammen. Hier *gibt* es eine funktionierende Familie. 2012 wird sogar der Europäische Gerichtshof für Menschenrechte entscheiden: In diesem Fall kann der leibliche Vater den rechtlichen nicht verdrängen. Die Wirklichkeit ist stärker als die Wahrheit, und so bleibt es.

Doch verdrängen will Marcus den Ehemann in der konservativen englischen Stadt gar nicht. Er würde sich mit weniger zufriedengeben: das Kind ab und zu sehen, telefonieren, erfahren, wie es ihm geht. Ist es wirklich sein Kind, will er ein Umgangsrecht. Aber das Bundesverfassungsgericht hilft ihm nicht: Hätte er schon vorher eine Bindung zu dem Kind gehabt, meint es, könnte es für das Kind gut sein, ihn weiterhin zu sehen. Doch Marcus kennt das Kind nicht, die Mutter ist ja vor der Geburt weggezogen. Würde er plötzlich auftauchen, könnte das die Familie durcheinanderbringen.

Auch Marcus ist ein Kämpfer. Das Bundesverfassungsgericht kann irren, sagt er sich. Wer meint, dass sein eigenes Land gegen Menschenrechte verstößt, hat in Europa noch die Möglichkeit, den Europäischen Gerichtshof für Menschenrechte um Hilfe zu bitten. Der wacht darüber, dass alle Staaten die Europäische Menschenrechtskonvention einhalten, die sie ratifiziert haben. Deutschland hat das – und die Konvention schützt auch das Privat- und Familienleben. Hierauf beruft sich Marcus vor dem Europäischen Gerichtshof für Menschenrechte. Im September 2011 entscheidet der über seinen Fall, da ist der Junge in England schon sieben.

Der Gerichtshof schaut sich die alte Annahme des Gesetzes an: Vater eines Kindes ist der Mann, der mit der Mutter bei der Geburt verheiratet ist. Diese Vereinfachung hat einmal funktioniert, weil sie meist stimmte. Alles andere war eine absolute Ausnahme. Sie war verpönt. Es war wichtig, die Wirklichkeit vor der Wahrheit zu schützen.

Im Jahr 2011 haben wir jedoch einige gesellschaftliche Veränderungen hinter uns. Es ist mittlerweile nicht ungewöhnlich, dass ein Kind einen rechtlichen Vater zu Hause hat und einen biologischen woanders. Es ist kein Makel mehr – sondern eine Realität, die wir dem Kind zumuten dürfen, meint der Gerichtshof. Für das Kind kann es wichtig sein, neben seinem rechtlichen Vater den leiblichen zu sehen. Zeigt der leibliche Vater ein ernsthaftes Interesse an dem Kind, dürfen wir ihn nicht von der Familie fernhalten.

Dieses Interesse zeigt Marcus. Dass er noch keine Bindung zu dem Jungen aufbauen konnte, ist nicht seine Schuld. Er darf das Kind also sehen, wenn es sein Kind ist. Um das zu klären, darf er einen Vaterschaftstest machen.

Zum ersten Mal darf die Wahrheit neben die Wirklichkeit treten.

Zwischen Wahrheit und Wirklichkeit steht in diesem Kapitel auch ein dritter Mann: Anders als Marcus und der Student bedroht Falko den Familienfrieden nicht von außen, sondern von innen. Seine Geschichte kommt bei einem Arztbesuch in Fahrt.

»Haben Sie Kinder?«, fragt ihn der Arzt.

Falko denkt an seine Tochter. Ganz der Vater, sagen die Leute. Verheiratet war er mit seiner Freundin nicht, als die Tochter 1994 zur Welt kam. Er hat die Vaterschaft anerkannt; die Freundin stimmte zu. Die beiden lebten die ersten drei Jahre zusammen, erzogen die Tochter gemeinsam. Dann trennten sie sich. Falkos Kontakt zur Tochter blieb.

»Ach nein, das brauche ich ja gar nicht zu fragen.« Der Arzt hat mittlerweile durch die Krankenakte geblättert.

Falkos Zeugungsfähigkeit ist auf unter zehn Prozent vermindert, eröffnet ihm der Arzt. Das Mädchen, das er liebt, das er in den ersten Jahren mit erzogen hat, zu dem er Kontakt pflegt und für das er monatlich 316 Euro Unterhalt zahlt – dass er dieses Mädchen gezeugt hat, ist unwahrscheinlich.

Falko erzählt der Mutter des Mädchens von seinem Arztbesuch. Die zuckt mit den Schultern. Sie möchte über das Thema nicht reden. Für sie ist alles gut, wie es ist: Für das Mädchen existiert ein Vater. Für die Mutter existiert ein Vater, der zahlt.

Bekommt ein rechtlicher Vater Zweifel, ob »sein« Kind von ihm ist, gibt ihm das Gesetz schon damals einen Ansatzpunkt. Er kann die Vaterschaft anfechten. Aber damit setzt er alles auf eine Karte: Sind seine Zweifel begründet, scheidet er automatisch aus der Familie aus. Einen unverbindlichen Vaterschaftstest gibt es nicht. Außerdem sind die Hürden für die Anfechtung hoch: Ein komisches Gefühl reicht nicht. Jemand muss gute Gründe nennen, warum er nicht der Vater sein kann. Falkos Attest genügt den Gerichten nicht – solange seine Zeugungsfähigkeit nicht auf null gesunken war, kann er der Vater des Mädchens sein.

Falko beschließt, sich selbst zu helfen. Er hebt einen Kaugummi auf, den das Kind ausgespuckt hat. Zusammen mit einer eigenen Speichelprobe schickt er ihn an ein

Labor. Das Ergebnis ist eindeutig: Dass Falko der leibliche Vater des Mädchens ist, ist zu 100 Prozent ausgeschlossen. Aber das Gericht berücksichtigt den Test nicht. Der eingeschickte Kaugummi, meint es, kann ja von jedem stammen. Außerdem verstößt es gegen die Rechte von Mutter und Kind, dass Falko den Test heimlich durchgeführt hat.

Das Mädchen wird bald 13, als sich 2007 das Bundesverfassungsgericht mit Falkos Fall beschäftigt. Falko beruft sich auf Artikel 2 Absatz 1 des Grundgesetzes: auf sein Recht auf freie Entfaltung der Persönlichkeit.

Um sich selbst zu verstehen, um seinen Platz im Leben zu finden, ist es wichtig, dass man sich in Beziehung zu anderen Menschen setzt – nicht nur sozial, sondern auch genealogisch, das heißt: Von wem stamme ich ab? Wer stammt von mir ab? Das sind existenzielle Fragen; eine Ungewissheit darüber quält jeden Menschen. Mit diesen Qualen will Falko nicht leben. Er will die Wahrheit wissen. Steht in seinem Fall die Wirklichkeit der Wahrheit im Weg?

Schauen wir die Wirklichkeit an: Der Familienfriede ist schon beeinträchtigt, weil der rechtliche Vater Zweifel *hat*. Anders als früher ist es heute nicht mehr für jede Familie so schlimm, wenn herauskommt, dass der Vater das Kind nicht gezeugt hat. Wer ein Kind erzogen hat, fühlt sich mit ihm verbunden und möchte oft sein Vater bleiben. Die Wahrheit muss die Familie nicht zerstören. Sie kann den Familienfrieden sogar retten, weil sie die Zweifel beendet.

Und das Kind? Hat es ein Recht darauf, eine Illusion zu behalten? Je nach Alter mag es für das Kind hart sein, zu erfahren, dass sein Vater nicht sein Vater ist. Aber das ist eine Frage des Zeitpunkts. Es ist kein Grund, den zweifelnden Vater für immer seinen Zweifeln zu überlassen. Wie schon bei Marcus gilt: Die Gesellschaft hat sich so verändert, dass ein Kind mit einer solchen Nachricht leben kann und muss.

Falko hat daher ein Recht auf die Wahrheit – einfach und unverbindlich, nur weil er es wissen will. So entscheidet das Bundesverfassungsgericht. Im April 2008 tritt das neue Gesetz in Kraft: Der rechtliche Vater kann nun einfach so einen Vaterschaftstest verlangen, ohne eine Anfechtung. Er muss nicht alles auf eine Karte setzen. Auch Mutter und Kind können klären lassen, ob sie es mit dem biologischen Vater zu tun haben. Jeder hat ein Recht auf die Wahrheit. Mit dieser Wahrheit muss die Familie leben.

Zum zweiten Mal tritt die Wahrheit neben die Wirklichkeit.

Was ist also stärker, die rechtliche Familie oder die biologische? Die Wirklichkeit oder die Wahrheit? Die Antwort auf diese Frage hat sich in wenigen Jahren radikal verändert: Der rechtliche Vater kann nun unverbindlich prüfen, ob das Kind von ihm ist – und Vater bleiben, egal, wie das Ergebnis ausfällt. Der leibliche Vater kann verlangen, sein Kind zu sehen, neben einem anderen, rechtlichen Vater. Er kann den rechtlichen Vater vom Platz verweisen, wenn der im Leben des Kindes keine Rolle spielt. Rechtliche und biologische Familie, Wirklichkeit und Wahrheit – wo das Recht einmal das eine vor dem anderen schützen wollte, kann heute beides nebeneinander bestehen.

Gibt es also überhaupt noch einen Fall, in dem die Wahrheit der Wirklichkeit weichen muss? Nehmen wir an, Marcus aus unserem ersten Beispiel hätte gar kein Interesse an dem Kind in England: Er will das Kind nicht sehen. Er will nur wissen: Ist das Kind von mir? Der rechtliche Vater, also der Ehemann in England, kann diese Frage für sich klären, einfach so. Aber soll auch jeder außenstehende Mann einen Vaterschaftstest verlangen können, einfach so?

Momentan ist ihm das verwehrt. Denn der rechtliche Vater hat Pflichten, finanzielle und andere. Für ihn ist die Frage, ob das Kind von ihm ist, drängender als für einen außenstehenden Mann. Zudem gibt es immer nur *einen* rechtlichen Vater; von außen kann jeder kommen und behaupten: Dieses Kind habe ich gezeugt. Will jemand nur wissen, ob ein Kind *sein* Kind ist, aber nichts *von* dem Kind wissen – dann ist dieser Grund zu schwach, um das Familienleben zu stören. Hier verläuft auch heute noch eine Grenze: Ab hier muss die Wahrheit im Dunkeln bleiben, um die Wirklichkeit nicht zu stören.

Das Bild der Familie hat sich stark verändert, ständig entstehen neue Formen des Zusammenlebens. Nicht jeder kann sich das vorstellen. Wie geht das Recht damit um? Das fragen wir im nächsten Kapitel.

Ehe für alle
Welche Lebensformen soll der Staat schützen?

Zufrieden schaut Manuela auf den Kronleuchter, den sie im Wohnzimmer aufgehängt hat. Da oben, in 3,80 Meter Höhe, kann das nicht jeder. Manuela ist gut in solchen Dingen; letzte Woche hat sie die Spülmaschine repariert. Mark kann alles besser, was am Schreibtisch zu erledigen ist: Versicherungen, Kontoführung, Behörden auf die Sprünge helfen. Den Haushalt macht keiner von beiden gern – zum Glück gibt es noch Andrea. Sie putzt und kauft ein.

Nachts schmiegen sie sich aneinander, besonders im Winter, wenn es kalt ist. Mark ist schon mal aus dem Bett gefallen. Zwei Meter – das war das breiteste Bett, das sie finden konnten, eine Sondergröße. Aber für drei ist es etwas schmal.

Seit 21 Jahren kennen sich Manuela, Andrea und Mark. Vor acht Jahren sind sie zusammengezogen, teilen Wohnung, Haushalt und Schlafzimmer. Manuela ist jetzt 64, Mark 59. Andrea ist irgendwo dazwischen, ihr genaues Alter verrät sie nicht. Zu dritt werden sie ihren Lebensabend schon meistern, mit gegenseitiger Verantwortung und Unterstützung.

Diese Verantwortung wollen sie nun, im Jahr 2016, in eine offizielle Form bringen: Sie wollen heiraten. Zu dritt.

»Ehe und Familie stehen unter dem besonderen Schutze der staatlichen Ordnung« steht in Artikel 6 Absatz 1 des Grundgesetzes. Darin liegt zum einen eine *Institutsga-*

rantie: Der Staat muss die Ehe als Institution, als Lebensform anbieten. Er kann sie nicht abschaffen, ohne das Grundgesetz zu ändern. Zum anderen sichert Artikel 6 jedem die Freiheit zu, die Ehe mit einem selbst gewählten Partner zu schließen – das ist die *Eheschließungsfreiheit.* Bloß: Was ist eine Ehe? Dazu äußert sich das Grundgesetz nicht. Eine Beschränkung ist ihm nicht zu entnehmen.

Darauf berufen sich Klaus und Martin aus Nürnberg schon 1992. Sie beteiligten sich an der »Aktion Standesamt« am 19. August: Etwa 250 gleichgeschlechtliche Paare bestellen an diesem Tag ein Aufgebot. Die Standesämter lehnen ab, weil die Ehe nur Mann und Frau offenstehe. Davon haben wir im Grundgesetz nichts gelesen, meinen Klaus und Martin und fragen das Bundesverfassungsgericht. Doch das hält für die Ehe durchaus eine Definition bereit: die Vereinigung eines Mannes mit einer Frau zu einer auf Dauer angelegten Lebensgemeinschaft.

Wie kommt es auf diese Definition? Das Grundgesetz erwähnt sie nicht, weil sie selbstverständlich war, als sein Text entstand. Homosexuelle Betätigung war strafbar, zumindest unter Männern. Dass zwei Männer oder zwei Frauen eine Ehe schließen könnten, lag außerhalb der Vorstellungswelt. Für die Väter und Mütter des Grundgesetzes war »Ehe« ein Wort wie »Hund« und »Katze« – ein natürlich vorgefundenes Phänomen, das man nicht zu erklären braucht. Die Ehe sollte einen Schutzraum für gemeinsame Kinder bieten, für eine Familie. Deshalb ist sie selbst geschützt.

Allerdings ist die Interpretation des Grundgesetzes nicht für immer auf dem Stand von 1949 eingefroren. Wandelt sich die Gesellschaft, kann das auch unser Verständnis von Gesetzen ändern. Ehe und Kinder sind schon lange nicht mehr miteinander verbunden, argumentieren Klaus und Martin: Es gibt inzwischen viele Ehen ohne Kinder und viele Kinder ohne Ehe. Das mag sein, meint das Gericht 1993, trotzdem versteht die Gesellschaft unter dem Wort »Ehe« immer noch das, was 1949 damit gemeint war: die Verbindung von Mann und Frau. Nur sie können verlangen zu heiraten – Klaus und Martin nicht.

Knapp zehn Jahre später, am 1. August 2001: Im Alten Rathaus von Hannover drängeln Fotografen. Morgens, kurz nach halb neun, treten Heinz und Reinhard aus dem Standesamt. Sie schreiten unter bunten Luftballons hindurch, Konfetti schießt in den Himmel, landet auf ihren Westen. Die Blumensträuße in ihren Händen sind rot, orange, weiß, rosa – es sind zwei Bräutigamsträuße. In Russland, China, Afrika zeigen Zeitungen ihren Kuss. Heinz und Reinhard sind Deutschlands erstes Männerpaar, das auf dem Standesamt Ringe tauscht. Seit 13 Jahren sind sie zusammen, 48 ist Heinz jetzt, Reinhard 40.

Um Mitternacht ist das Gesetz über die *Eingetragene Lebenspartnerschaft* in Kraft getreten. Der Bundestag hat es im November 2000 mit den Stimmen der damaligen Regierungsfraktionen SPD und Bündnis 90/Die Grünen verabschiedet. Eingehen können die Lebenspartnerschaft nur zwei Personen des gleichen Geschlechts. Wie die Ehe ist sie auf Lebenszeit angelegt, und wie Eheleute tragen die Lebenspartner füreinander Verantwortung: Heinz und Reinhard sind nun verpflichtet, ihr Leben gemeinsam zu gestalten, sie müssen sich gegenseitig Unterhalt leisten. Sie erben einmal voneinander.

Um neun geben sich Gudrun und Angelika in Berlin

das Jawort nach dem neuen Gesetz, als erstes Frauenpaar in Deutschland. In Hamburg machen 24 Männer und sechs Frauen aus ihrer Verpartnerung ein Massenfest, und auch in anderen Städten schiebt das Standesamt Sonderschichten.

In München kommen ebenfalls Menschen in Hochzeitskleidung zum Rathaus – aber sie tragen Schilder: »Alle dürfen, nur wir nicht!« Bayern hat das Standesamt für gleichgeschlechtliche Paare nicht geöffnet. Mit Sachsen und Thüringen klagt es vor dem Bundesverfassungsgericht gegen die Eingetragene Lebenspartnerschaft. Die drei Landesregierungen finden: Es höhlt den besonderen Schutz der Ehe aus, wenn gleichgeschlechtliche Paare Rechte bekommen, die bisher nur Eheleuten zustehen. Immerhin hat das Bundesverfassungsgericht damals entschieden, dass Klaus und Martin in Nürnberg kein Recht auf die Ehe haben. Was sagt es jetzt zu der neuen Form der Partnerschaft?

Da der Bundestag die Ehe nicht abgeschafft hat, hat er nicht gegen die Institutsgarantie verstoßen: Die Ehe zwischen Mann und Frau gibt es weiterhin. Auch die Eheschließungsfreiheit ist nicht eingeschränkt, denn wer vorher heiraten konnte, kann das immer noch.

Mit dem »besonderen Schutz« der Ehe verlangt das Grundgesetz aber darüber hinaus: Der Staat darf die Ehe nicht schädigen, er muss sie fördern. Alles hängt an der Frage: Was genau bedeutet das?

Klar ist, der Staat darf die Dinge nicht so regeln, dass alle fragen: Wie dämlich muss man sein, um zu heiraten? Er darf nicht von Eheleuten höhere Steuern verlangen als von unverheirateten Paaren. Er darf kein attraktiveres »Konkurrenzprodukt« zur Ehe anbieten, zum Beispiel eine Partnerschaft, in der man die gleichen Steuervorteile genießt, sich aber keinen Unterhalt zahlen muss. Umgekehrt darf der Staat Verheiratete besserstellen als Unverheiratete. Er darf ihnen Steuervorteile einräumen. Oder regeln, dass die Krankenkasse eine künstliche Befruchtung nur einem Paar zahlt, das verheiratet ist.

Doch die Eingetragene Lebenspartnerschaft richtet sich an zwei Personen gleichen Geschlechts, die ohnehin keine Ehe eingehen können – schon deshalb kann sie der Ehe nicht den Rang ablaufen. Ohnehin gibt sie den Lebenspartnern nicht mehr Rechte als Eheleuten, sondern weniger.

Aber die drei kritischen Bundesländer beharren auf dem »besonderen« Schutz der Ehe: Sie meinen, »besonders« bleibt die Ehe nur, wenn keine andere Lebensform in ihre Nähe kommt. Muss also ein Abstand bleiben zwischen der Ehe und jeder anderen rechtlichen Form des Zusammenlebens?

Als das Grundgesetz im Parlamentarischen Rat entstand, gab es unterschiedliche Versionen. Mal sollte die Ehe »unter dem Schutz der Verfassung« stehen, mal unter dem »besonderen Schutz«. Die Protokolle von damals zeigen: Es ging gar nicht darum, ob der Schutz der Ehe stärker oder schwächer sein sollte – sondern darum, was besser klingt. An einem wichtigen Text feilt man auch stilistisch. Inhaltlich war man sich einig: Beide Formulierungen sollten das Gleiche bedeuten. Selbst die Menschenwürde, das höchste Gut des Grundgesetzes, ist nur »zu schützen«, nicht »besonders« zu schützen. Sicher sollte die Ehe nicht noch mehr Schutz genießen als die Menschenwürde.

Das Bundesverfassungsgericht meint daher: Die Kritiker der Lebenspartnerschaft legen zu viel Bedeutung in das Wort »besonders«. Der Staat muss die Ehe schützen – deswegen muss er andere rechtliche Lebensformen nicht benachteiligen. Die Eingetragene Lebenspartnerschaft verstößt nicht gegen das Grundgesetz.

Heinz und Reinhard dürfen 2001 also offiziell, was Klaus und Martin 1992 offiziell nicht durften: aufs Standesamt. Beides war mit dem Grundgesetz vereinbar – ohne dass sich Artikel 6 in den neun Jahren dazwischen geändert hätte, ohne dass der Begriff der »Ehe« umdefiniert wurde.
Wie passt das zusammen? Beide Entscheidungen nebeneinander zeigen: Der Staat *musste* keine eigene rechtliche Form für gleichgeschlechtliche Paare schaffen, mit Rechten, die bis dahin nur Eheleute hatten. Er *durfte* es aber. Beides liegt im politischen Spielraum, den das Grundgesetz lässt. Den füllt das gewählte Parlament aus – das Bundesverfassungsgericht kann nur prüfen, ob dieser Spielraum überschritten ist.

Wie diese Aufgabenteilung weitergeht, zeigt das Beispiel von Iris und Claudia: Im Jahr 2004 adoptiert Iris ein Kind aus Bulgarien. Vier Jahre ist es alt und seit seiner Geburt bei ihr aufgewachsen. Im Herbst 2005 geht Iris eine Eingetragene Lebenspartnerschaft mit Claudia ein. Alle drei leben in der gemeinsamen Wohnung in Deutschland, als Mutter, Mutter, Kind. Claudia möchte auch rechtlich die zweite Mutter des Kindes werden – und es neben Iris adoptieren.
Eine solche *Sukzessivadoption* ist aber damals nur in der Ehe zulässig: Adoptiert zuerst die Frau ein Kind, darf ihr Ehemann dieses Kind »nachadoptieren«. Beide Eheleute sind dann die rechtlichen Eltern des Kindes. Vor dem Bundesverfassungsgericht streitet Claudia für ihr Recht, ebenfalls Mutter zu werden.

Darf der Staat Iris und Claudia in dieser Frage anders behandeln als Eheleute? Die beiden berufen sich auf Artikel 3 des Grundgesetzes: Der Staat muss alle Menschen gleich behandeln – es sei denn, es gibt einen sachlichen Grund, sie unterschiedlich zu behandeln.

Manche sagen, dieser sachliche Grund liegt in Folgendem: Ein Kind braucht Vater und Mutter, um sich entwickeln zu können. Dem entgegnen andere: Entscheidend ist nicht, welches Geschlecht die Eltern haben – sondern wie viel Liebe, Fürsorge und Geborgenheit sie ihrem Kind entgegenbringen. Wieder andere sind sogar überzeugt: Gleichgeschlechtliche Eltern sind für das Kind am besten.

Das Bundesverfassungsgericht hört Experten: Psychologen, Ärztinnen, Therapeuten, Jugendhelfer. Auch sie sind sich nicht alle einig, obwohl sich alle auf wissenschaftliche Erkenntnisse stützen. An unterschiedlichen Orten der Welt laufen zu dieser Frage Studien. Doch das Gericht muss hier und jetzt entscheiden. Wie geht es damit um?

Es findet eine Lösung, bei der es auf diese Frage nicht ankommt. Denn der Fall von Iris und Claudia zeigt: Kinder wachsen so oder so auch in Haushalten mit gleichgeschlechtlichen Paaren auf. Niemand kann eine Mutter daran hindern, mit ihrem Kind zu ihrer Freundin zu ziehen – oder einen Vater mit seinem Kind zu seinem Freund. Wer mit wem ein Kind großzieht, hängt nicht davon ab, ob diese Personen einen Trauschein haben, eine Eingetragene Lebenspartnerschaft oder keins von beidem. Schon gar nicht hängt es davon ab, ob der Partner oder die Partnerin das Kind adoptieren kann.

Selbst *wenn* es für Kinder nicht gut wäre, bei zwei Frauen aufzuwachsen: Dann könnte der Staat diese Gefahr also nicht dadurch bannen, dass er Claudia verbietet, das Kind zu adoptieren. Denn sie zieht es ohnehin schon mit groß. Das Verbot wäre ungeeignet. Und ein Verbot, das seinen Zweck nicht erreichen kann, lässt sich nie rechtfertigen – das haben wir schon im ersten Kapitel festgestellt. Damit ist die Diskussion darüber, wer die »besseren Eltern« sind, für den Fall von Iris und Claudia rechtlich nicht relevant.

Aber was ist mit dem »besonderen Schutz« der Ehe? Kann er ein sachlicher Grund sein, Iris und Claudia in ihrem Anliegen anders zu behandeln als Eheleute? Ehe und Eingetragene Lebenspartnerschaft, sagen manche, das ist wie Äpfel und Birnen: zwei grundverschiedene Dinge. Aus Äpfeln kann ich keinen Birnenschnaps machen und aus Birnen keinen Apfelkuchen.

Das stimmt. Aber es gibt Zwecke, für die sich Äpfel und Birnen nicht unterscheiden: Beides ist Kernobst. Beides wächst auf Bäumen in Deutschland, lässt sich im Garten anbauen und überall zu ähnlichen Preisen kaufen. Beides enthält ähnliche Nährstoffe und Vitamine. Beides lässt sich gut in eine Tasche packen und unterwegs essen. Es besteht kein Grund, warum ein Kind einen Apfel mit in die Schule nehmen kann, aber keine Birne. In der Kategorie »Pausenmahlzeit« gibt es zwischen Äpfeln und Birnen keinen relevanten Unterschied.

So betrachtet das Bundesverfassungsgericht Ehe und Eingetragene Lebenspartnerschaft: Beide sind auf Dauer angelegt. Bei beiden verpflichten sich die Partner, gemeinsam zu leben und füreinander zu sorgen. Beide bieten ein festes Umfeld, in dem ein Kind aufwachsen kann. Es gibt keinen Grund, warum ein Kind in einer Ehe leben kann, aber nicht in einer Eingetragenen Lebenspartnerschaft. In der Kategorie »Kinderheimat« gibt es zwischen Ehe und Eingetragener Lebenspartnerschaft keinen relevanten Unterschied. Der wahre Unterschied der Ehe besteht nicht zur Eingetragenen Lebenspartnerschaft – sondern zur losen Paarbeziehung, bei der dieser feste Rahmen fehlt.

Claudia darf daher das Kind nachadoptieren. Das Mädchen hat offiziell zwei Mütter.

Der »besondere Schutz« der Ehe, die Äpfel und die Birnen – das ist also kein Pauschalargument, um andere Lebensformen zu benachteiligen. Wir müssen immer fragen: Geht es um Birnenschnaps und Apfelkuchen? Oder um etwas, bei dem sich der Unterschied nicht auswirkt?

Eine Ungleichbehandlung nach der anderen fällt mit dieser Begründung: beim Familienzuschlag und der Hinterbliebenenversorgung im öffentlichen Dienst, bei der Erbschaftssteuer, bei der Schenkungssteuer. Im Jahr 2013 entscheidet das Bundesverfassungsgericht sogar: Es gibt keinen Grund, die Steuervorteile des »Splittings« Eheleuten zu gewähren, Lebenspartnern aber nicht. Auch auf die gemeinsame Adoption lassen sich die Argumente übertragen.

Parlament und Bundesverfassungsgericht spielen hier miteinander Pingpong: Die Abgeordneten waren frei in der Entscheidung, für gleichgeschlechtliche Paare eine rechtliche Lebensform anzubieten, die ähnliche Pflichten mit sich bringt wie die Ehe. Es stand ihnen frei, neben dem Apfel die Birne in das Sortiment der verfügbaren Obstsorten aufzunehmen. *Weil* sie sich aber dafür entschieden haben, müssen sie den Paaren nun auch die Rechte einräumen, die bei der Ehe mit diesen Pflichten einhergehen. *Wenn* es die Birne gibt, müssen Apfel und

Birne am Obststand gleichberechtigt nebeneinanderliegen. Die Abgeordneten konnten also am Anfang entscheiden, welche Richtung sie nehmen – den eingeschlagenen Weg müssen sie dann aber konsequent zu Ende gehen.

Damit zurück zu Mark, Manuela und Andrea, die zu dritt heiraten wollen. Ihr Fall war nicht vor Gericht. Sie sind das Gedankenexperiment vieler, die dagegen argumentieren, dass die Ehe für gleichgeschlechtliche Paare geöffnet wird – gegen eine »Ehe für alle«. Wenn wir die Ehe für eine Gruppe öffnen, sagen sie, kommen auch andere Menschen, die Verantwortung füreinander übernehmen wollen, und fordern dafür eine rechtliche Form: Geschwister, Freundinnen, Wohngemeinschaften, Kolleginnen, Nachbarn. Denen können wir ihre Forderungen dann nicht mehr verwehren. Es ist das klassische Dammbruchargument.

Diese Einwände werden oft als theoretisch abgetan. Aber je mehr unsere Gesellschaft altert, je einsamer und hilfsbedürftiger wir werden: desto realistischer ist es, dass solche Fragen aufkommen. Dass Menschen neue Formen des Zusammenlebens finden, in denen sie füreinander sorgen. Andrea, Mark und Manuela werden kein Gedankenexperiment bleiben.

Die Frage lautet deshalb nicht: Ist es realistisch, dass solche Forderungen kommen? Sondern: Ist es *problematisch, wenn* sie kommen?

Ist die Forderung der WG also der befürchtete Dammbruch? Dürften die drei heiraten, müssten sie auch Steuervorteile bekommen. Das ist die Lehre aus der Entwicklung bei der Eingetragenen Lebenspartnerschaft. Ob sie verlangen könnten, zu dritt Kinder zu adoptieren, ist aber schon fraglich: Im letzten Kapitel haben wir gesehen, dass es organisatorische Gründe dafür gibt, die offiziellen Ansprechpartner für die Erziehung eines Kindes auf zwei zu beschränken. Hier könnten wir es tatsächlich mit Äpfeln und Birnenschnaps zu tun haben.

Noch wichtiger ist die zweite Lehre: Der Staat ist nicht *verpflichtet,* eine rechtliche Form für alle Menschen anzubieten, die außerhalb der Ehe eine Lebensgemeinschaft eingehen wollen. Er muss weder Manuela, Mark und Andrea noch anderen Gemeinschaften seinen rechtlichen Segen geben. Er *darf* es nur. Er entscheidet selbst, wie weit sich der Damm öffnet – durch das gewählte Parlament unter den Zeichen seiner Zeit.

Bei Mama und Papa, bei zwei Müttern oder in einer Dreier-WG – wo ein Kind wirklich aufwächst, kann der Staat nicht beeinflussen. Erst recht kann er nicht kontrollieren, welche Erziehungsmethoden die Eltern anwenden. Was passiert, wenn Eltern und Schule sich streiten? Im nächsten Kapitel versuchen wir zu schlichten.

Seks in der Schule
Wer bestimmt, welche Wahrheit mein Kind lernt?

Eine Eule fliegt durchs Bild und schaut dem Betrachter treu in die Augen. Im Schnabel trägt sie eine Maus. So sieht Klaras Biologiebuch für die fünfte Klasse von außen aus: *Das Tier, Band 1.*

Klara ist zehn und in Baden-Württemberg aufs Gymnasium gekommen. Sie bringt ihre neuen Schulbücher nach Hause; die Eltern schlagen das mit der Eule auf. Abschnitt 32a trägt die Überschrift: »Fortpflanzung bei Säugetieren«. Bild 32a/2 illustriert, wie das geht: Ein Hengst bespringt eine Stute. Interessiert blättern die Eltern weiter. Abschnitt 8b heißt: »Das Kind«; das Kapitel: »Begattung und Befruchtung«. Die Eltern lesen: »Dabei führt der Mann das versteifte Glied in die Scheide der Frau ein, wobei die Spermien abgegeben werden. Die Übergabe der Spermien nennt man Begattung.«

Die Eltern finden: Klara ist zu jung für so etwas. Das mit dem Hengst und der Stute, mit Mama und Papa, das wollten sie ihr selbst erzählen, später. Sie fordern von der Schule, ihre Tochter freizustellen, wenn über ein »versteiftes Glied« gesprochen wird. Doch Klara muss am Biologieunterricht teilnehmen. Die Eltern gehen vor Gericht, in einem Eilverfahren, bevor es zu spät ist. Die Schule soll sofort aufhören, in der fünften Klasse mit dem Buch *Das Tier* Sexualkundeunterricht zu erteilen.

In der Stuttgarter Innenstadt drängen sich Tausende. Sie halten Transparente hoch: »Aufklärung ab 4. Klasse –

wie krank sind wir?« und »Stoppt die Sexualisierung unserer Kinder«. »Schützt unsere Kinder!«, rufen sie durch ein Megafon.

Eine Gruppe Gegendemonstranten marschiert auf sie zu und stellt sich in den Weg. Polizisten ziehen Sturmmasken übers Gesicht und Schlagstöcke aus dem Halter. »Schützt eure Kinder vor euch selbst!«, brüllen die Gegendemonstranten zurück, durch den Lärm von Trommeln und Trillerpfeifen. Manche schmeißen Tomaten oder Farbbeutel. Hundertschaften der Polizei bilden eine Kette zwischen den Gruppen. Knüppel sausen durch die Luft, Menschen liegen am Boden.

Was sich liest wie *eine* Geschichte, sind zwei Geschichten. Die Szenen spielen im selben Bundesland, aber in verschiedenen Jahrtausenden. Klara hatte im August 1974 ihren ersten Tag im Gymnasium. In Stuttgart fallen die Menschen in den Jahren 2014 und 2015 übereinander her, 40 Jahre später. Da ist Klara schon 50.

Und doch ist es *eine* Geschichte. Als Klaras Eltern *Das Tier* finden, haben deutsche Schulen gerade die Sexualerziehung eingeführt. In den ersten sechs Schuljahren sollen die Kinder »über die biologischen Grundtatsachen der Fortpflanzung des Menschen (Zeugung, Schwangerschaft, Geburt), über die körperlichen und seelischen Veränderungen während der Pubertät sowie über Menstruation und Pollution unterrichtet werden«. Bis zum Ende des zehnten Schuljahrs sollen Themen wie »Homosexualität, Vergewaltigung, Abtreibung, Kuppelei, Verbreitung von Geschlechtskrankheiten, Triebverbrechen« vorkommen. Es folgen »die ethischen, rechtlichen und sozialen Probleme der menschlichen Sexualität unter Einschluss abnormer Formen menschlichen Sexualverhaltens«. Die Sexualerziehung soll nicht nur in Biologie stattfinden, sondern in allen Fächern, die sich dafür eignen.

Als 40 Jahre später die Polizeiknüppel in Stuttgart zum Einsatz kommen, liegt dort ein Arbeitspapier der Landesregierung vor: die Bildungsplanreform. Danach soll auch sexuelle Vielfalt künftig ein Thema in der Schule sein – in allen Fächern, die sich dafür eignen.

In beiden Fällen wehren sich Eltern dagegen, dass die Schule sich in ihre Erziehung einmischt. Klaras Eltern gehen bis zum Bundesverfassungsgericht. Bis dahin haben sie in allen Instanzen verloren.

Artikel 6 Absatz 2 des Grundgesetzes bezeichnet die Erziehung der Kinder als »das natürliche Recht der Eltern und die zuvörderst ihnen obliegende Pflicht«. Der Artikel sagt aber auch: »Über ihre Betätigung wacht die staatliche Gemeinschaft.« Gleich danach, in Artikel 7, heißt es: »Das gesamte Schulwesen steht unter der Aufsicht des Staates.« Wem »gehört« also die sexuelle Erziehung – den Eltern oder dem Staat?

Im Grundgesetz stehen beide gleichberechtigt nebeneinander: das Erziehungsrecht der Eltern und der Erziehungsauftrag des Staates. Die Erziehung ist ihre gemeinsame Aufgabe, beide sollen sich ergänzen: Die Eltern sprechen mit ihren Kindern über das, was sie in der Schule gelernt haben. Die Schule greift Bedürfnisse und Rückmeldungen aus dem Elternhaus auf.

Was aber passiert, wenn Eltern und Staat unterschiedliche Erziehungsziele verfolgen?

Fast genau zwischen den beiden Szenen in Baden-Württemberg beschließen die Kultusminister im Jahr 1995 eine »Neuregelung« der Rechtschreibung in Deutschland. Ein »Fluß« soll künftig ein »Fluss« sein, ein »Tip« ein »Tipp«, ein »Stengel« ein »Stängel«. Auf den Tafeln in den Schulen soll »Schifffahrt« mit drei »f« stehen.

Auch hier fordern Eltern in Eilverfahren: Unser Kind darf diesen Regeln keinen Tag ausgesetzt sein. Nicht nur finden sie die Regeln absurd und lehnen sie ab. Sie finden auch: Die Reform macht es unmöglich, dass Eltern und Schule sich ergänzen. Die Eltern können ihre Kinder nicht mehr bei den Hausaufgaben betreuen, keine Fragen beantworten. Sie können ihnen keine Bücher aus dem heimischen Bücherschrank mehr ans Herz legen.

Nimmt man die Gleichberechtigung von Staat und Eltern bei der Erziehung ernst, lautet die pragmatische Lösung: Dann lernen die Kinder die neue *und* die alte Rechtschreibung, die eine in der Schule, die andere zu Hause. Es steht den Eltern frei, ihren Kindern zu sagen, dass sie manche Dinge anders sehen als ihre Lehrer. Ihnen alternative Bücher zu geben. Die Kinder mag das ein wenig verwirren. Aber es bereitet sie auf das Leben vor, in dem es selten absolute Wahrheiten gibt, in dem sie oft damit konfrontiert werden, dass unterschiedliche Menschen unterschiedliche Dinge sagen. Und in dem sie am Ende selbst entscheiden können und müssen.

So pragmatisch sieht es das Bundesverfassungsgericht: Schule und Eltern brauchen sich nicht einig zu sein; jeder kann seine Agenda verfolgen. Das Gericht betrachtet die Rechtschreibregeln allerdings als Kleinkram, als eine »wertfreie Wissensvermittlung«, die den Erziehungsplan der Eltern nicht ernsthaft gefährden kann. Deshalb hält es dafür nicht einmal ein Gesetz für erforderlich – obwohl in der Demokratie der *Vorbehalt des Gesetzes* gilt:

Alle wesentlichen Dinge muss das gewählte Parlament regeln, damit die Entscheidung nah am Volk ist. Es darf die wichtigen Fragen nicht einer Behörde, Kommission oder Konferenz überlassen – wie der Kultusministerkonferenz. Aber die Rechtschreibregeln sind nicht wesentlich für die Erziehung. Sie haben nichts zu tun mit Moral, Weltanschauung, Religion.

Lässt sich diese Lösung auf den Sexualkunde-Fall übertragen? Zum Teil ja: auf den Teil, in dem es auch hier um »wertfreie Wissensvermittlung« geht. Geschlechtlichkeit, menschliche Verhaltensformen, Gesellschaftsstruktur und Moral hängen zwar miteinander zusammen. Grundlage ist aber die Kenntnis der nackten biologischen Fakten. Sie lässt sich trennen von der eigentlichen Sexualerziehung, bei der es darum geht, ein Wertempfinden, Gewissen, einen Maßstab der Sittlichkeit zu finden – und darum, seine eigene Sexualität zu entwickeln.

Diese Trennung ist nicht immer einfach und nicht immer sauber. Aber ein Satz wie »Die Übergabe der Spermien nennt man Begattung« enthält schwerlich mehr als Faktenvermittlung. Für das, was Klaras Eltern im Biologiebuch lesen, gilt das Gleiche wie für die Rechtschreibregeln: Dass und wann die Kinder darüber unterrichtet werden, entscheidet der Staat. Er bestimmt, wann die Kinder in der Schule erstmals von Sex hören und wie sie das Wort schreiben. Damit müssen die Eltern leben, auch wenn sie anderer Meinung sind.

Doch was gilt außerhalb der »wertfreien Wissensvermittlung« – wo es nicht um technische Details geht, sondern um Moral, Weltanschauung, Religion?

Diese Frage stellt ein Ort in Südhessen bereits 1970,

einige Jahre bevor Klaras Eltern in dem Biologiebuch blättern: Die Eichendorff-Schule ist ein länglicher Betonkasten mit roter Backsteinfront. Dahinter erheben sich die ersten Hügel des Odenwalds. Darin spricht eine Lehrerin mit der Klasse 3b jeden Tag ein Gebet. Die Lehrerin unterrichtet auch katholische Religion. Aber das allgemeine Schulgebet findet überkonfessionell statt, außerhalb des Religionsunterrichts, jeden Morgen zu Beginn des Schultags. Auch andere Klassen an dieser Schule beginnen so die erste Stunde.

Die Eltern eines Kindes möchten nicht, dass ihr Kind in der Schule betet. Sie sind nicht religiös und wollen vermeiden, dass ihr Kind mit religiösen Inhalten konfrontiert wird. Sie beschweren sich beim Schulamt. Der Schulleiter ordnet an: Die Lehrerin darf nicht mehr mit der Klasse 3b beten. Dagegen wehren sich andere Eltern. Sie erziehen ihre Kinder religiös und verlangen: Das Schulgebet bleibt.

Das Schulgebet ist eine schulische Veranstaltung, auch wenn es nicht zum Lehrplan gehört. Der Staat ist verantwortlich für alles, was mit seiner Zustimmung in der Schule passiert. Mit »wertfreier Wissensvermittlung« hat diese Veranstaltung nichts zu tun. Es ist eine religiöse Betätigung, die eine Glaubenswahrheit vermittelt: dass es einen Gott gibt, zu dem die Menschen sprechen und der ihr Gebet erhören kann. Das greift tief in das elterliche Erziehungsrecht ein. Anders als Rechtschreibregeln kann es ein elterliches Konzept auf den Kopf stellen.

Gleichzeitig zeigt der Fall: Nicht nur Eltern und Schule können unterschiedliche Entwürfe verfolgen, sondern auch Eltern untereinander. Lässt sich auch dieser Konflikt so lösen, dass alle Konzepte gleichberechtigt nebeneinanderstehen?

Überraschenderweise ja. Ob die Schule ein Schulgebet zulässt oder nicht, fällt in den Gestaltungsspielraum, den das Grundgesetz ihr zubilligt. Ein Schulgebet kann von einer Anregung der Schulverwaltung, der Schulleitung, des Lehrers, der Schüler oder Eltern ausgehen. Ob die Schule die Anregung aufgreift, hängt von ihr ab. Die Eltern müssen mit der Entscheidung der Schule leben. Sie können nicht verlangen, dass eine Schule ein Gebet einführt, die das nicht möchte – ebenso wenig können sie verlangen, dass eine Schule das Gebet abschafft, die sich dafür entschieden hat.

Weil das Schulgebet aber so tief in das elterliche Erziehungsrecht eingreift, muss es einen Unterschied zur Rechtschreibung geben. Der Staat kann die Eltern nicht darauf verweisen, ihren Kindern zu Hause jeden Tag wieder zu erklären, dass Beten aus ihrer Sicht absurd ist.

Deshalb muss, anders als beim Schreibunterricht, die Teilnahme freiwillig sein. Die Eltern eines Drittklässlers können also ein Schulgebet nicht verhindern – dürfen aber entscheiden, ob ihr Kind dem Gebet ausgesetzt sein soll. Wollen sie das nicht, dürfen sie ihr Kind ein paar Minuten später in die Schule schicken. Es betritt den Klassenraum dann erst, wenn das Gebet beendet ist. Oder das Kind darf den Klassenraum während des Gebets verlassen. Diese Freiwilligkeits-Lösung ist bei einem Schulgebet möglich, anders als bei einem Kreuz im Klassenzimmer. Deshalb wird das Bundesverfassungsgericht später, im Jahr 1995, entscheiden, dass ein Kreuz im Klassenraum verfassungswidrig ist.

Natürlich hebt das die Unterschiede zwischen den Kindern und den Erziehungsansätzen ihrer Eltern hervor: Michael betet nicht mit. Carina kommt extra früh zum Gebet. Für ein Kind kann das eine Belastung sein, gerade wenn es einen Konflikt austragen muss, der zwischen Eltern oder zwischen Eltern und Lehrern besteht. Aber genau das weckt in den Kindern ein Gespür dafür, dass es verschiedene Anschauungen gibt und dass diese Anschauungen nebeneinander bestehen können. Kinder wie Eltern müssen damit leben, anders zu sein als die anderen.

Die Lehrerin darf daher mit ihrer Klasse beten, entscheidet das Bundesverfassungsgericht. Sie darf nur nicht für eine religiöse Anschauung werben, zumindest nicht außerhalb des Religionsunterrichts. Sie muss deutlich machen: Es gibt auch andere Überzeugungen. Jeder kann selbst entscheiden, ob er dabei sein will.

Was die Schule also selbst üben und ihren Schülern vermitteln muss, ist: Toleranz. Erkennen, dass es verschiedene Anschauungen und Lebensformen gibt. Sie soll die Schüler dazu erziehen, mit dieser Verschiedenheit zu leben, indem sie Duldsamkeit und gegenseitige Achtung lernen. Oft geht damit auch eine Erziehung der Eltern einher.

Am Rande des Odenwalds führt das damals, in den 1970ern, nicht zu Tumulten. Schon damals erkennt das Bundesverfassungsgericht aber, dass das nicht immer so sein muss. Denn was passiert, wenn es der Schule nicht gelingt, eine tolerante Atmosphäre zu schaffen? Wenn sich Fronten verhärten? Wenn Schüler nicht nur anders sind, sondern deswegen gemobbt und verprügelt werden? Wenn der Schulfrieden bedroht ist? Dann, so das Gericht, liegt eine Ausnahmesituation vor, in der es nur eine Möglichkeit gibt: auf die umstrittene Sache, hier also das Schulgebet, zu verzichten. Mit einer ähnlichen Begründung wird im Jahr 2011 das Bundesverwaltungsgericht einem Berliner Schüler untersagen, im Schulflur ein islamisches Gebet zu vollziehen. An der Schule war es zu religiös motivierten Konflikten gekommen, der Schulfriede stand auf dem Spiel.

Damit zurück zu den Schlagstöcken in der Stuttgarter Innenstadt – und der Sexualerziehung in der Schule. Die Grenze der »wertfreien Wissensvermittlung« ist hier schnell überschritten. Das kann schon durch die Wortwahl oder einen Ton in der Stimme geschehen: Weltbilder liegen dazwischen, ob Homosexualität als eine Spielart der Natur erklärt wird oder als Abweichung vom traditionellen Bild von Ehe und Familie. Hier beginnt die eigentliche Sexualerziehung. Sie greift vielleicht noch stärker in das elterliche Erziehungsrecht ein als eine religiöse Betätigung in der Schule. Denn zu Hause bekommen die Kinder die gesamte Realität des Familienlebens mit, können Geburten, Tod, Partnerschaften und Trennungen verfolgen. Zu Hause machen sie meist ihre ersten eigenen sexuellen Erfahrungen. Die traditionelle »Aufklärung« findet zu Hause, in geschützter Atmosphäre, statt. Bringen die Kinder aus der Schule ein anderes Weltbild mit, wirkt sich das enorm auf das häusliche Zusammenleben aus.

Deshalb hält das Bundesverfassungsgericht die Sexualerziehung – anders als die Rechtschreibregeln – für so bedeutend, dass es meint: Das Parlament muss mit einem Gesetz bestimmen, ob Sexualerziehung in den Schulen stattfindet. Die Kultusminister können das nicht entscheiden. Dieses Gesetz muss grob regeln, welchen Inhalt die Sexualerziehung haben soll.

Trotzdem bleiben Konflikte, wenn Schule und Eltern unterschiedliche Konzepte verfolgen. Wie lassen sie sich lösen? Auch hier stehen die Vorstellungen gleichberechtigt nebeneinander. Auch hier haben, wie bei Rechtschreibung und Schulgebet, die Eltern kein Mitbestimmungsrecht über das, was in der Schule passiert. Das folgt schon aus praktischen Überlegungen: Manchmal können sich noch nicht einmal die Elternteile desselben Kindes über Erziehungskonzepte einigen. Es ist unmöglich, dass die Schule allen Wünschen aller Eltern Rechnung trägt. Sie darf und muss deshalb auch bei der Sexualerziehung ihren eigenen Plan verfolgen.

Das Freiwilligkeits-Modell des Schulgebets lässt sich auf die Sexualerziehung nicht übertragen, zumindest nicht, solange sie in alle Fächer eingebunden ist: Es ist nicht praktikabel, dass jeder Schüler immer den Raum verlässt, bevor er etwas hören könnte, was dem Erziehungskonzept seiner Eltern widerspricht.

Trotzdem können Eltern und Schule auch mit unterschiedlichen Vorstellungen den *gemeinsamen* Erziehungsauftrag wahrnehmen. Das setzt zum einen voraus: Die Schule darf die Kinder nicht indoktrinieren, nicht ein bestimmtes Sexualverhalten befürworten oder ablehnen. Wie bei der Religion muss sie Zurückhaltung und Toleranz üben und den Schülern beibringen. Der Unterricht muss offen dafür sein, dass es auch im sexuellen Bereich unterschiedliche Wertungen gibt.

Zum anderen muss die Schule den Eltern die Möglichkeit geben, auf das zu reagieren, was ihre Kinder dort lernen. Die Eltern sollen die Sexualerziehung begleiten können, auch kritisch. Deshalb haben sie einen Anspruch darauf, dass die Schule sie rechtzeitig und umfassend informiert: über den Inhalt und den methodisch-didaktischen Weg der Sexualerziehung. Auch wenn Eltern und Schule sich gegenseitig nichts vorschreiben können, sollen sie sich abstimmen, auf Kritik und Probleme hören, ihre Erfahrungen und Fragen in Elternversammlungen diskutieren. Das entscheidet das Bundesverfassungsgericht in Klaras Fall bereits 1977, und diese Grundsätze gelten auch heute.

Vielleicht ist der Tumult in Stuttgart schon Teil dieser Abstimmung. Er wirft aber auch die Frage auf: Was passiert, wenn eintritt, was das Bundesverfassungsgericht für die religiöse Betätigung als Ausnahmeerscheinung sieht? Dass unterschiedliche Wertvorstellungen in der Sexualerziehung zu Schlägereien in der Schule führen? Dass der Schulfriede an der Frage zerbricht, wie »natürlich« Homosexualität oder Transsexualität ist? Muss die Schule dann, um des Schulfriedens willen, doch die Finger vom gesamten Thema lassen?

Das legt das Bundesverfassungsgericht in der Entscheidung zum Schulgebet nahe. Aber vielleicht ist der Gedanke nicht zu Ende gedacht. Vielleicht muss der Staat im Zweifel aufrüsten und an den Schulen notfalls selbst mit Gewalt die Toleranz und Offenheit verteidigen, die er vermitteln will. So wie auf dem Stuttgarter Schlossplatz.

Wie weit darf der Staat gehen, um die Ordnung in der Gesellschaft zu erhalten? In den beiden nächsten Kapiteln loten wir diese Grenzen aus.

»Ich tue nichts Böses«

Folter als Rettung
Verliert ein Unmensch seine Menschenwürde?

Wenn wir das Kind nicht bald finden, stirbt es.
Er trägt die Verantwortung; sein Chef ist im Urlaub. Er ist der Vizepräsident der Polizei in Frankfurt am Main.

Im Vernehmungsraum sitzt ein Jurastudent, 27 Jahre, kurze braune Haare, ordentlich gekämmt. Über seine Füße sind blaue Überzieher gestreift, über dem Körper hängt ein Einwegpullover. Seine Kleidung haben ihm Polizisten abgenommen.

In der Nacht zuvor, gegen ein Uhr, hat der Student eine Million Euro an einer Straßenbahnhaltestelle abgeholt. Die Polizei hat ihn beobachtet. Es war Lösegeld für den entführten Bankierssohn. Doch der Student machte keine Anstalten, das Kind freizulassen. Er buchte eine Reise. Am Flughafen hat die Polizei zugeschlagen.

Seit Stunden befragen sie ihn. Zwei Brüder, sagt er, seien die Entführer, Bekannte von ihm. Sie hielten das Kind in einer Hütte am See gefangen. Die Polizei stürmt die Wohnungen der Brüder, nimmt sie fest, sucht die Hütte am See und ihre Umgebung ab. Hundertschaften rücken aus, Stunden verrinnen. Das Kind finden sie nicht.

Zur selben Zeit durchkämmen Kollegen die Wohnung des Studenten. Einen Teil des Lösegeldes finden sie dort und eine Checkliste für die Tat. Die Beamten sind überzeugt: Der Student weiß, wo das Kind ist.

Es wird schon bald wieder hell. Der Vizepräsident hat kaum geschlafen.

Wenn wir das Kind nicht bald finden, stirbt es.

Die Eltern warten, die Öffentlichkeit wartet. Hektik auf den Fluren. Seit 40 Jahren ist er im Amt, das ist der Höhepunkt der nervlichen Anspannung. Der Vizepräsident versucht nachzudenken – wie schon in den Stunden davor.

Kampfsportler wissen, dass es am menschlichen Ohr Stellen gibt, auf die man drücken kann. Das verursacht keine Verletzung, aber es tut weh, sehr weh. Der Vizepräsident weiß das auch. Er weiß, dass man einem Menschen das Handgelenk so überdehnen kann, dass es entsetzliche Schmerzen verursacht. Schmerzen, denen niemand standhält.

Und er weiß, dass es ein »Wahrheitsserum« nicht nur in Filmen über Geheimdienste gibt, sondern auch im wirklichen Leben: chemische Substanzen, die in Schlafmitteln wirken. Die den Willen des Menschen brechen und seine Zunge lockern.

Der Vizepräsident kennt auch das Gesetz. In Paragraph 136 a der Strafprozessordnung steht: »Die Freiheit der Willensentschließung und der Willensbetätigung des Beschuldigten darf nicht beeinträchtigt werden durch Misshandlung, durch Ermüdung, durch körperlichen Eingriff, durch Verabreichung von Mitteln, durch Quälerei, durch Täuschung oder durch Hypnose.«

Das Verbot kommt nicht irgendwoher. Das Grundgesetz selbst gibt in Artikel 104 vor: »Festgehaltene Personen dürfen weder seelisch noch körperlich misshandelt werden.« Jemandem gezielt Leid zuzufügen, körperlich oder seelisch, um ihn zu etwas zu bewegen – das ist Folter. Folter ist international geächtet. Die Europäische Menschenrechtskonvention verbietet Folter und »unmenschliche oder erniedrigende Strafe oder Behandlung«, ebenso die Allgemeine Erklärung der Menschenrechte und andere Abkommen und Erklärungen. Fast die gesamte zivilisierte Welt ist sich einig: Kein Staat darf einen Menschen foltern, egal zu welchem Zweck. Keine Ausnahme, und sei sie noch so winzig.

An die Grenzen dieser Annahme gehen wenige – und nur in der Theorie. 1992 hält der Systemtheoretiker Niklas Luhmann in Heidelberg einen berühmt gewordenen Vortrag: *Gibt es in unserer Gesellschaft noch unverzichtbare Normen?* Da Luhmann auch Jurist ist, beginnt er mit einem Beispielfall: »Stellen Sie sich vor, Sie seien ein höherer Polizeioffizier. In Ihrem Lande – und das könnte in nicht zu ferner Zukunft auch Deutschland sein – gäbe es viele linke und rechte Terroristen, jeden Tag Morde, Brandanschläge, Tötung und Schäden für zahlreiche Unbeteiligte. Sie hätten den Führer einer solchen Gruppe gefangen. Sie könnten, wenn Sie ihn folterten, vermutlich das Leben vieler Menschen retten – zehn, hundert, tausend, wir können den Fall variieren. Würden Sie es tun?«

Wenige Absätze später steigert Luhmann sein Beispiel zum *Ticking Bomb Scenario,* einem bis heute diskutierten Gedankenexperiment: Nehmen wir an, der Terrorist hat eine Atombombe. Sie muss schnell gefunden und entschärft werden.

»Würden Sie foltern?«, fragt er wieder sein Publikum.

Luhmann sagt, die Steigerung zum Ticking Bomb Scenario mache den Fall »letztlich unentscheidbar«, man kann es nur falsch machen. Es sei eine »tragische Wahl«.

Wie man sich entscheidet, kommt darauf an, ob man nur auf die Handlung schaut oder auch auf ihre Konsequenzen. Hält man eine Handlung aus sich heraus für gut oder schlecht, dann ist eine Folter immer eine Folter und immer verboten. Diese Regel ist verpflichtend. Das griechische Wort für »Pflicht« lautet »deon«, weshalb wir diese Sichtweise als *deontologisch* bezeichnen. Beurteilt man hingegen eine Handlung nach ihren Folgen, kann sie gut oder schlecht sein. Der Zweck kann die Mittel heiligen. Das ist eine *konsequenzialistische* Sicht.

Unter Luhmanns Zuhörern sitzt der junge Rechtswissenschaftler Winfried Brugger. Ihn inspiriert Luhmanns Beispiel. Er greift es auf und überlegt, unter welchen Voraussetzungen eine Ausnahme vom Folterverbot überhaupt in Betracht kommen könnte: Zum einen muss Leib oder Leben eines Menschen akut gefährdet sein. Zum anderen muss genau eine Person die Gefahr beseitigen können und dazu auch verpflichtet sein. Diese Person muss sicher identifiziert sein. Folter muss die einzige Möglichkeit sein, Leib oder Leben zu retten. Diese Thesen veröffentlicht Brugger 1996.

Viele Kollegen begegneten seinem Aufsatz mit vorsichtigem Schweigen. Was soll man dazu sagen? Wie man es macht, ist es falsch, das hatte schon Luhmann festgestellt. Es gab keinen Grund, die Frage hier und jetzt zu beantworten. Zwar soll das Ticking Bomb Scenario zeigen, wie die Praxis die Theorie an ihre Grenzen führen kann. Aber es war selbst ein theoretischer Fall: Niemand kannte einen Polizisten, der einem Terroristen unter diesen Bedingungen gegenübergesessen hätte. Die Praxis wird zur Theorie gemacht, um die Theorie in Frage zu stellen – das war Spielzeug für Wissenschaftler, die sich über das Dilemma Hunderte von Jahren den Kopf zerbrechen können. Ein typisches Gedankenexperiment für die Moralphilosophie.

Wenn wir das Kind nicht bald finden, stirbt es.
Der Vizepräsident kennt Bruggers Überlegungen; er hat sich mit ihnen befasst. In den Räumen seines Polizeipräsidiums sitzt kein Gedankenexperiment. In diesen Räumen läuft in den Morgenstunden des 1. Oktober 2002 die Zeit davon.

»Zur Rettung des Lebens des entführten Kindes habe ich angeordnet, dass der Student
– nach vorheriger Androhung
– unter ärztlicher Aufsicht
durch Zufügung von Schmerzen (keine Verletzungen) erneut zu befragen ist«, schreibt der Vizepräsident in einem Aktenvermerk. »Parallel dazu wurde der Polizeiführer beauftragt, zu prüfen, ob ein ›Wahrheitsserum‹ beschafft werden kann.« Ein Kriminaloberrat erhebt moralische Bedenken. Sie »wurden in einer weiteren Besprechung [...] zurückgestellt (8 Uhr)«.

Die Mutter des Studenten kommt ins Präsidium; auch sie kann ihm keine brauchbare Aussage entlocken. Da weist der Vizepräsident den Kriminalhauptkommissar an, den Beschuldigten »auf die bevorstehende Verfahrensweise vorzubereiten«.

Der geht in den Vernehmungsraum und sagt dem Studenten: Jemand sei im Hubschrauber unterwegs zu ihm, speziell dafür ausgebildet, massive Schmerzen zuzufügen. Mit dem Finger macht er eine rotierende Bewegung. Minuten später hat der Beamte die Information, die er braucht. Sie ist ernüchternd: Das Kind ist tot, sagt der Student.

Er führt die Polizei auf ein Grundstück eine Autostunde entfernt. Ohne Schuhe, nur mit den blauen Überziehern an den Füßen, läuft er bis zu einer Schranke. Weiter geht er nicht. Unter einem Steg am Weiher findet die Polizei die Leiche. In der Umgebung sind Reifenspuren, die zum Auto des Studenten gehören. Auf dem Weg zurück ins Präsidium gesteht der Student: Ich habe den Jungen entführt und getötet. Er beschreibt einen Container, in dem die Beamten Schulbücher, Rucksack und Kleidung finden. Außerdem ist dort die Schreibmaschine, die der Student für den Erpresserbrief verwendet hat. Am nächsten Tag das Ergebnis der Obduktion: Der Junge wurde erstickt.

Drei Menschen stehen später zu unterschiedlichen Zeiten vor demselben Gericht, dem Landgericht in Frankfurt am Main: der Student, der Vizepräsident und der Kriminalhauptkommissar, der die Schmerzen androhte.

Zuerst der Student: Niemand, der eine Straftat begangen hat, braucht sich selbst zu überführen. Er darf schweigen; er darf lügen, bis sich die Balken biegen. Das Gericht stellt daher am Anfang klar: Sein Geständnis aus dem Auto darf nicht verwertet werden, auch nicht alle anderen Aussagen bisher. Der Student legt freiwillig ein neues Geständnis ab. Darauf stützt das Gericht 2003 seine Verurteilung zu lebenslanger Haft. Der Europäische Gerichtshof für Menschenrechte stellt später fest: Die Pläne der Polizei wären Folter gewesen. Ihre Ankündigung wertet er als »unmenschliche Behandlung«. Der Student bekommt eine Entschädigung von 3000 Euro.

Dann die beiden Polizisten: Folter ist kein eigener Straftatbestand. Der Kriminalhauptkommissar ist wegen

Nötigung angeklagt, der Vizepräsident, weil er ihn zu der Nötigung verleitet haben soll.

Für zwei Dinge ist die Polizei zuständig: Straftaten zu verfolgen und Gefahren abzuwehren. Beides sind unterschiedliche Aufgaben, die unterschiedlichen Regeln folgen. Nicht immer lässt sich beides sauber trennen. Am Morgen des 1. Oktober 2002 wollten die Beamten keine Straftat verfolgen. Ihnen ging es nicht darum, ein Geständnis zu erpressen. Sie wollten das Kind retten. Durften sie dem Studenten dafür Schmerzen androhen?

Vor Gericht diskutieren sie einen drastischen Vergleich: Nehmen wir an, die Geschichte wäre anders verlaufen. Der Student holt das Lösegeld, das Kind lebt noch. Polizisten folgen dem Studenten zum Versteck und greifen zu. Er hält dem Kind eine Waffe an den Kopf. Keiner steht nah genug, um ihn zu überwältigen. Die einzige Möglichkeit, das Kind zu retten, ist: den Studenten zu erschießen.

Dürfte die Polizei den Studenten töten?

Wenn am Ende auf jeden Fall einer der beiden tot ist, sollte der Geiselnehmer sterben, nicht die Geisel. Er hat sich selbst in die Situation gebracht. Daher gibt es in fast allen Bundesländern, auch in Hessen, eine Regelung, die das der Polizei erlaubt: den *finalen Rettungsschuss.*

Der Begriff beschönigt, denn in Wirklichkeit ist es ein Todesschuss. Das Konzept entstand in Deutschland Anfang der 1970er Jahre. Erstmals eingesetzt wurde der finale Rettungsschuss 1974 bei einem Banküberfall in Hamburg. Er ist kein Gedankenexperiment wie der Terrorist mit der Atombombe. Er ist nüchterner Polizeialltag.

Kann es also sein, dass die Polizei jemanden erschießen darf, um ein Kind zu retten – dieser Person aber nicht androhen darf, die Handgelenke zu dehnen, um dasselbe Kind zu retten? Das leuchtet nicht leicht ein. Jemandem weh zu tun – oder nur damit zu drohen, ihm weh zu tun – erscheint als wesentlich milderes Mittel gegenüber dem Todesschuss.

Doch suchen wir die Unterschiede. Einige sehen wir auf den ersten Blick: Beim finalen Rettungsschuss ist der Angreifer identifiziert. Es ist klar, dass er das Geschehen in der Hand hat. Das konnten die Polizisten in Frankfurt von dem Studenten nur vermuten, auch wenn es starke Anhaltspunkte gab. Außerdem zwingt die Polizei den Angreifer mit dem finalen Rettungsschuss nicht, gegen sich selbst zu handeln. Sie macht ihn »nur« unschädlich.

Der entscheidende Unterschied aber liegt in der rechtlichen Begründung für das Verbot, zu foltern. Sie hat mit der Menschenwürde zu tun. Die Menschenwürde steht am Anfang des Grundgesetzes in Artikel 1 Absatz 1. Sie klingt als Argument immer gut und wichtig. Aber was genau macht sie aus, und wann ist sie verletzt?

Das lässt sich schwer umschreiben. Doch wenn wir die Menschenwürde schützen wollen, müssen wir so gut wie möglich versuchen, sie zu bestimmen. Das Bundesverfassungsgericht arbeitet heute noch mit den Überlegungen Immanuel Kants. Danach ist der Mensch ein Zweck an sich, »die Menschheit selbst ist eine Würde«. Kant hat deshalb gefordert, dass niemand einen anderen Menschen als bloßes *Mittel zum Zweck* benutzen darf. Daraus haben Juristen die *Objektformel* entwickelt: Die Menschenwürde ist verletzt, wenn der Staat den Menschen zum bloßen Objekt macht, zum Mittel zum Zweck, über das er nach Belieben verfügen kann wie über eine Schraube aus seinem Werkzeugkoffer.

Wer foltert, tut das. Er behandelt den Menschen nicht

als Menschen, sondern wie eine Festplatte: als Träger von Wissen, das er aus ihm herauspressen will. Er macht den Menschen zu einem Ausbund von Angst und Schmerzen. Das kam in der deutschen Vergangenheit vor – das Grundgesetz will verhindern, dass der Staat jemals wieder so handelt. Deshalb bestimmt es: »Die Würde des Menschen ist unantastbar.«

Den Satz kennt jeder, er klingt einfach und selbstverständlich. Doch in seiner rechtlichen Konstruktion hat er es in sich: Bei vielen Fällen in diesem Buch haben wir die Abwägung als eine Methode kennengelernt, Konflikte zu lösen. Was steht auf der einen Seite auf dem Spiel, was auf der anderen? Wir haben dafür das Bild der zwei gekochten Eier ohne Schale benutzt, die in ein etwas zu kleines Glas gelegt werden. Sie geben beide ein wenig nach. Jedes macht dem anderen genau so viel Platz wie nötig, damit beide Eier in das Glas passen und keines kaputt geht. Diese Abwägung legt das Ticking Bomb Scenario nahe: ein paar Schmerzen gegen Tausende Menschenleben. In Anlehnung an den »Rettungsschuss« sprechen manche von einer »Rettungsfolter«.

Doch mit der Menschenwürde funktioniert diese Methode nicht. Die Menschenwürde ist unantastbar. Sie ist kein gekochtes Ei ohne Schale, sondern ein rohes Ei mit Schale. Drückt man es auch nur ein bisschen, ist es zerstört. Wird es zu eng, kann es sich den Platz mit nichts anderem teilen. Die Menschenwürde kann mit nichts abgewogen werden. Der Streit zwischen Deontologen und Konsequenzialisten: Das Konzept der Menschenwürde im Grundgesetz entscheidet ihn zugunsten der Deontologen.

Das Recht auf Leben kommt im Grundgesetz erst in Artikel 2 Absatz 2. Dort steht: In das Recht auf Leben darf »aufgrund eines Gesetzes eingegriffen werden«. Das Recht auf Leben *kann* mit anderen Werten abgewogen werden. Es ist *nicht* unantastbar. Es gehört in die Kategorie der gekochten Eier ohne Schale.

Der Staat darf einem Menschen also unter Umständen das Leben nehmen, aber niemals die Würde.

Natürlich gibt es Einwände gegen diese Sicht: Kann die Würde über dem Leben stehen? Ist nicht das Leben die Voraussetzung für die Würde? Macht nicht auch der Geiselnehmer seine Geiseln zum Objekt?

Und: Ist die Würde des Menschen klar umrissen? Oder schränkt ein Geiselnehmer selbst seine Menschenwürde ein, wenn er sich wie eine Bestie verhält?

Diese Fragen zeigen: Niemand fühlt sich wohl mit einem Ergebnis, bei dem die Geisel stirbt, weil der Täter nicht in seiner Würde verletzt werden darf.

Allerdings tun diese Fragen auch etwas anderes: Sie stellen den Staat auf eine Stufe mit dem Verbrecher. Weil der Verbrecher sich unwürdig verhält, braucht der Staat auch seine Würde nicht mehr zu achten. Den Rechtsstaat zeichnet aus, dass er in diese »Falle« nicht tappt. Dass er jeden Menschen als Menschen behandelt – auch wenn der sich zur Bestie degradiert. Der Rechtsstaat ist dem Verbrecher sittlich überlegen. Will er es bleiben, müssen wir damit leben, dass der Staat manchmal machtlos ist. Dass seine eigenen Standards ihn daran hindern können, eine Geisel zu retten.

So sieht es auch das Gericht in Frankfurt. Es spricht beide schuldig, den Vizepräsidenten und den Kriminalhauptkommissar. Ihre Vernehmungsmethoden lassen sich durch nichts rechtfertigen: Von der Extremsituation im Ticking Bomb Scenario ist der Fall weit entfernt, meint das Gericht – schon weil nicht feststand, dass der Student das Versteck kannte. Und weil es weitere Möglichkeiten gegeben hätte, ihn zu vernehmen, zum Beispiel, ihn mit der Schwester des Kindes zu konfrontieren, mit der er befreundet war.

Wohl fühlt sich das Gericht trotzdem nicht damit, die beiden zu bestrafen. Es zieht alle Register, die das Strafrecht zu bieten hat: Wegen der »ehrenwerten Gesinnung« der Polizisten setzt es nicht nur die Strafen relativ niedrig an, 10 800 Euro für den Vizepräsidenten, 3600 Euro für den Kriminalhauptkommissar. Es geht noch einen Schritt weiter und spricht nur eine Verwarnung aus: Die Strafen werden »vorbehalten«. Der öffentliche Schuldspruch soll den Polizisten auch ohne Strafe vor Augen führen, dass sie unrecht getan haben. So hat der Rechtsstaat seine Möglichkeiten, mit einer Ausnahmesituation umzugehen, ohne seine Prinzipien aufzugeben. Wir dürfen nur den Hinweis auf die »ehrenwerte Gesinnung« nicht falsch verstehen. Er bezieht sich auf die innere Not der Polizisten. Es sagt nicht aus, dass es eine »gute Folter« neben einer »schlechten« gäbe.

Was darf der Staat mit einem überführten Täter machen? Woher nimmt er das Recht zu strafen? Darum kümmern wir uns im nächsten Kapitel.

Lebenslänglich
Was ist gerechte Strafe?

»Hier entlang«, sagt der Mann. Er packt Sie am Arm und führt Sie durch einen Tunnel, über das Ufer eines reißenden Flusses. Nach einigen Minuten erreichen Sie eine Tür aus Gusseisen. Der Mann öffnet sie und deutet in den Raum dahinter. In einer Ecke steht eine Liege. Erschöpft fallen Sie darauf.

Der Mann lässt Sie allein und dreht den Schlüssel von außen zweimal im Schloss. Durch eine Klappe in der Tür versorgt er Sie mit Brot und Wasser. Auf Ihre Schreie reagiert er nicht. Sie wissen nicht, ob er Sie hört. Sie schreien weiter. Irgendwann wird er die Tür schon wieder aufschließen.

Eines Tages schauen Sie den Mann durch die Klappe an. Er hält den Schlüssel über dem Kopf, zwischen Daumen und Zeigefinger. Dann öffnet er die Finger. Der Schlüssel gleitet in den Fluss, die Strömung trägt ihn fort. Der Mann lacht und lacht und lacht, so laut, wie Sie noch nie jemanden lachen gehört haben.

An diesem Tag hören Sie auf zu schreien. Sie verharren stumm, Tage, Monate, Jahre. Bis Sie sterben.

Die Szene klingt wie ein Alptraum, der jeden von uns in einer schlechten Nacht heimsuchen kann. Für Daniel muss sich eine solche Szene am helllichten Tag abspielen, in seinem Kopf, so oder so ähnlich. Er sitzt auf der Anklagebank des Landgerichts Verden an der Aller, gegenüber dem Fenster. Die Märzsonne leuchtet jede Regung auf seinem Gesicht aus. Vorn tagt das Schwurgericht: Fünf Richterinnen und Richter sollen über Daniels Leben entscheiden. Er soll einen Mord begangen haben. Dafür verlangt das Strafgesetzbuch: Daniel muss eine *lebenslange Freiheitsstrafe* bekommen.

Tür zu, Schlüssel in den Fluss.

Daniel findet, der Staat darf niemanden einsperren. Er bringt das Schwurgericht auf seine Seite, zumindest ein bisschen: Dürfen wir einen Menschen für den Rest seines Lebens hinter Gitter stecken? Die Richterinnen und Richter fragen das Bundesverfassungsgericht.

Warum soll der Staat Menschen strafen?

Dafür gibt es verschiedene Begründungen, die *Straftheorien*. Sie teilen sich in zwei Gruppen. Die erste Gruppe schaut auf die Schuld des Täters. Für diese Schuld soll er büßen. Wie du mir, so ich dir – diesen Ansatz vertrat vor allem der Philosoph Immanuel Kant. Die Strafe ist aber keine Rache, sondern Ausgleich: Der Täter hat Übles getan und erleidet selbst Übles. Damit ist die Gerechtigkeit wiederhergestellt, und der Täter kann in den Kreis der rechtstreuen Menschen zurückkehren. Der Philosoph Friedrich Hegel meinte deshalb sogar: Der Verbrecher hat ein Recht darauf, bestraft zu werden.

Der zweiten Gruppe geht es um die Gesellschaft. Strafe soll die Gesellschaft vor Schäden bewahren – davor, dass Menschen Straftaten begehen. Ihr Zweck ist danach die Abschreckung, die Prävention.

Diese Abschreckung richtet sich zum einen an die Allgemeinheit, das nennen wir *Generalprävention*. Ihre Funktionsweise kennen wir aus dem Krimi: Wir wollen, dass der Täter bestraft wird, dann stellt sich beim Publikum eine Befriedigung ein. Wer plant, eine Straftat zu begehen, empfängt die Botschaft: Lass es. So ist es auch im wahren Leben.

Diese »Theorie des psychologischen Zwangs« formulierte der Rechtsphilosoph Anselm von Feuerbach. Zwar wirkt der »psychologische Zwang« nicht auf jeden – Menschen begehen Morde, obwohl sie wissen: Mord wird bestraft. Jeder Täter handelt aus einer persönlichen Situation; fast jeder Täter geht davon aus, dass er nicht entdeckt wird. Trotzdem gibt es genug Menschen, die aus Angst vor Strafe etwas nicht tun.

Zum anderen soll der Täter selbst davon abgehalten werden, neue Taten zu begehen. Das ist die *Spezialprävention*. Der Rechtsgelehrte Franz von Liszt erklärt, wie die Strafe das auf dreierlei Arten erreichen kann: Erstens nimmt man dem Täter ganz praktisch die Möglichkeit, Schaden in der Gesellschaft anzurichten, solange man ihn vor der Gesellschaft wegsperrt. Zweitens ist es für ihn ein Denkzettel, verurteilt zu werden. Drittens soll die Strafe ihn verändern, zu einem besseren Menschen machen. Sie soll ihm Fähigkeiten vermitteln, mit denen er in Zukunft ein rechtstreues Leben führen kann. Das ist der Gedanke der *Resozialisierung*.

Die Straftheorien können im selben Fall zu unterschiedlichen Ergebnissen kommen. Vergleichen wir zunächst zwei Beispiele: Ich vergesse eine brennende Kerze in meiner Wohnung, das Haus geht in Flammen auf, ein Nachbar stirbt. Oder ich zünde das Haus absichtlich an, um den Nachbarn zu töten, weil ich auf ihn eifersüchtig war.

In beiden Fällen ist die Auswirkung auf die Gesellschaft gleich: Ein Menschenleben ist ausgelöscht, hinterlässt eine Lücke. Die Gesellschaft will genauso verhindern, dass Menschen durch Unachtsamkeit sterben wie durch Mord. Aus Erwägungen der Generalprävention müsste sie beide Taten gleich bestrafen.

Das würde aber nicht der unterschiedlichen Schuld entsprechen: Im einen Fall war ich kurz unaufmerksam, eine Alltagssituation, wie sie jedem passieren kann. Im anderen habe ich die Tötung des Menschen gewollt und geplant, eine viel größere Schuld auf mich geladen. Unter dem Gesichtspunkt von Schuld und Sühne müssen die Strafen unterschiedlich ausfallen.

Nehmen wir nun an, jemand zündet Häuser am laufenden Band an. Für die Spezialprävention müsste diese Person weggesperrt werden, bis von ihr keine Gefahr mehr ausgeht, sie also keine Häuser mehr anzündet. Bestrafen kann man jemanden aber nur für begangene Taten, nicht für bevorstehende, und die Schuld für jede einzelne Brandstiftung ist nicht so groß, dass sie 20 oder 30 Jahre Gefängnis rechtfertigt. Die Gefährlichkeit des Täters ist größer als seine Schuld. Diesen Fall lösen wir heute mit einer *Sicherungsverwahrung*: Besonders gefährliche Täter werden festgehalten, nachdem sie ihre Schuld verbüßt haben. Weil die Sicherungsverwahrung keine Strafe ist, darf sie aber nicht in der Gefängniszelle stattfinden.

Umgekehrt kann ein Mensch sehr große Schuld auf sich laden, zum Beispiel ein Massenmörder. Bemessen wir die Strafe nur nach der Schuld, kann sie so lang sein, dass der Täter hinterher das Gegenteil von resozialisiert ist: ein gebrochener, lebensuntüchtiger Mensch. Wie kann sich jemand in eine Gesellschaft wieder eingliedern, von der er 50 Jahre weggesperrt war?

Orientieren wir uns hingegen nur an der Resozialisierung, stoßen wir auf andere Probleme: Manche Täter aus der Nazizeit sind zum Beispiel bis heute unentdeckt. Sie leben unauffällig. Sie haben sich nicht mehr an Massenmorden beteiligt, nicht einmal einen Ladendiebstahl begangen. Sie sind resozialisiert. Ist es deswegen überflüssig, sie zu bestrafen?

Jede der Straftheorien hat also ihre plausiblen Teile und ihre Schwächen. Keiner können wir blind folgen. Wir können nur für den einzelnen Fall eine Lösung suchen, die sich mit möglichst vielen unterschiedlichen Strafzwecken verträgt. Keine Strafe soll so ausfallen, dass sie einer der Theorien völlig widerspricht. Dieser *Vereinigungstheorie* folgt das deutsche Strafrecht.

Was bedeutet das für Daniel? Lebenslänglich? Schauen wir, was er getan haben soll: In der Nacht auf den 13. Mai 1973 sitzt Daniel in Leanders Wohnzimmer. Durch die Tür zur Küche zuckt das Licht einer Flamme. Leander zittert. Er macht am Küchentisch »Berliner Tinke«.

»Berliner Tinke« ist eine Mischung aus Morphinkarbonat und Essigsäure. Erhitzt man sie, entsteht eine braune Flüssigkeit, die man sich spritzen kann. Die »Berliner Tinke« ist der Vorläufer des Heroins.

Daniel hat Leander Morphinkarbonat besorgt, eine Menge für 1000 Mark. Weil Leander nicht zahlt, will Daniel ihm nichts mehr liefern. Leander erpresst Daniel: Bringst du mir nichts mehr, zeig ich dich an. Deshalb ist Daniel noch einmal gekommen.

Leander hockt mit dem Rücken zur Tür. Er setzt die dünne Nadel an seinen Unterarm, sticht. Daniel schleicht in die Küche, einen halben Meter hinter Leander bleibt er

Lebenslänglich

stehen. Stumm zieht er eine Pistole und schießt dreimal auf Leanders Kopf. Jeder Schuss trifft.

Das hat das Gericht nach der Beweisaufnahme festgestellt. Weil Daniel aus dem Hinterhalt geschossen hat, weil Leander von der Spritze abgelenkt war, hat Daniel heimtückisch gehandelt. Er ist ein Mörder. »Der Mörder wird mit lebenslanger Freiheitsstrafe bestraft«, so steht es in Paragraph 211 des Strafgesetzbuches. Das Gericht hat keine Wahl – es sei denn, Paragraph 211 wäre verfassungswidrig.

»Die Todesstrafe ist abgeschafft« bestimmt das Grundgesetz in Artikel 102. Seitdem ist die lebenslange Freiheitsstrafe die schwerste Strafe in Deutschland. Bis dahin war sie im Vergleich zur Todesstrafe das kleinere Übel: Wer Glück hatte, kam mit »lebenslänglich« davon.

Nach dem Zweiten Weltkrieg waren sich in Deutschland alle einig, dass die Todesstrafe grausam und unmenschlich ist. Über die lebenslange Freiheitsstrafe dachte kaum jemand nach. Dabei stellen die Befürworter der Todesstrafe seit jeher die Frage: Ist es nicht grausamer, für immer weggesperrt zu sein, als tot zu sein?

Erst Ende der 1960er Jahre, nachdem die Diskussion um die Todesstrafe abgeklungen ist, bringt das »Lebenslänglich« die Menschen ins Grübeln. Verträgt es sich mit den Straftheorien?

Gehen wir dieser Frage nach: Wer absichtlich ein Menschenleben auslöscht, lädt eine außergewöhnliche Schuld auf sich. Die Idee des Schuldausgleichs verlangt dafür eine außergewöhnlich harte Strafe. Mit ihr ist die lebenslange Freiheitsstrafe also zu vereinbaren. Allerdings gilt das ebenso für die Todesstrafe.

Auch für die Generalprävention liegt auf der Hand,

dass der Staat einen Mord schwer bestrafen muss. Könnte Daniel wegen eines Streits bei Drogengeschäften einen Menschen von hinten erschießen und würde mit einer Geldstrafe oder einem Monat Gefängnis davonkommen, würde das niemanden abschrecken, der ebenfalls zum Mord entschlossen ist. Der Gesellschaft würde es nicht das Vertrauen schenken, dass der Staat ein Menschenleben angemessen schützt. Auch mit der Idee der Generalprävention lässt sich die lebenslange Freiheitsstrafe also vereinbaren. Auch das gilt für die Todesstrafe.

Wie tragen die Ziele der Spezialprävention eine lebenslange Freiheitsstrafe? Sperrt man Daniel weg, bis er stirbt, wird er zumindest außerhalb des Gefängnisses keinen Mord mehr begehen. Auch dieses Argument gilt für die Todesstrafe, sogar mit größerer Sicherheit.

Doch was, wenn Daniel irgendwann nicht mehr gefährlich ist? Wenn er resozialisiert ist, wieder fähig, ein normales Leben in der Gesellschaft zu führen? Dann schießt nicht nur die Todesstrafe über das Ziel hinaus. Es lässt sich mit der Spezialprävention auch nicht mehr begründen, Daniel von diesem Zeitpunkt an noch einzusperren.

Auf die Resozialisierung ist schon damals der Alltag im Gefängnis ausgerichtet. Anders als früher ist der Strafvollzug kein »Verwahrvollzug« mehr, in dem man Menschen wie ein Pfand verwahrt. Er ist ein »Behandlungsvollzug«: Die Gefangenen werden so behandelt, dass sie in die Gesellschaft zurückkehren können, ohne Straftaten zu begehen. Sie sollen lebenstüchtig bleiben, einen geregelten Alltag haben mit Arbeit und Freizeit, Interessen und Hobbys, Gesprächen und Kontakt zur Außenwelt. Sie sollen Verantwortung tragen. Sich fort-

Lebenslänglich

bilden. Schädlichen Auswirkungen, die das Gefängnis auf die Persönlichkeit des Täters haben kann, soll entgegengewirkt werden, zum Beispiel durch soziale Hilfe oder Therapien.

All das gilt auch für »Lebenslängliche«. All das ergibt aber nur Sinn, wenn ein Täter jemals wieder das Gefängnis verlassen kann. Soll er von vornherein nicht in die Gesellschaft zurückkehren, braucht man ihn nicht auf ein Leben in der Gesellschaft vorzubereiten.

Jemanden für immer wegzusperren ist mit der Idee der Resozialisierung nicht vereinbar.

Gerade diese Idee aber ist Ausdruck der Menschenwürde. Die Menschenwürde ist das einzige Grundrecht, das der Staat niemals, unter keinen Umständen, auch nur ein bisschen einschränken darf. Im letzten Kapitel haben wir die *Objektformel* kennengelernt: Danach verlangt die Menschenwürde, dass der Staat den Menschen nicht wie ein Objekt behandelt, nicht als Mittel zum Zweck. Jemanden für immer wegzusperren, nur um ein Exempel zu statuieren, um es anderen zu zeigen, wäre aber genau das: den Menschen zum bloßen Objekt der Anschauung zu erniedrigen.

Denken wir an den Alptraum vom Anfang zurück: Wie muss es sich anfühlen, in der Zelle zu sitzen und zu wissen, dass der Schlüssel nicht mehr existiert? Irgendwann aufzuhören, sich über die Zeit Gedanken zu machen: über den Wochentag, den Monat. Bis es egal ist, ob »draußen« das Jahr 2020 ist oder 2050. Bis man nicht einmal mehr Sinn darin sieht, jeden Tag einen Strich in die Wand zu ritzen – weil die Zahl der Striche nicht begrenzt ist.

Nun könnte man sagen: selbst schuld. Hätte Daniel besser niemanden ermordet. Aber das Besondere an der

Menschenwürde ist: Niemand kann sie aufgeben oder verlieren – auch wenn er sich selbst wie eine unmenschliche Bestie verhält. Das haben wir schon bei der Folter festgestellt. Es ist die Lehre, die das Grundgesetz aus dem Dritten Reich zieht.

Erstickt der Staat in einem Menschen die Hoffnung, jemals wieder frei zu sein, nimmt er dem Menschen seine Würde – egal, was dieser Mensch getan hat.

Ganz ohne diese Hoffnung würde Daniel nicht ins Gefängnis gehen. Er könnte begnadigt werden. Der Staat kann Gefangenen die Freiheit schenken. Aber nicht umsonst heißt es: »Gnade vor Recht«. Die Begnadigung ist eine Entscheidung nach freiem Ermessen. Es gibt für sie keine klar geregelten Voraussetzungen. Die Entscheidung, jemanden zu begnadigen oder nicht, kann kein Gericht überprüfen; sie ist nicht »justiziabel«.

Der Strohhalm der Begnadigung reicht dem Bundesverfassungsgericht nicht, um die Menschenwürde zu retten. Eine Gefängnisstrafe, meint es in Daniels Fall, ist nur menschenwürdig, wenn seine Chance auf Freiheit konkret und realistisch ist. Sie darf nicht in der Hand eines Begnadigungsherrschers liegen – sie muss im Gesetz stehen, mit Voraussetzungen, Verfahren und Zuständigkeiten, mit Entscheidungen, die ein Gericht prüft. Tür zu, Schlüssel in den Fluss – ein solches »Lebenslänglich« kann es nicht geben.

Aber das Bundesverfassungsgericht macht etwas Überraschendes. Die lebenslange Freiheitsstrafe, entscheidet es 1977, ist in Ordnung. Hauptsache, sie ist keine lebenslange Freiheitsstrafe. Dafür muss ins Strafgesetz geschrieben werden, dass auch jemand wieder freikom-

Lebenslänglich

men kann, der zu »lebenslänglich« verurteilt worden ist – und unter welchen Voraussetzungen. Daniel bekommt deshalb »lebenslänglich«, und das Strafgesetzbuch wird ergänzt: Wer »lebenslänglich« hat, kann nach 15 Jahren freikommen. Voraussetzungen: Er ist nicht mehr gefährlich und die *besondere Schwere der Schuld* spricht nicht dafür, dass er im Gefängnis bleibt. Die restliche Strafe wird dann für fünf Jahre zur Bewährung ausgesetzt.

Damit berücksichtigt das Gesetz die Schuld ebenso wie die Gefährlichkeit des Täters – ein Ansatz, den alle Straftheorien tragen. Wer einen besonders schlimmen Mord begangen hat oder gar mehrere, wer immer noch gefährlich ist, kommt nicht nach 15 Jahren frei. Vielleicht aber nach 23 Jahren. Wir dürfen seinen Schlüssel bloß nicht in den Fluss werfen.

1992 ruft ein Mann das Bundesverfassungsgericht um Hilfe, dessen Schlüssel niemand in den Fluss geworfen hat. Er hat aber den Eindruck, dass es darauf hinausläuft. Bei einem Überfall hat er zwei Bankangestellte in Schach gehalten. Die Beute hat sein Komplize eingepackt, da erschießt der Mann die beiden mit Feuerstößen aus der Maschinenpistole. Er bekommt »lebenslänglich«.

Nach 15 Jahren will der Mann freikommen, aber das Gericht sagt: Die besondere Schwere deiner Schuld lässt das noch nicht zu; versuche es später noch einmal. Nach 20 Jahren nimmt er einen neuen Anlauf – wieder entscheidet das Gericht: Die besondere Schwere deiner Schuld lässt das noch nicht zu; versuche es später noch einmal.

Wenn er das immer wieder gesagt bekommt, immer wieder auf einen ungewissen Zeitpunkt vertröstet wird –

reicht das für den Hoffnungsschimmer, den der Staat seiner Menschenwürde schuldig ist?

Das Bundesverfassungsgericht entscheidet: nein. Die quälende Ungewissheit darüber, wann er endlich seine Schuld verbüßt hat, macht die Hoffnung des Mannes zu unkonkret. Er hat ein Recht darauf, zu erfahren, wie lange seine Schuld ihn hinter Gittern halten wird. Das »Lebenslänglich« darf nicht nur nicht lebenslänglich dauern – jeder Verurteilte muss auch so bald wie möglich erfahren, wie lang »lebenslänglich« für ihn konkret sein wird. Ob jemand besonders schwere Schuld auf sich geladen hat, muss das Gericht außerdem gleich am Anfang im Urteil feststellen. Mit dieser Nachricht darf niemand überrascht werden, wenn er nach 15 Jahren freikommen möchte.

Hat Daniel seinen Kampf gegen das »Lebenslänglich« gewonnen? Er ist längst frei. Bis zum Tod sitzt in der Realität kaum ein »Lebenslänglicher« im Gefängnis. Wir könnten die Höchststrafe für Mord offiziell auf 20 oder 30 Jahre herabsetzen, ohne dass sich dadurch in der Praxis viel ändern würde. Trotzdem steht bis heute im Strafgesetzbuch: »Der Mörder wird mit lebenslanger Freiheitsstrafe bestraft.«

Welchen Grund gibt es, daran festzuhalten? Die lebenslange Freiheitsstrafe ist ein Symbol für die Höchststrafe. In dieser Funktion hat sie die Todesstrafe abgelöst. Sie erinnert uns daran, wie der Staat das Menschenleben schützt. Denken wir zurück an die Befriedigung des Krimipublikums: Es erwartet, dass der Mörder sein »Lebenslänglich« bekommt, auch wenn das für ihn 15 oder 20 Jahre bedeutet. »Lebenslänglich« wirkt heute in der Gesellschaft mehr als aufgeladener Begriff, weniger als wörtlich zu nehmendes Strafmaß. Je mehr wir uns das bewusst machen, desto eher können wir aber auch auf diesen Begriff verzichten.

In den letzten beiden Kapiteln haben wir uns mit der Menschenwürde des Täters beschäftigt. Was ist mit der Würde der Opfer? Darum geht es im nächsten Kapitel.

»Ich habe keine Angst«

Der Wert des Lebens

Wie muss uns der Staat vor Terroristen schützen?

»Mein Gott, fliegt der tief«, entfährt es einer Frau. Hoch, runter, hoch, runter – in gleichmäßigen Wellen bewegen die Menschen auf der Straße ihre Köpfe, ihr Blick hängt an einem Flugzeug. Es schießt auf die Zeil zu, die Hauptgeschäftsstraße in Frankfurt am Main. Kurz vor dem Boden reißt es der Pilot hoch, setzt auf ein Hochhaus an. Wieder ein Sturzflug, wieder lenkt er knapp vor dem Aufprall ein.

Am 5. Januar 2003 um 15.05 Uhr hat der Flugplatz Babenhausen eine Entführung gemeldet. Ein Mann Anfang 30 hatte einen Rundflug mit einem Motorsegler gebucht. Er zog eine Pistole, warf den Piloten aus dem Flugzeug und stieg selbst auf. Sein Kurs: die Frankfurter Innenstadt. Um 15.30 Uhr hat er sich ordnungsgemäß beim Tower angemeldet. Er nennt sich »Steven«. Ein Polizeihubschrauber folgt ihm.

Steven fordert ein Interview mit dem Fernsehen und eine Funkverbindung in die USA. Er will Aufmerksamkeit – für eine Astronautin, die 1986 beim Absturz der US-Raumfähre »Challenger« ums Leben kam. Steven droht, in die Europäische Zentralbank zu stürzen. 148 Meter ragt der Turm in den Himmel.

Der Motorsegler kann nur 200 Stundenkilometer erreichen, kaum 17 Meter spannen sich seine Flügel. Doch wer an diesem Januartag in den Himmel über Frankfurt schaut, sieht vor seinem inneren Auge auch die Bilder vom 11. September 2001. Terroristen hatten damals vier Passagierflugzeuge entführt und zum Absturz gebracht, zwei davon flogen ins World Trade Center in New York. Die Türme stürzten ein, mehr als 3000 Menschen starben. Nicht einmal eineinhalb Jahre ist das zu diesem Zeitpunkt her.

Steht auch Frankfurt vor einer Katastrophe? Die Polizei löst Großalarm aus, evakuiert die Innenstadt. Der Polizeihubschrauber kann nichts ausrichten; Steven kreist weiter um die Wolkenkratzer. Die Menschen haben Angst. Sie schauen in den Himmel – und auf ihren Staat: auf die Polizei, das Militär, die Regierung. Sie hoffen, dass ihr Staat sie beschützt. Manche meinen: Er muss das Flugzeug abschießen.

Artikel 2 Absatz 2 des Grundgesetzes verpflichtet den Staat, jedes menschliche Leben zu schützen. Wird ein Mensch angegriffen, muss der Staat sein Leben verteidigen.

Doch wie weit muss er gehen?

Diese Frage beschäftigte die Richterinnen und Richter des Bundesverfassungsgerichts in noch dramatischeren Stunden, in einer Nacht im »Deutschen Herbst« 1977. Die Terroristen der Rote-Armee-Fraktion RAF verbreiten Schrecken: Im April haben sie Generalbundesanwalt Siegfried Buback in Karlsruhe im Auto erschossen, im Juli den Vorstandsvorsitzenden der Dresdner Bank, Jürgen Ponto, in seiner Wohnung in Oberursel.

Am 5. September 1977 überfällt in Köln das »Kommando Siegfried Hausner« den Wirtschaftsfunktionär Hanns Martin Schleyer auf dem Nachhauseweg, erschießt seinen Fahrer und drei Leibwächter. Schleyer zerren die Terroristen in einen VW-Bus und flüchten mit ihm. In wechselnden Verstecken halten sie ihn als Geisel. Sie nennen elf inhaftierte Terroristen und fordern: Lasst sie frei. Und uns aus der Bundesrepublik ausreisen. Sonst werden wir Schleyer hinrichten.

Bundeskanzler Helmut Schmidt bleibt hart. Er will sich nicht erpressen lassen.

Aus den Verstecken kommen Fotos in die Tagesschau und andere Medien. Erschöpft schaut Schleyer in die Kamera, in seinen Händen ein Transparent: »Seit 20 Tagen Gefangener der RAF«.

Bundeskanzler Schmidt bleibt hart.

Am 13. Oktober entführt ein palästinensisches Terrorkommando in Frankreich eine Lufthansa-Maschine mit der Flugnummer LH 181 namens »Landshut«. Es sind Verbündete der deutschen Terroristen; ihre Forderungen sind identisch: freie Gefangene, freies Geleit. An Bord der »Landshut« sind 91 Menschen.

Bundeskanzler Schmidt bleibt hart.

Schleyers Sohn ist Rechtsanwalt. In den Morgenstunden des 15. Oktober 1977 irrt die »Landshut« durch die arabische Welt. Schleyer ist noch verschwunden. Da bittet der Sohn das Bundesverfassungsgericht um Hilfe – im Namen seines Vaters. Sein Gegner: die Regierung. Das Gericht soll sie dazu verurteilen, die Forderungen der Entführer zu erfüllen. Die Terroristen freizulassen.

Der Staat hat Schleyers Leben in der Hand – und das Grundgesetz verpflichtet ihn, dieses Leben zu schützen. So sieht es sein Sohn. In einem Eilverfahren beantragt er eine »einstweilige Anordnung«. Wo Prozesse sonst Jahre dauern, findet am selben Tag eine Verhandlung statt. In der Nacht zum 16. Oktober diskutiert der Erste Senat hinter verschlossenen Türen, was zu tun ist.

Dass der Staat Schleyers Leben schützen muss, steht außer Frage. Bloß: Wie?

Es gibt unterschiedliche Strategien, mit einer Entführung umzugehen. Die Forderungen der Entführer zu erfüllen ist eine. Sie würde das Leben anderer Menschen gefährden, denn die elf Terroristen sind gefährlich. Der Staat muss aber nicht nur Schleyers Leben schützen, sondern das aller Bürger. Er muss flexibel bleiben: Gäbe das Grundgesetz für Entführungen eine bestimmte Antwort vor, wäre die Reaktion des Staates berechenbar. Dann könnte er seine Aufgabe aus Artikel 2 Absatz 2 gar nicht mehr erfüllen. Nicht erpressbar zu werden – dieses Ziel steht also nicht im Widerspruch dazu, Leben zu schützen. Es ist eine Voraussetzung dafür.

Andere Möglichkeiten sind: Weiter nach dem Versteck suchen und es stürmen. Mit den Entführern verhandeln. Alle Strategien haben Vor- und Nachteile. Keine von ihnen hat eine Erfolgsgarantie: Erfüllt der Staat die Forderungen der Entführer, können sie Schleyer trotzdem töten.

Die Richterinnen und Richter erkennen in dieser Nacht, dass es die einzig richtige Lösung nicht gibt. Sie kommen daher zu dem Ergebnis: Der Staat muss Schleyers Leben schützen – aber wie er das tut, ist eine politische Entscheidung. Solange es mehrere Möglichkeiten gibt, hat niemand ein Recht auf ein bestimmtes Vorgehen, auch nicht aufgrund Artikel 2.

Früh am 16. Oktober 1977 verkündet das Gericht seine Entscheidung. Schleyer wird nicht ausgetauscht.

Am nächsten Tag landet die »Landshut« vor Morgengrauen in Mogadischu in Somalia. Die Entführer setzen ein Ultimatum, drohen, das Flugzeug zu sprengen. Die Passagiere, behaupten sie, seien mit Benzin übergossen.

Den Piloten haben sie mit einem Kopfschuss getötet. Kurz nach Mitternacht stürmt ein deutsches Sondereinsatzkommando die »Landshut«, erschießt drei der vier Entführer. Die Passagiere kommen frei.

Es folgt die »Todesnacht von Stammheim«: Die Anführer der RAF, unter ihnen Andreas Baader und Gudrun Ensslin, begehen Selbstmord in ihren Zellen im Hochsicherheitstrakt. Am nächsten Tag teilt die RAF mit, sie habe Schleyers »Existenz beendet«. Seine Leiche wird im Kofferraum eines Audi 100 in Mülhausen im Elsass geborgen.

Der Schleyer-Fall gilt bis heute als Lehrstück dafür, dass der Staat jedes Leben schützen muss – dass diese Aufgabe aber knifflig sein kann. Dass es außergewöhnliche Situationen gibt, in denen keine Lösung die beste ist, in denen *ein* Opfer gebracht werden muss. Die Schleyer-Entscheidung sagt für solche Fälle: Aus der Schutzpflicht des Staates lässt sich nur ausnahmsweise eine Pflicht zu einer bestimmten Handlung ableiten.

Auch in Frankfurt im Januar 2003 gibt es mehrere Möglichkeiten, die Menschen zu schützen. Das Flugzeug abzuschießen ist eine davon. Der Verteidigungsminister lässt zwei Düsenjäger der Luftwaffe aufsteigen, sie umkreisen den Motorsegler.

Um 17.10 Uhr meldet der Tower in Frankfurt: Steven setzt zur Landung an. Sein Tank ist leer. Es ist noch einmal gutgegangen.

»Renegade« ist das englische Wort für »abtrünnig«. Ein »Renegade-Flugzeug« ist ein Verkehrsflugzeug, das jemand in seine Gewalt gebracht hat, um es »für luftverkehrsfremde Zwecke« zu nutzen – als Waffe bei einem gewollten Absturz. Wer ein Renegade-Flugzeug steuert, will eine Katastrophe.

Der Vorfall in Frankfurt entfacht eine Diskussion: Was, wenn es beim nächsten Mal kein verwirrter Einzeltäter im Motorsegler ist? Im selben Jahr richtet Deutschland am Niederrhein ein Zentrum für Sicherheit im Luftraum ein. Seine Aufgabe: Gefahren abzuwehren, die von Renegade-Flugzeugen drohen. Doch was darf das Zentrum tun? Die Schleyer-Entscheidung zeigt: Der Staat *muss* ein Renegade-Flugzeug nicht abschießen. Aber *darf* er es? Dafür gibt es zu dieser Zeit keine rechtliche Grundlage.

Im November 2003 bringt die Regierung ein Renegade-Gesetz auf den Weg. Sein Herzstück ist die Befugnis zum Abschuss: Kann ein Renegade-Flugzeug nicht anders aufgehalten werden, darf die Bundeswehr aufsteigen und es zum Absturz bringen. Die Passagiere an Bord werden für die Menschen am Boden geopfert. Nie zuvor hat ein Gesetz dem Staat erlaubt, absichtlich Menschen zu töten, die nicht *Täter* einer Straftat sind, sondern *Opfer*.

Ein Jahr diskutieren die Abgeordneten den Entwurf. Das Gesetz gehört zu den umstrittensten in der Geschichte der Bundesrepublik. Am Ende beschließen sie es. Der Bundespräsident muss es noch unterschreiben, doch Horst Köhler überlegt. Er setzt schließlich seinen Namen darunter, aber äußert Zweifel daran, dass die Regelung mit dem Grundgesetz vereinbar ist. Am 15. Januar 2005 tritt das *Luftsicherheitsgesetz* in Kraft.

Sofort erheben sechs Menschen Verfassungsbeschwerde: Vielflieger, Piloten und die FDP-Politiker Gerhart Baum und Burkhard Hirsch. Sie sind ständig in Flugzeugen und laufen Gefahr, bei einem Abschuss zu sterben.

Der Wert des Lebens

Der Staat muss das Leben aller Menschen schützen – doch was, wenn Leben gegen Leben steht? Darf er ein Leben opfern, um zwei zu retten?

Das moralische Problem brachte die britische Philosophin Philippa Foot schon 1967 auf den Punkt. Sie formulierte das *Trolley-Dilemma*, ein Gedankenexperiment, das bis heute diskutiert wird: Ein Zug ist außer Kontrolle geraten und rast auf fünf Gleisarbeiter zu, die nicht ausweichen können. Im letzten Moment ließe sich eine Weiche umschalten und der Zug auf ein anderes Gleis lenken. Auf diesem Gleis befindet sich *ein* Gleisarbeiter, der überfahren würde. Darf man den Weichenhebel umlegen? *Muss* man ihn umlegen?

Im Kapitel über die Folter haben wir schon die *konsequenzialistische* und die *deontologische* Sicht kennengelernt. Konsequenzialisten schauen auf das Ergebnis und finden einen Toten besser als fünf Tote. Unter dem Strich rettet man vier Menschen. Deontologen betrachten eine Handlung isoliert, ohne auf die Folgen zu schauen: Das Verbot, einen Menschen zu töten, ist absolut und kann nicht davon abhängen, ob andere dadurch gerettet werden. Im Trolley-Dilemma aber ist der Tod des einen Gleisarbeiters auf der alternativen Strecke nicht beabsichtigt. Er ist eine unvermeidbare Nebenwirkung der Rettung. Deshalb können sich selbst Deontologen damit anfreunden, den Hebel umzulegen. In der moralischen Diskussion sind sich daher viele einig: Es ist erlaubt, wenn nicht gar geboten, die Weiche umzustellen. Die meisten Menschen finden das moralisch richtig.

Beim Renegade-Flugzeug fällt die Bilanz noch deutlicher aus: Nehmen wir an, in einer entführten Passagiermaschine sitzen 100 unschuldige Menschen. Der Entführer rast auf ein Hochhaus zu. Würde das Flugzeug dort einschlagen, kämen am Boden 1000 Menschen ums Leben – zusätzlich zu den 100 im Flugzeug. Schießt man die Maschine rechtzeitig ab, rettet man die 1000 am Boden. Die 100 an Bord sterben so oder so. Ihr Leben würde nur um Sekunden verkürzt.

Wie im Trolley-Dilemma ist auch hier der Tod der Passagiere kein Mittel zum Zweck, sondern eine unbeabsichtigte Nebenwirkung der Rettung. Manche bringen das anschaulich auf den Punkt, indem sie sagen: Die Menschen an Bord sind Teil einer Waffe, die unschädlich gemacht wird.

Moralisch ist es verlockend, auf diese Rechnung einzugehen. Doch wie sieht es das Recht?

Das Grundrecht auf Leben aus Artikel 2 Absatz 2 ist nicht unantastbar. In das Recht auf Leben kann »aufgrund eines Gesetzes« eingegriffen werden. Der Staat darf Menschen töten – wenn er dafür einen bestechenden Grund hat. 1100 Tote minus 1000 Tote gleich 1000 Gerettete – kann diese Rechnung nicht nur moralisch, sondern auch rechtlich ein solcher bestechender Grund sein?

Rechtlich hat die Gleichung einen Schönheitsfehler: Der Staat rechnet mit Menschen wie mit Äpfeln. Er behandelt sie nicht als individuelle Wesen, sondern als Rechnungsposten, die man wegkürzen kann – als austauschbare Objekte. Das Bild von den Passagieren, die »Teil einer Waffe« geworden sind, bringt unverhohlen zum Ausdruck: Die Opfer an Bord sind keine Menschen, sondern Teil einer Sache.

Aus den letzten beiden Kapiteln wissen wir: Behandelt der Staat einen Menschen als Objekt, schrillen die Alarmglocken des Grundgesetzes. Es ist die höchste Alarmstufe, sie kommt aus Artikel 1 Absatz 1, direkt aus der Menschenwürde. Die Menschenwürde *ist* unantastbar. Sie verlangt, dass jeder Mensch als individuelles Wesen geachtet wird, nicht als austauschbares Objekt. Das ist die *Objektformel*, die wir schon aus den letzten beiden Kapiteln kennen. Weil jedes Leben eine eigene, unvergleichliche Würde besitzt, mag die Abwägung »Leben gegen Leben« vielen Menschen moralisch vertretbar erscheinen. Sie verstößt aber gegen das Konzept der Menschenwürde im Grundgesetz.

Doch gilt das auch in unserem zugespitzten Fall? Die Passagiere sind so oder so dem Tod geweiht: Entweder lässt der Entführer das Flugzeug abstürzen oder der Staat. Im einen Fall leben sie ein paar Atemzüge länger, Atemzüge in Todesangst, die man niemandem wünscht. Sind selbst diese panikerfüllten Atemzüge noch so lebenswert, dass die Menschenwürde sie schützt – und dass deswegen 1000 andere zusätzlich sterben müssen?

Diese Frage zielt auf den Unterschied zwischen lebenswertem und nicht lebenswertem Leben. Machen wir ihn, müssen wir eine Grenze ziehen. Wo soll sie liegen? Bei fünf Sekunden oder fünf Minuten? Bei fünf Jahren? Wie viel Würde hat eine 95-Jährige außerhalb eines Renegade-Flugzeugs, deren Tod absehbar ist? Ein vierjähriges todkrankes Kind?

Diese Überlegungen will Artikel 1 verhindern. Nie wieder soll wie im Dritten Reich der Staat zwischen lebenswertem und lebensunwertem Leben unterscheiden. Deshalb kann die Menschenwürde gegen nichts abgewogen werden, nicht relativiert werden. Sie ist wie das rohe Ei, das zerplatzt, wenn man es auch nur ein bisschen drückt. Es gibt nicht nach. Ein Leben, das noch drei quälende Sekunden dauert, genießt die gleiche Menschenwürde wie ein Leben, das glückliche Jahrzehnte vor sich hat.

Sind dann überhaupt Fälle denkbar, in denen der Staat Menschen töten darf, ohne ihre Würde zu verletzen?

Schauen wir auf das Leben des Entführers selbst. Schießt der Staat ihn ab, behandelt er ihn nicht als Objekt. Im Gegenteil: Er nimmt ihn als Subjekt ernst, das handelt, seine Geschicke lenkt – und dadurch andere bedroht. Der Entführer ist nicht hilflos ausgeliefert, sondern kann einlenken. Die Menschenwürde spricht nicht dagegen, ihn zu töten. Gibt es keine andere Möglichkeit, den Anschlag zu verhindern, liegt ein schwerwiegender Grund vor, bei dem der Staat in sein Recht auf Leben »eingreifen« darf.

Befindet sich nur der Täter im Flugzeug, erlaubt das Grundgesetz, ihn abzuschießen, um andere zu retten. Das Luftsicherheitsgesetz beschränkt sich aber nicht auf diesen Fall. Es gefährdet unschuldige Menschen wie diejenigen, die vor dem Bundesverfassungsgericht klagen. Das Gericht erklärt die Lizenz zum Abschuss deshalb für ungültig.

Das Recht stimmt in diesem Fall nicht mit dem moralischen Empfinden vieler Menschen überein. Wer als Soldat mit einem Renegade-Flugzeug konfrontiert wird, kann in ein Dilemma kommen. Da hilft ihm auch die Gewissensfreiheit nicht, denn sie garantiert nur, dass niemand *gegen* sein Gewissen etwas tun muss. Sie gibt niemandem das Recht, *für* sein Gewissen andere zu töten.

Auch für dieses Dilemma diskutieren manche eine rechtliche Lösung: Sie sprechen von einem *übergesetzlichen Notstand*. Damit meinen sie außergewöhnliche Fälle, für die es keine offensichtlich richtige Lösung gibt, bei denen man so oder so ein Opfer bringen muss. Wie bei der Abwägung »Leben gegen Leben«. Sie meinen einen

Konflikt, in dem sich niemand von uns als Moralapostel aufschwingen kann.

Die Figur des übergesetzlichen Notstands will das Dilemma so lösen: Wegen der Menschenwürde darf der Staat einem Soldaten nicht erlauben, das Flugzeug mit Passagieren abzuschießen. Entscheidet sich der Soldat trotzdem dafür und opfert wenige Leben für viele, handelt er gegen das Gesetz. Er wird dafür aber nicht bestraft, weil er sich in einem Konflikt befand, für den das Recht selbst keine befriedigende Lösung bietet.

Was hätten die Soldaten in den Kampfjets also tun sollen, wenn sich der Irrflug in Frankfurt anders entwickelt hätte? Der damalige Verteidigungsminister Franz Josef Jung empfahl ihnen öffentlich, sich im Ernstfall auf einen übergesetzlichen Notstand zu berufen. Der übergesetzliche Notstand steht, wie sein Name sagt, nicht im Gesetz. Manche Menschen stellen ihn darüber. Niemand kann sich darauf verlassen, dass ein Gericht das später auch so sieht.

Das Recht nimmt uns also nicht immer unsere moralischen Entscheidungen ab. Widersprechen sich Recht und Moral, ist jeder mit seinem Schicksal allein.

Manche wollen nicht, dass der Staat ihr Leben schützt. Sie wollen sterben. Wann sie das endlich dürfen, fragen einige Menschen im nächsten Kapitel.

Hoffnung auf Sterbehilfe
In wessen Hand liegt der Tod?

Ihr rechtes Auge ist verschlossen. Die Unterlider sind geschwollen, um die Nasenlöcher fressen sich Wunden ins Fleisch. Den Rest ihres Gesichts entstellen Narben.

So tritt Frau E. dem Professor in seiner Klinik entgegen. Vielleicht 15 Operationen hat sie hinter sich, sie zählt sie nicht mehr. Der Krebs wuchert seit fünf Jahren, erst in der Haut, dann in der Nasennebenhöhle, im Oberkiefer, hinter den Augen. Jetzt wächst er im Gehirn.

18 Tabletten und 40 Tropfen nimmt Frau E. pro Tag, Zäpfchen gegen die Schmerzen: Das Auge, die Stirn, die Schläfen – alles quält sie. Den Mund kann sie nicht schließen, schwer schlucken. Die Knochen im Kopf sind bei der Computertomographie kaum zu erkennen; der Krebs hat sie aufgelöst.

»Helft mir doch, helft mir doch, ich kann nicht mehr!«, schreit sie im Krankenbett. Sie würde aus dem Fenster im fünften Stock springen – aber was, wenn sie überlebt? Dann wäre alles noch schlimmer. Bevor sie nach Hause geht, ringt Frau E. dem Professor ein Versprechen ab: Er wird ihr helfen, wenn es so weit ist. Wenn sie nicht länger auf den Tod warten will.

Philosophen streiten seit jeher darüber, ob ein Mensch freiwillig aus dem Leben scheiden darf. Ist das Leben immer ein Geschenk – und wenn ja: Muss der Beschenkte es behalten, oder darf er es zurückgeben?

Immanuel Kant hielt die »Selbstentleibung« für unzulässig. Das Leben ist aus seiner Sicht ein Selbstzweck; der Mensch muss es erhalten, sonst verletzt er eine »Pflicht gegen sich selbst«. Sein Kollege Arthur Schopenhauer konnte nachvollziehen, dass »die Schrecknisse des Lebens die Schrecknisse des Todes überwiegen« können. Doch wann ist das der Fall? Wenn jemand, wie Frau E., unter einer qualvollen unheilbaren Krankheit leidet? Wenn jemandem seine Ehe unerträglich geworden ist oder seine Arbeit – oder der Umstand, dass er das eine oder das andere nicht hat?

Oder ist es, wie Aristoteles meinte: Sich selbst kann niemand freiwillig unrecht tun. Wer sich tötet, fügt aber der Gesellschaft Schaden zu, denn die Gesellschaft will fortbestehen. Wer sich selbst töten will, dem haftet daher nach Aristoteles ein gesellschaftlicher »Makel« an. In manchen Bundesstaaten der USA war Suizid lange strafbar: Wer sich aus dem fünften Stock stürzte und überlebte, kam vor Gericht.

Das deutsche Recht hat Mitgefühl mit dem Lebensmüden: Der Kampf mit sich selbst, mit seinem Leben straft ihn genug. Ihn ins Gefängnis zu stecken, wenn er überlebt, scheint unangemessen hart – egal, was man moralisch von seiner Tat halten mag. Deshalb ist Suizid in Deutschland keine Straftat.

Doch wie sehr darf ich andere Menschen in meinen Todeswunsch verstricken?

Mit dieser Frage beschäftigte sich der Bundesgerichtshof schon viele Jahre, bevor Frau E. dem Professor das Versprechen abnimmt, 1963 im *Gisela-Fall*. Gisela ist 16 und liebt einen älteren Freund. Ihre Eltern missbilligen die Beziehung; sie verbieten dem Freund den Kontakt zu ihrer Tochter. Gisela will sterben. Ihr Freund möchte sie nicht allein aus dem Leben gehen lassen. Sie planen einen Doppelsuizid.

Beide schreiben einen Abschiedsbrief an die Eltern und fahren im Auto des Freundes auf einen Parkplatz. Die Tabletten, die sie genommen haben, wirken nicht. Wir müssen es anders versuchen, bestimmt Gisela. Ihr Freund schlägt vor, Abgase in den Wagen zu leiten. Gisela ist einverstanden.

Der Freund legt einen Schlauch vom Auspuff durch einen Schlitz im linken Wagenfenster. Er setzt sich ans Steuer, Gisela steigt von der anderen Seite ein. Der Freund lässt den Motor an und tritt das Gaspedal durch.

Am nächsten Morgen werden beide gefunden, in sich zusammengesunken, bewusstlos. Der Motor läuft. Im Krankenhaus überlebt nur der Freund – und kommt vor Gericht.

Selbsttötung ist nicht strafbar. Hätte Gisela sich die Autoschlüssel besorgt, sich allein ins Auto gesetzt und vergiftet, hätte sie das gedurft. Genauso klar ist: Niemand darf einen Menschen gegen dessen Willen töten. Aber was ist in der Zone dazwischen: Wenn jemand einen anderen bittet, seinem Sterben nachzuhelfen?

Beihilfe zu einer Straftat leistet, wer die Straftat bewusst fördert: Wer einem Mörder sein Auto leiht, damit der jemanden überfahren kann. Auch die Beihilfe zur Straftat ist strafbar. Doch weil die Selbsttötung keine Straftat ist, gibt es dazu keine Beihilfe. Hätte der Freund Gisela sein Auto überlassen, damit sie sich allein darin tötet, hätte keiner von beiden sich deswegen strafbar gemacht.

Wie weit aber darf die Hilfe gehen? Stellen wir uns vor, jemand besorgt dem Lebensmüden nicht nur die Pistole, sondern drückt auf dessen Wunsch auch ab. Wenn ich mich selbst erschießen darf – sollte es dann nicht auch möglich sein, dass ein anderer nach meiner Anweisung die Pistole bedient?

Doch das wirft Fragen auf. Sofern der Lebensmüde körperlich in der Lage ist, den letzten Schritt selbst zu gehen: Warum tut er es dann nicht? Ist der Wunsch, aus dem Leben zu scheiden, doch nicht so stark? Und stellt er den, der es für ihn tun soll, nicht vor ein unaushaltbares Dilemma? Nämlich entweder für den Tod eines anderen verantwortlich zu sein – oder dafür, dass der andere lebt und leidet? Diese Probleme nimmt das deutsche Strafrecht ernst und verbietet die *Tötung auf Verlangen*. Es gibt dem Gebetenen die Möglichkeit, »nein« zu sagen, einfach mit der Begründung: Es ist verboten. Lässt er sich doch hinreißen, wird er milder bestraft.

Hat Giselas Freund ihr nun geholfen, oder hat er sie getötet? Die Strafkammer spricht ihn frei. Gisela hat sich selbst getötet, meint das Gericht, indem sie sich in das Auto setzte. Der Freund hat straflose Beihilfe geleistet. Sie hätte jederzeit aussteigen können, bevor sie das Bewusstsein verlor.

Damit wollen sich Giselas Eltern nicht abfinden, gemeinsam mit der Staatsanwaltschaft gehen sie vor den Bundesgerichtshof. Der überlegt: Macht es einen Unterschied, ob jemand ein Gaspedal drückt oder einen Pistolenabzug? Kann nicht auch jemand, der sich erschießen lassen will, bis zuletzt zur Seite treten? Tut er das aber nicht, legt er sein Leben in die Hand eines anderen. Der andere tötet ihn. Hier hat der Freund die Handlung ausgeführt, die Gisela tötete – er hat das Gaspedal gedrückt wie eine Pistole. Der Freund ist daher strafbar wegen Tötung auf Verlangen.

Der Gisela-Fall macht deutlich, worauf es unserer Rechtsordnung ankommt: Ich darf mich selbst töten; dabei darf mir ein anderer helfen. Aber ich darf mein Leben nicht in die Hand des anderen legen. Niemand soll sich zurücklehnen und sagen: Mach du es! Das Gaspedal, den Pistolenabzug, den Knopf muss ich selbst drücken.

Entscheidend ist, wer den Knopf drückt – diese Grenze scheint so klar, dass man sie ursprünglich auch für einen anderen Fall benutzte: Wenn der natürliche Tod bevorsteht, weil jemand schwer krank ist. Die moderne Medizin kann diesen Tod oft aufhalten, Tage, Monate, Jahre. Niemand darf gegen seinen Willen behandelt werden, sonst begeht der Arzt eine strafbare Körperverletzung. Diesen Willen kann ich in einer *Patientenverfügung* festhalten; er kann sich auch aus Äußerungen gegenüber Freunden, Verwandten oder Ärzten ergeben.

Ich kann also verlangen, dass die Ärzte ein Gerät nicht einschalten, mich ungehindert sterben lassen. Dafür gibt es den Begriff der *passiven Sterbehilfe* – der Arzt bleibt auf Wunsch des Patienten untätig. Diese passive Sterbehilfe ist nicht strafbar. Hänge ich aber bereits an einem Gerät, müsste jemand dieses Gerät ausschalten. Das würde bedeuten, dass ein anderer den Knopf für mich drückt. Es wäre *aktive Sterbehilfe,* eine strafbare Tötung auf Verlangen. Diese Unterscheidung zwischen aktiv und passiv, zwischen Tun und Unterlassen, hat man bei der Sterbehilfe lange Zeit für sinnvoll gehalten.

Im Jahr 2007 fordert ein Rechtsanwalt diese Grenze heraus. Kurz vor Weihnachten klingelt sein Telefon, ein Geschwisterpaar fleht: Was sollen wir tun?

Die beiden sind gerade aus einem Pflegeheim geworfen

worden. Darin liegt ihre Mutter, seit einer Hirnblutung vor fünf Jahren vegetiert sie im Wachkoma vor sich hin. Die Ärzte mussten ihren linken Arm amputieren. Aus einem Loch in ihrem Bauch ragt ein Schlauch; über eine Sonde fließt Nahrung in ihren Magen. 76 Jahre ist die Frau alt, 40 Kilo schwer. Nichts spricht dafür, dass sich ihr Zustand bessern wird.

Vor der Hirnblutung hat die Frau zur Tochter gesagt: Schließt mich niemals an Schläuche an. Wenn die Zeit kommt, will ich weder künstlich ernährt noch beatmet werden. Doch das Pflegepersonal weigerte sich, die Sonde abzuschalten. Deshalb hat die Tochter es selbst getan, heimlich. Aber sie wurde entdeckt: Der Apparat läuft wieder, Tochter und Sohn haben Hausverbot bekommen. Jetzt stehen sie draußen und telefonieren mit dem Anwalt.

Der rät ihnen: Schneidet den Schlauch durch, direkt über der Bauchdecke. Die Geschwister schleichen zurück ins Krankenzimmer, die Tochter führt aus, was der Anwalt ihnen aufgetragen hat. Die Heimleiterin ruft die Polizei. Die Mutter wird »gerettet« – am 5. Januar kommt der Tod von selbst. Die Tochter wird freigesprochen, weil sie sich auf den Rat des Anwalts verlassen hat. Der Anwalt hat das Geschehen gesteuert, er muss sich daher wegen versuchten Totschlags verantworten.

Entscheidend ist, wer den Knopf drückt – nach dieser Grenze ist der Fall klar: Sie hätten die Mutter nach ihrem eigenen Willen sterben lassen dürfen, indem sie ihr die Sonde nicht legen, den Apparat gar nicht einschalten oder einfach keine Nahrung mehr in das Gerät nachfüllen. Das wäre eine straflose passive Sterbehilfe gewesen. Den Schlauch aber durchzuschneiden ist eine aktive Handlung wie das Abdrücken einer Pistole. Wer den Schlauch kappt, lässt nicht sterben, sondern tötet.

Doch so eindeutig diese Grenze ist, so klar ist ihre Schwäche: Oft entscheiden zufällige äußere Umstände darüber, wer leben muss und wer sterben darf, wer bestraft wird und wer nicht. Zum Beispiel, ob ein Patient schon an einem Beatmungsgerät hängt, weil er bewusstlos war und nicht verhindern konnte, dass man das Gerät einschaltet. Oder ob jemand einen Schlauch durchschneidet, statt einfach keine Nahrung mehr in ein Gerät zur künstlichen Ernährung nachzufüllen – weil er nicht erst über den feinsinnigen Unterschied zwischen Tun und Unterlassen nachgegrübelt hat. Das findet der Anwalt seltsam.

Es ist Sommer 2010, als der Fall vor den Bundesgerichtshof kommt. Der Anwalt streut dort seine Zweifel: Machen wir uns nicht etwas vor mit der Unterscheidung zwischen aktiv und passiv, zwischen Tun und Unterlassen? Wir akzeptieren, dass sich ein Schwerstkranker Schmerzmedikamente wie Morphin spritzen lässt, die als Nebenwirkung sein Sterben beschleunigen können. Auch das ist, wenn wir ehrlich sind, eine Tötung durch aktives Tun. Aber wir sind nicht ehrlich, nennen es *indirekte Sterbehilfe* und bestrafen es nicht. Mit der Patientenverfügung erkennt das Gesetz das Selbstbestimmungsrecht inzwischen ausdrücklich an.

Das Gericht nutzt die Gelegenheit, mit den Widersprüchen Schluss zu machen. Es ändert die Maßstäbe: Steht der natürliche Tod bevor, meint es, kann es nicht mehr darauf ankommen, ob jemand einen Knopf drückt oder einfach nichts tut. Entscheidend ist, was der Patient will. Er hat ein Recht darauf, dass niemand sein Sterben aufhält. Dieses Recht müssen wir respektieren, egal ob wir dafür eine Maschine nicht einschalten oder ausschalten.

Hoffnung auf Sterbehilfe

Der Anwalt hat es geschafft. Wer sterben will, hat nach diesem Urteil zwei Möglichkeiten: Kommt der Tod von selbst, kann er verlangen, dass ihn niemand aufhält. Soll der Tod von Menschenhand kommen, bleibt es dabei: Er muss seine eigene Hand an sich legen.

Zu Frau E. kommt der Tod nicht. Ihr Zustand verschlechtert sich täglich. Sie kann kaum noch essen und trinken, sieht fast nichts mehr. Die Schmerzen sind unerträglich. Aber sie lebt.

Frau E. ruft den Professor an und fordert die versprochene Hilfe. Als Sterbetag legen sie den 17. April 1984 fest. Frau E. entscheidet sich für Kaliumcyanid, es tötet schnell und sicher. Gegen 20 Uhr umarmt sie den Professor, dankt ihm für seine Hilfe. Kurz darauf sitzt sie mit einer Bekannten und einem Pappbecher im Zimmer. Vier Gramm hat der Professor ihr besorgt, genug, um mehrere Menschen umzubringen. Der Professor selbst ist nicht im Raum. In kleinen Schlucken trinkt Frau E. das Gift, wird bewusstlos und stirbt in den Armen ihrer Bekannten.

Hat der Professor sich strafbar gemacht? Er hat alles für Frau E. organisiert, aber den Becher hat sie zum Mund geführt. Sie hat den Knopf gedrückt. Der Professor hat straflose Beihilfe zu einer straflosen Selbsttötung geleistet.

Doch damit ist der Fall nicht zu Ende. Ob der Professor bestraft wird, ist *eine* Frage – eine andere ist: Darf die Gesellschaft Frau E.s Tod zulassen? Angeklagt ist auch ihre Bekannte, in deren Armen sie starb. Der Vorwurf: unterlassene Hilfeleistung. Wird jemand Zeuge eines Unglücksfalls, muss er helfen, so gut er kann.

Liegt ein Unglücksfall vor, wenn sich jemand tötet? Über diese Frage stritten die Richterinnen und Richter am Bundesgerichtshof schon 30 Jahre vor Frau E.s Fall. Ein Ehemann kommt am frühen Morgen von der Arbeit nach Hause. In der Küche strömt Gas aus drei Hähnen. Im Schlafzimmer liegt seine Frau auf dem Bett. Ihr Gesicht ist grün, sie hat Schaum vor dem Mund. Drei Stunden bleibt der Ehemann mit seiner bewusstlosen Frau in der Wohnung, ohne Hilfe zu holen. Schließlich rettet sie ihr Geliebter. Der Ehemann wird wegen unterlassener Hilfeleistung angeklagt.

Das ist im Jahr 1954. Ein Unglück, meinen einige Richter, kann nur ein Ereignis sein, mit dem der Betroffene nicht gerechnet hat. Wer sich selbst tötet, für den ist der Tod kein Unglück. Er will nicht, dass ihm geholfen wird.

Die anderen halten dagegen: Nicht jeder, der den Gashahn aufdreht, will sterben. Manche wollen gerettet werden. Wie soll ein Außenstehender das schnell und sicher beurteilen?

Hinzu kommt ein zweites Argument: Dass das Recht von uns fordert, bei einem Unglücksfall zu helfen, schützt nicht nur den, der in Not ist. Es schützt die Grundlagen der Gesellschaft. Dazu gehört, füreinander einzustehen. Und jemanden, der plötzlich in Lebensgefahr schwebt, nicht seinem Schicksal zu überlassen, auch wenn er die Situation selbst herbeigeführt hat. So mag die Selbsttötung kein Unglücksfall für denjenigen sein, der sterben will – für die Gesellschaft ist sie es nach dieser Sichtweise immer. Diese Sicht setzt sich durch, damals am Bundesgerichtshof: Der Ehemann wird bestraft.

Auch Frau E.s Bekannte war bei einem Unglücksfall zugegen, stellt das Gericht 1987 fest: Grundsätzlich hätte sie verhindern müssen, dass Frau E. das Gift trinkt. Doch das Gericht macht eine Ausnahme, und die Begründung bringt es in einem Wort auf den Punkt: Erlösung. Frau E. musste nicht gerettet werden, weil sie so offensichtlich unter ihrer Krankheit litt.

Nach Frau E.s Tod will der Professor eine andere Frau an ein Infusionsgerät mit einer Giftlösung anschließen. Weil die Frau am restlichen Körper gelähmt ist, soll sie das Gerät mit der Zunge bedienen. Anders als bei Frau E. erfährt diesmal die Polizei vom Vorhaben des Professors – er selbst hat sie informiert, weil er Klarheit will. Die Polizei schreitet ein und verbietet dem Professor, seinen Plan auszuführen. Zu den Aufgaben der Polizei, sagt später ein Gericht, gehört es, jedes menschliche Leben zu schützen – ob jemand eine Straftat begeht oder nicht. Auch wenn der Professor sich nicht strafbar macht, zeigt das Recht auf diese Weise, dass sein Tun in der Gesellschaft unerwünscht ist.

Im Jahr 2009 verbietet ein Gericht die organisierte Sterbehilfe: Sie ist nicht strafbar, sei aber »sozial unwertig«. Man kommt für sie nicht ins Gefängnis, aber der Staat kann sie verbieten. Hilfe zur Selbsttötung soll nicht angeboten werden wie eine Schuhreparatur. Während dieser Text entsteht, beschließt der Deutsche Bundestag, geschäftsmäßige Sterbehilfe auch unter Strafe zu stellen.

Fassen wir all das zusammen: Lehnt ein sterbenskranker Patient ärztliche Hilfe ab, respektiert die Rechtsordnung seinen Willen. Will ein Mensch sich töten, darf er das, egal ob krank oder gesund. Die Gesellschaft darf ihm das Gift nicht einflößen, aber besorgen – unter der Hand, nicht als offizielles Angebot. Bekommt die Gesellschaft mit, dass er das Gift zum Mund führt, muss sie ihn davon abhalten, es zu trinken. Eine Ausnahme lassen wir zu, wenn der Todeswunsch uns plausibel scheint, wenn jemand wie Frau E. vom Leiden gezeichnet ist. Alle anderen müssen ihr Gift heimlich trinken.

Das klingt widersprüchlich, folgt aber einem Prinzip: Die Gesellschaft will nicht, dass Menschen sich töten. Sie weiß aber, dass es Konfliktsituationen gibt, in denen jemand keine andere Möglichkeit sieht. Dieser Ansatz kombiniert Elemente von Aristoteles und Schopenhauer, die wir am Anfang des Kapitels betrachtet haben: »Die Schrecknisse des Lebens« können »die Schrecknisse des Todes« überwiegen, einerseits. Andererseits schadet Selbsttötung der Gesellschaft.

Damit sind wir wieder bei der Frage vom Anfang: Wann überwiegen »die Schrecknisse des Lebens die Schrecknisse des Todes«? Kann sich die Gesellschaft anmaßen, das für den Betroffenen zu entscheiden? Wie kann die Rechtsordnung mit einer solchen Situation umgehen?

Das deutsche Strafrecht kennt einen Fall, der zumindest ähnliche Merkmale enthält: den Schwangerschaftsabbruch. Er ist grundsätzlich eine Straftat, das Recht missbilligt jede Tötung. Auch hier erkennt es aber an, dass jemand in Ausnahmefällen, aus einer Konfliktsituation heraus, keine andere Lösung sieht, als sich gegen das Leben zu entscheiden. Die Gesellschaft maßt sich nicht an, darüber zu urteilen, welcher Konflikt schwer genug ist. Aber sie verlangt, dass die Schwangere erst eine Beratung in Anspruch nimmt, die Hilfe und Perspektiven für das Leben aufzeigt. Frühestens drei Tage nach dieser Beratung, bis zu zwölf Wochen nach der Empfängnis, darf ein Arzt den Schwangerschaftsabbruch durchführen – ganz offiziell. Auch wenn die Gesellschaft die Tötung nicht will, lässt sie die Schwangere mit ihrem Konflikt nicht allein.

Taugt dieses Konzept als Vorbild für den Umgang mit Menschen, die mit ihrem eigenen Leben hadern? Frau E.s Leben hätte es wohl nicht gerettet. Aber es hätte sie mit ihrer Verzweiflung nicht an den Rand der Gesellschaft gedrängt.

Anhang

Zum Nachprüfen und Mehrwissen

Die Fälle in diesem Buch sind wahr. Um Beteiligte zu schützen, habe ich Geschichten manchmal verfremdet und manche Namen geändert. Jeden Fall können Sie im Original nachlesen. Fast alle Entscheidungen finden Sie im Internet, wenn Sie das jeweilige Aktenzeichen in einer Suchmaschine eingeben.

Eine gerichtliche Entscheidung hat in der Regel zwei Teile: Im ersten steht der Sachverhalt. Sie werden staunen, wie spannend das Leben ist, das vor Gericht landet! Im zweiten Teil finden Sie die Entscheidungsgründe, das ist die rechtliche Würdigung des Falls.

Wenn Sie sich unabhängig vom konkreten Fall mit den Themen dieses Buches tiefer beschäftigen möchten, finden Sie auch dafür Hinweise:

Recht auf Rausch: **Darf mich der Staat bevormunden?** Wer mehr über Cannabis nachlesen will, dem sei die sehr ausführliche Entscheidung vom 9. März 1994 ans Herz gelegt. Dort geht es um alle Argumente – und darum, was sie rechtlich bedeuten: Bundesverfassungsgericht, Aktenzeichen 2 BvL 43/92 *(Cannabis)*. Der Reiter aus Aachen wurde berühmt durch Bundesverfassungsgericht, Beschluss vom 6. Juni 1989, Aktenzeichen 1 BvR 921/85 *(Reiten im Walde)*. Wer sich mehr für die gängigeren Rauchwaren interessiert, schaue in Bundesverfassungsgericht, Urteil vom 30. Juli 2008, Aktenzeichen 1 BvR 3262/07 *(Rauchverbot in Gaststätten)*.

***Ziviler Ungehorsam:* Was ist Gewalt?**
Wie die Friedensbewegung gewaltfrei die Welt verändern wollte, beschreiben ihre Hauptfiguren in Nick, Volker/Scheub, Volker/Then, Christof: *Mutlangen 1983 bis 1987: Die Stationierung der Pershing II und die Kampagne Ziviler Ungehorsam bis zur Abrüstung,* Tübingen 1993. Ihren ersten, erfolglosen Anlauf vor dem Bundesverfassungsgericht finden Sie im Urteil vom 11. November 1986, Aktenzeichen 1 BvR 713/83 *(Sitzblockaden I).* Die Story von Studentenführer Laepple behandelt der Bundesgerichtshof im Urteil vom 8. August 1969, Aktenzeichen 2 StR 171/69 *(Laepple).* Erfolg hatte die Friedensbewegung dann vor dem Bundesverfassungsgericht im Beschluss vom 10. Januar 1995, Aktenzeichen 1 BvR 718/89 *(Sitzblockaden II).* Die weitere Entwicklung dokumentieren die Beschlüsse des Bundesverfassungsgerichts vom 24. Oktober 2001, Aktenzeichen 1 BvR 1190/90 *(Sitzblockaden III)* und vom 7. März 2011, Aktenzeichen 1 BvR 388/05 *(Sitzblockaden IV).*

***Schießbefehl an der Grenze:* Wann muss ich Widerstand leisten?**
Die *Radbruchsche These* entwickelt ihr Erfinder im Aufsatz Radbruch, Gustav: *Gesetzliches Unrecht und übergesetzliches Recht,* Süddeutsche Juristenzeitung 1946, S. 105–108. Wolfgang und Holgers Geschichte können Sie nachlesen unter www.chronik-der-mauer. de. Sie standen vor dem Landgericht Berlin, Urteil vom 5. Februar 1992, Aktenzeichen (518) 2 Js 63/90 KLs (57/91), vor dem Bundesgerichtshof, Urteil vom 3. November 1992, Aktenzeichen 5 StR 370/92 *(Mauerschützen I).* Um ihre Vorgesetzten kümmerte sich

das Bundesverfassungsgericht, Beschluss vom 24. Oktober 1996, Aktenzeichen 2 BvR 1852/94 *(Mauerschützen)*.

Der weibliche Vater: Brauchen wir ein Geschlecht?
Wie Claudia erreichte, dass die Rechtsordnung erstmals Transsexualität anerkennt, lesen Sie in Bundesverfassungsgericht, Beschluss vom 11. Oktober 1978, Aktenzeichen 2 BvR 16/72 *(Transsexuelle I)*. Martina erstritt ihre gleichgeschlechtliche Ehe in Bundesverfassungsgericht, Beschluss vom 27. Mai 2008, Aktenzeichen 1 BvL 10/05 *(Transsexuelle V)*. Das empfundene Geschlecht hatte seinen Durchbruch in Bundesverfassungsgericht, Beschluss vom 11. Januar 2011, Aktenzeichen 1 BvR 3295/07 *(Transsexuelle VI)*. Wie Sie sehen, fehlen dazwischen einige Entscheidungen – zu dem Thema hat sich mehr bewegt, als man in einem Kapitel beschreiben kann. Wenn Sie die Lücken schließen wollen, können Sie in Bundesverfassungsgericht, Beschluss vom 26. Januar 1993, Aktenzeichen 1 BvL 38/92 *(Transsexuelle II)* nachlesen, dass auch junge Menschen schon ihre eigene Identität haben dürfen, in Bundesverfassungsgericht, Beschluss vom 6. Dezember 2005, Aktenzeichen 1 BvL 3/03 *(Transsexuelle III)*, dass es auch homosexuelle Transsexuelle gibt, und in Bundesverfassungsgericht, Beschluss vom 18. Juli 2006, Aktenzeichen 1 BvL 1/04 *(Transsexuelle IV)*, dass auch ausländische Transsexuelle in Deutschland ihre Identität leben dürfen. Karin und Johanna sind gescheitert vor dem Oberlandesgericht Köln, Beschluss vom 30. November 2009, Aktenzeichen 16 Wx 94/09 *(Weiblicher Vater)*.

Totale Überwachung: **Was darf der Staat wissen?**
Ariane kämpft gegen ihren Großen Bruder in Bundesverwaltungsgericht, Urteil vom 25. Januar 2012, Aktenzeichen 6 C 9.11 *(Videoüberwachung)*. Die Grundlagen legte das Bundesverfassungsgericht im Urteil vom 15. Dezember 1983, Aktenzeichen 1 BvR 209/83 *(Volkszählung)*. Der mutmaßliche Mörder, der sich im Selbstgespräch verriet, bekommt sein Urteil am 10. August 2005 vor dem Bundesgerichtshof, Aktenzeichen 1 StR 140/05 *(Abgehörtes Selbstgespräch)*. Schon vorher schuf das Bundesverfassungsgericht ihm die geschützten Räume im Urteil vom 3. März 2004, Aktenzeichen 1 BvR 2378/98 *(Großer Lauschangriff)*. Das *Computer-Grundrecht* erfand es mit Urteil vom 27. Februar 2008, Aktenzeichen 1 BvR 370/07 *(Online-Durchsuchung)*. Mit der »Vorratsdatenspeicherung« beschäftigte sich das Bundesverfassungsgericht im Urteil vom 2. März 2010, Aktenzeichen 1 BvR 256/08, der Europäische Gerichtshof im Urteil vom 8. April 2014, Aktenzeichen C-293/12.

Recht auf Vergessenwerden: **Kann jemand meinen Ruf zerstören?**
Victor Solas Kampf gegen die Vergangenheit können Sie nachlesen in Europäischer Gerichtshof, Urteil vom 13. Mai 2014, Aktenzeichen C-131/12 *(Recht auf Vergessenwerden)*. Experimente zur *Aussageverzerrung* finden Sie bei Pandelaere, Mario/Dewitte, Siegfried: *Is this a Question? Not for Long: The Statement Bias,* Journal of Experimental Psychology 2006 (Band 42), S. 525–531. Der Bundesgerichtshof wendet die psychologischen Erkenntnisse an im Urteil vom 14. Mai 2013, Aktenzeichen VI ZR 269/12 *(Autocomplete)*. Wie sich Straftäter mit ihrer Vergangenheit befassen müssen, klärt das Bundes-

verfassungsgericht im Urteil vom 5. Juni 1973, Aktenzeichen 1 BvR 536/72 *(Soldatenmord von Lebach I)* und im Beschluss vom 25. November 1999, Aktenzeichen 1 BvR 348/98, 755/98 *(Soldatenmord von Lebach II)*.

Karriere und Frauenquote: **Wie gleich sind wir?**
Der Vorkämpferin der Gleichberechtigung hat die Hessische Landesregierung ein Buch gewidmet: *Elisabeth Selbert. Die große Anwältin der Gleichberechtigung*, Frankfurt 1999. Den langen Weg der Realität zeichnet das Bundesverfassungsgericht nach im Beschluss vom 13. November 1979, Aktenzeichen 1 BvR 631/78 *(Hausarbeitstag)*, vom 5. März 1991, Aktenzeichen 1 BvL 83/86 *(Ehenamen)*, im Urteil vom 28. Januar 1992, Aktenzeichen 1 BvR 1025/82 *(Nachtarbeitsverbot)*. Der Hebammenstreit landete vor dem Bundesverwaltungsgericht, Urteil vom 21. März 1972, Aktenzeichen I C 13. 71 *(Hebammengesetz)* und dem Europäischen Gerichtshof, Urteil vom 8. November 1983, Aktenzeichen 165/82 *(Männliche Hebammen)*. Wie Väter sich mehr um ihre Kinder kümmern, untersucht Bundesverfassungsgericht, Beschluss vom 26. Oktober 2011, Aktenzeichen 1 BvR 2075/11 *(Vätermonate)*. Die Grundlagen für die Quote legt der Europäische Gerichtshof im Urteil vom 17. Oktober 1995, Aktenzeichen C-450/93 *(Frauenquote)* und vom 11. November 1997, Aktenzeichen C-409/95 *(Frauenquote mit Öffnungsklausel)*.

»Der Holocaust auf Ihrem Teller«: **Steht der Mensch über Tieren und Natur?**
Ein wichtiger Treiber der Umweltbewegung war der Bericht des Club of Rome, den Sie nachlesen können in Meadows, Dennis: *Die Grenzen des Wachstums. Bericht des Club of Rome zur Lage der Menschheit*, Stuttgart

1972. Die Diskussion über unser Verhältnis zur Umwelt zeichnet nach Petersen, Jens: *Anthropozentrik und Ökozentrik im Umweltrecht,* Archiv für Rechts- und Sozialphilosophie 1997 (Band 83), S. 361–368. Das Schicksal des Wellensittichs auf der *documenta,* bevor der Tierschutz ins Grundgesetz aufgenommen wurde, besiegeln Amtsgericht Kassel, Urteil vom 5. Oktober 1990, Aktenzeichen 99 OWi 626 Js 15932.8/90 und OLG Frankfurt, Beschluss vom 4. Juni 1991, Aktenzeichen 2 Ws (B) 242/91 OWiG *(Kunst mit Wellensittich).* Über den Tod der Kaninchen urteilt Kammergericht Berlin, Beschluss vom 24. Juli 2009, Aktenzeichen (4) 1 Ss 235/09 (150/09) *(Kunst mit Kaninchen).* Welche Würde Tiere im Vergleich zu Menschen haben, erkunden Bundesverfassungsgericht, Beschluss vom 20. Februar 2009, Aktenzeichen 1 BvR 2266/04 und Europäischer Gerichtshof für Menschenrechte, Urteil vom 8. November 2012, Aktenzeichen 43481/09 *(»Der Holocaust auf Ihrem Teller«).* Dass der Tierschutz im Grundgesetz keine Tierversuche unmöglich macht, entscheidet Bundesverwaltungsgericht, Beschluss vom 20. Januar 2014, Aktenzeichen 3 B 29.13 *(Tierversuche).*

Beschneidung und Gesundbeten: **Was darf die Religion?** Das Beschneidungsurteil, das weltweit Aufsehen erregte, fällte das Landgericht Köln, Urteil vom 7. Mai 2012, Aktenzeichen 151 Ns 169/11 *(Beschneidung).* Bernd, der seine Frau nicht ins Krankenhaus brachte, ging bis zum Bundesverfassungsgericht, Beschluss vom 19. Oktober 1971, Aktenzeichen 1 BvR 387/65 *(Gesundbeter).* Wie sich der Tierschutz im Grundgesetz auf das rituelle Schlachten auswirkt, zeigt ein Vergleich von Bundesverfassungsgericht, Urteil vom 15. Januar 2002, Aktenzeichen 1 BvR 1783/99 *(Schächten ohne Tierschutz im Grundgesetz)* und Bundesverwaltungsgericht, Urteil vom 23. November 2006, Aktenzeichen 3 C 30.05 *(Schächten mit Tierschutz im Grundgesetz)*.

»Soldaten sind Mörder«: Wie weit reicht die Meinungsfreiheit?
Wollen Sie die Geschichte des Zitats »Soldaten sind Mörder« genau nachlesen, können Sie dies tun in Hepp, Michael/Otto, Viktor: *Soldaten sind Mörder: Dokumentation einer Debatte 1931-1996*, Berlin 1996. Tucholskys Originaltext: Tucholsky, Kurt: *Der bewachte Kriegsschauplatz*, Die Weltbühne 1931 (Band 31), S. 191–192. Rechtlich befasste sich mit dem Fall Bundesverfassungsgericht, Beschluss vom 25. August 1994, Aktenzeichen 2 BvR 1423/92 *(Soldaten sind Mörder I)*, ebenso Bundesverfassungsgericht, Beschluss vom 10. Oktober 1995, Aktenzeichen 1 BvR 1476/91 *(Soldaten sind Mörder II)*. Den Unterschied zwischen Tatsachenbehauptung und Meinungsäußerung beleuchtet Bundesverfassungsgericht, Beschluss vom 13. April 1994, Aktenzeichen 1 BvR 23/94 *(Auschwitzlüge)*. Einen aktuellen Fall, in dem es um einen polizeikritischen Anstecker geht, entscheidet Bundesverfassungsgericht, Beschluss vom 26. Februar 2015, Aktenzeichen 1 BvR 1036/14 *(FCK CPS)*.

Graffiti und van Gogh: Was ist Kunst und was darf sie?
Wie Marcel Duchamp die Kunstwelt revolutionierte, schildert ausführlich Calvin Tomkins: *Marcel Duchamp. Eine Biographie*, München 1999. Den Prozess des Sprayers »Oz« hat gut beobachtet Steinke, Ronen: *Wenn Banksy hier wäre*, Süddeutsche Zeitung, 27. Juli 2011. Das Bundesverfassungsgericht beschäftigt sich – im Fall

eines anderen Sprayers – mit der Frage im Beschluss vom 19. März 1984, Aktenzeichen 2 BvR 1/84 *(Sprayer von Zürich)*. Um die Kunstfreiheit im Roman geht es in Bundesverfassungsgericht, Beschluss vom 13. Juni 2007, Aktenzeichen 1 BvR 1783/05 *(Esra)*.

Freude an der Arbeit: **Muss ich gegen mein Gewissen handeln?**
Ist das Gewissen etwas Objektives oder etwas Subjektives? Das diskutiert in Dr. Reisers Fall das Bundesarbeitsgericht, Urteil vom 24. Mai 1989, Aktenzeichen 2 AZR 285/88 *(Gewissen im Arbeitsverhältnis)*. Die Komponenten des Gewissens analysiert hervorragend Bundesverwaltungsgericht, Urteil vom 21. Juni 2005, Aktenzeichen 2 WD 12.04 *(Gewissensentscheidung im Irak-Krieg)*. Es bezieht sich, wie auch die Ausführungen in diesem Buch, auf eine ältere, aber sehr gründliche Arbeit von Klier, Gerhard: *Gewissensfreiheit und Psychologie,* Berlin 1978. Ob die Lehren des Buddhismus für eine Gewissensentscheidung reichen, überlegt Bundesverwaltungsgericht, Urteil vom 3. Dezember 1986, Aktenzeichen BVerwG 6 C 57.84 *(Kriegsdienstverweigerung eines Buddhisten)*. Wie man die Gewissensentscheidung plausibel machen kann, erörtern Bundesverwaltungsgericht, Urteil vom 18. Juni 1997, Aktenzeichen 6 C 5/96 und Bundesverfassungsgericht, Beschluss vom 20. März 2000, Aktenzeichen 1 BvR 1834/97 *(Tierversuche im Biologiestudium)*.

Entsorgter Erzeuger: **Wie entsteht Verwandtschaft?**
Marcus erkämpft sich das Recht, sein Kind zu sehen, beim Europäischen Gerichtshof für Menschenrechte, Urteil vom 15. September 2011, Aktenzeichen 17080/07,

nachdem er gescheitert ist vor dem Bundesverfassungsgericht, Beschluss vom 20. September 2006, Aktenzeichen 1 BvR 1337/06 *(Umgangsrecht des biologischen Vaters)*. Ob ein leiblicher Vater den rechtlichen verdrängen kann, erörtern Bundesverfassungsgericht, Beschluss vom 9. April 2003, Aktenzeichen 1 BvR 1724/01 und Europäischer Gerichtshof für Menschenrechte, Urteil vom 22. März 2012, Aktenzeichen 23338/09 *(Vaterschaftsanfechtung durch biologischen Vater)*. Wie ein Vater mit seinen Zweifeln umgehen darf, entscheidet Bundesverfassungsgericht, Urteil vom 13. Februar 2007, Aktenzeichen 1 BvR 421/05 *(Heimlicher Vaterschaftstest)*.

Ehe für alle: **Welche Lebensformen soll der Staat schützen?**
Mit zwei Männern, die heiraten wollen, beschäftigt sich das Bundesverfassungsgericht im Urteil vom 4. Oktober 1993, Aktenzeichen 1 BvR 640/93 *(Gleichgeschlechtliche Eheschließung)*, mit der Eingetragenen Lebenspartnerschaft im Urteil vom 17. Juli 2002, Aktenzeichen 1 BvF 1/01 *(Lebenspartnerschaftsgesetz)*. Die Unterschiede zwischen Ehe und Eingetragener Lebenspartnerschaft hat das Bundesverfassungsgericht nach und nach abgebaut im Beschluss vom 7. Juli 2009, Aktenzeichen 1 BvR 1164/07 *(Hinterbliebenenversorgung)*, vom 21. Juli 2010, Aktenzeichen 1 BvR 611/07 *(Erbschafts- und Schenkungssteuer)*, vom 19. Juni 2012, Aktenzeichen 1 BvR 1397/09 *(Familienzuschlag)*, im Urteil vom 19. Februar 2013, Aktenzeichen 1 BvL 1/11 *(Sukzessivadoption)* und im Beschluss vom 7. Mai 2013, Aktenzeichen 2 BvR 909/06 *(Steuersplitting für Eingetragene Lebenspartner)*. Dass Ehepaare aber gegenüber Unverheirateten bevorzugt werden dürfen, sagt das Bundesverfassungsgericht

im Beschluss vom 17. Januar 1957, Aktenzeichen 1 BvL 4/54 *(Steuersplitting für Ehepaare)* und im Urteil vom 28. Februar 2007, Aktenzeichen 1 BvL 5/03 *(Künstliche Befruchtung für Ehepaare).*

Seks in der Schule: **Wer bestimmt, welche Wahrheit mein Kind lernt?**
Möchten Sie sich die sexy Stellen in Klaras Biologiebuch im Original anschauen, besorgen Sie sich im Antiquariat Heiligmann, Werner/Janus, Horst/Länge, Helmut: *Das Tier, Band 1,* Stuttgart 1969. Rechtlich beschäftigt sich damit Bundesverfassungsgericht, Beschluss vom 21. Dezember 1977, Aktenzeichen 1 BvL 1/75 *(Sexualkundeunterricht).* Die leichte Version des Lehrer-Eltern-Konflikts gibt es in Bundesverfassungsgericht, Urteil vom 14. Juli 1998, Aktenzeichen 1 BvR 1640/97 *(Rechtschreibreform),* die kniffligere in Bundesverfassungsgericht, Beschluss vom 16. Oktober 1979, Aktenzeichen 1 BvR 647/70 *(Schulgebet)* und die dramatischste in Bundesverwaltungsgericht, Urteil vom 30. November 2011, Aktenzeichen 6 C 20.10 *(Islamisches Gebet in der Schule).* Die ebenfalls erwähnte Kruzifix-Entscheidung steht in Bundesverfassungsgericht, Beschluss vom 16. Mai 1995, Aktenzeichen 1 BvR 647/70 *(Kruzifix).* Den aktuellen Stein des Anstoßes, die *Bildungsplanreform* des Landes Baden-Württemberg, können Sie sich näher anschauen auf der Seite www.kultusportal-bw.de/bildungsplanreform.

Folter als Rettung: **Verliert ein Unmensch seine Menschenwürde?**
Den berühmten Vortrag Niklas Luhmanns können Sie nachlesen in Luhmann, Niklas: *Gibt es in unserer Gesellschaft noch unverzichtbare Normen?,* Heidelberg

1993. Davon inspiriert ist Brugger, Winfried: *Darf der Staat ausnahmsweise foltern?*, in: Der Staat 1996 (Band 35), S. 67–97. Die Grundlegungen Kants zur Menschenwürde finden sich in Kant, Immanuel: *Die Metaphysik der Sitten*, Königsberg 1797, in der Tugendlehre, Ethische Elementarlehre, Zweiter Teil, Erstes Hauptstück, 2. Abschnitt: Von den Tugendpflichten gegen andere Menschen aus der ihnen gebührenden Achtung, Paragraph 38. Praktisch müssen über die Frage entscheiden Landgericht Frankfurt am Main im Urteil vom 20. Dezember 2004, Aktenzeichen 5/27 KLs 7570 Js 203814/03 (4/04) *(Drohung mit Folter)* und vom 4. August 2011, Aktenzeichen 2-04 O 521/05 *(Entschädigung wegen verbotener Vernehmungsmethoden)* sowie Europäischer Gerichtshof für Menschenrechte, Urteil vom 1. Juni 2010, Aktenzeichen 22978/05 *(Folter bei polizeilicher Vernehmung)*.

Lebenslänglich: **Was ist gerechte Strafe?**
Die Straftheorien können Sie vertiefen in Kant, Immanuel: *Die Metaphysik der Sitten*, Königsberg 1797, in der Rechtslehre, Zweiter Teil, Abschnitt E: Vom Straf- und Begnadigungsrecht; Hegel, Georg Wilhelm Friedrich: *Grundlinien der Philosophie des Rechts*, Berlin 1821, Paragraphen 99 ff.; von Feuerbach, Paul Johann Anselm: *Lehrbuch des gemeinen in Deutschland geltenden Peinlichen Rechts*, Gießen 1801, Paragraphen 17 ff.; von Liszt, Franz: *Der Zweckgedanke im Strafrecht*, Berlin 1882/83. Die Grenzen der Strafe lotet das Bundesverfassungsgericht aus im Urteil vom 21. Juni 1977, Aktenzeichen 1 BvL 14/76 *(Lebenslange Freiheitsstrafe I)*, im Beschluss vom 24. April 1986, Aktenzeichen 2 BvR 1146/85 *(Lebenslange Freiheitsstrafe II)*, und vom 3. Juni 1992,

Aktenzeichen 2 BvR 1041/88 *(Strafaussetzung bei lebenslanger Freiheitsstrafe)*. Brauchen wir die lebenslange Freiheitsstrafe noch? Damit hat sich im Auftrag des Bundesministeriums der Justiz und für Verbraucherschutz eine *Expertengruppe zur Reform der Tötungsdelikte* befasst. Ihren Abschlussbericht finden Sie unter www.bmjv.de.

***Der Wert des Lebens:* Wie muss uns der Staat vor Terroristen schützen?**
Leben gegen Leben – der moralischen Seite dieses Dilemmas geht nach Foot, Philippa: *The Problem of Abortion and the Doctrine of Double Effect,* Oxford Review 1967 (Band 5), S. 5–15. Rechtlich erkundet es das Bundesverfassungsgericht im Urteil vom 15. Februar 2006, Aktenzeichen 1 BvR 357/05 *(Luftsicherheitsgesetz I)*. Der Fall entfachte auch eine Diskussion darüber, ob die Bundeswehr überhaupt im Innern des Landes mit militärischen Waffen tätig werden darf – wer diesem Aspekt nachgehen will, schaue sich an Bundesverfassungsgericht, Beschluss vom 3. Juli 2012, Aktenzeichen 2 PBvU 1/11 *(Luftsicherheitsgesetz II)* und vom 20. März 2013, Aktenzeichen 2 BvF 1/05 *(Luftsicherheitsgesetz III)*. Wie weit der Staat gehen muss, um ein Menschenleben zu retten, entscheidet grundlegend Bundesverfassungsgericht, Urteil vom 16. Oktober 1977, Aktenzeichen 1 BvQ 5/77 *(Schleyer)*.

***Hoffnung auf Sterbehilfe:* In wessen Hand liegt der Tod?**
Was die Philosophen über Suizid dachten, können Sie nachlesen bei Kant, Immanuel: *Die Metaphysik der Sitten,* Königsberg 1797, in der Tugendlehre, Ethische Elementarlehre, Erster Teil, Erstes Buch, Erstes Haupt-

Zum Nachprüfen und Mehrwissen 265

stück, 1. Artikel: Von der Selbstentleibung, Paragraph 6; Schopenhauer, Arthur: *Parerga und Paralipomena,* Zweiter Band, Berlin 1851, Paragraphen 158–161; Aristoteles: *Nikomachische Ethik,* Fünftes Buch, 15. Kapitel. Mit dem einseitig fehlgeschlagenen Doppelsuizid beschäftigt sich Bundesgerichtshof, Urteil vom 14. August 1963, Aktenzeichen 2 StR 181/63 *(Gisela-Fall).* Frau E.s Professor kennen Sie vermutlich unter dem Namen Julius Hackethal; er stand vor dem Oberlandesgericht München, Beschluss vom 31. Juli 1987, Aktenzeichen 1 Ws 23/87 *(Beihilfe zur Selbsttötung).* Die Widersprüche zwischen sogenannter aktiver und passiver Sterbehilfe beendet Bundesgerichtshof, Urteil vom 25. Juni 2010, Aktenzeichen 2 StR 454/09 *(Behandlungsabbruch).* Wie soll die Gesellschaft mit jemandem umgehen, der sterben möchte? Damit beschäftigen sich Bundesgerichtshof, Beschluss vom 10. März 1954, Aktenzeichen GSSt 4/53 *(Suizidversuch als Unglücksfall),* Verwaltungsgericht Karlsruhe, Urteil vom 11. Dezember 1987, Aktenzeichen 8 K 205/87 *(Polizeiliche Untersagung der Sterbehilfe)* und Verwaltungsgericht Hamburg, Beschluss vom 6. Februar 2009, Aktenzeichen 8 E 3301/08 *(Kommerzielle Suizidbegleitung).* Die aktuellen Beratungen im Bundestag zum Thema Sterbehilfe können Sie verfolgen, wenn Sie auf der Internetseite *dip21.bundestag.de* das Suchwort »Sterbehilfe« eingeben.

Volker Kitz

Stimmt's oder hab ich Recht?

Welche Gesetze Sie unbedingt kennen müssen, um nicht für dumm verkauft zu werden

»Das Gesetz behandelt nicht alle gleich – es hilft denen, die es kennen.« Volker Kitz

Kann ich wegen der Kneipe nebenan die Miete drücken? Darf ich amerikanische Serien im Internet schauen? Muss mein Chef für meine Überstunden ins Gefängnis? Wie wehre ich mich gegen Spam?

Haben Sie sich solche Fragen auch schon mal gestellt? Dann wird es höchste Zeit, sich über Ihre Rechte schlauzumachen! Jurist und Bestsellerautor Volker Kitz führt Sie einfach, aber sicher über die alltäglichen rechtlichen Stolpersteine – und zeigt Ihnen, wie Sie anderen immer einen Schritt voraus sind.

»Total spannend und sehr unterhaltsam!«
Susanne Conrad, ZDF-Mittagsmagazin,
über Bücher von Volker Kitz

Heribert Prantl

Glanz und Elend der Grundrechte

Zwölf Sterne für das Grundgesetz

»Wer den Bürgern nicht traut, muss sich nicht wundern, wenn ihm die Bürger nicht trauen.«

Das Grundgesetz war der Motor für die geglückte Modernisierung der deutschen Gesellschaft. Doch von einem Stolz auf die Bürger- und Freiheitsrechte spürt man im politischen Alltag viel zu wenig, seitdem ein ungeschriebenes »Grundrecht auf Sicherheit« zum Super-Grundrecht aufgestiegen ist. Das Bundesverfassungsgericht kümmert sich um die Grund- und Freiheitsrechte, Regierung und Bundestag kümmern sich um deren Einschränkung. Die weltweite digitale Inquisition durch die US-Geheimdienste verschärft die Situation. Die Geborgenheit der Bürger im Rechtsstaat geht verloren.

Der vielfach preisgekrönte SZ-Journalist und Jurist Heribert Prantl fordert ein neues Grundrechtsbewusstsein, ein europäisches Grundgesetz und mehr direkte Demokratie.